高等职业教育理实一体化教材·电子商务专业

电子商务运营实务

王永琦　主　审
黄毅英　张秋仙　主　编
马小媛　周　明　苗　丽　副主编
曹群锋　李　超　刘始添　参　编

电子工业出版社
Publishing House of Electronics Industry
北京·BEIJING

内 容 简 介

本书通过企业真实的运营案例过程分析,采用实例的方式讲解电子商务项目的运营方式及电子商务企业的运营实践,主要内容包括电子商务运营概述、商品选择与渠道管理、网络平台的选择与应用、网店运营与推广、电商客户管理和网络客服、电子商务物流六部分,按照工作过程导向流程,介绍电子商务运营中各个环节的知识及相关的操作。

本书职业特征鲜明,逻辑清晰,形式生动活泼,适合作为高职院校电子商务专业学生相关课程的教材,也可作为网络营销爱好者的参考资料。

未经许可,不得以任何方式复制或抄袭本书之部分或全部内容。
版权所有,侵权必究。

图书在版编目(CIP)数据

电子商务运营实务 / 黄毅英,张秋仙主编. —北京:电子工业出版社,2017.6
高等职业教育理实一体化规划教材·电子商务专业

ISBN 978-7-121-31138-3

Ⅰ. ①电… Ⅱ. ①黄… ②张… Ⅲ. ①电子商务—运营管理—高等职业教育—教材 Ⅳ. ①F713.365.1

中国版本图书馆 CIP 数据核字(2017)第 057536 号

策划编辑:徐建军(xujj@phei.com.cn)
责任编辑:胡辛征
印　　刷:北京七彩京通数码快印有限公司
装　　订:北京七彩京通数码快印有限公司
出版发行:电子工业出版社
　　　　　北京市海淀区万寿路 173 信箱　邮编　100036
开　　本:787×1 092　1/16　印张:15.5　字数:396.8 千字
版　　次:2017 年 6 月第 1 版
印　　次:2025 年 2 月第 10 次印刷
定　　价:35.00 元

凡所购买电子工业出版社图书有缺损问题,请向购买书店调换。若书店售缺,请与本社发行部联系,联系及邮购电话:(010)88254888,88258888。
质量投诉请发邮件至 zlts@phei.com.cn,盗版侵权举报请发邮件至 dbqq@phei.com.cn。
本书咨询联系方式:(010)88254570。

前　言

随着信息技术的不断发展与应用领域的不断延伸，传统商务面临着巨大的信息变革，许多传统企业纷纷寻求转型，包括众多中小企业商家，都在谋求进军电子商务领域。借用比尔·盖茨说的一句话："21 世纪要么电子商务，要么无商可务"，从中不难看出，电子商务在未来商业中所占据的市场地位，可以说，电子商务时代已然来临。

当前国内无论从国家政策倾斜力度还是经济形态的变化来看，电子商务在商业布局上都占有重要地位，对促进生产、流通和消费，推动国民经济发展发挥着越来越重大的作用。电子商务在中国市场已经走过了仅注重强调技术与产品价值的阶段，近几年在网络社交方式的改变及网络环境的影响下，单纯依靠产品和技术的领先就能垄断市场从而获得稳定收益的情况越来越少，后续的运营对其成功起着决定性的作用。也就是说，电子商务运营已经成为电子商务企业或企业开展电子商务活动的必备环节，同时也是最重要的环节。

在这样的大趋势下，互联网企业要想在日益激烈的竞争中脱颖而出，势必要组建优质的运营团队，在同质产品中制定出更佳的运营策略。具体来说，运营人员不仅要了解"获得用户—提高活跃率—提高留存率—获得收入—自传播"的运营模型，还要掌握其中的工作方法及相关工具的使用技巧等。

因此在本书内容框架的设计之初，我们便充分把握了现在电商人才的需求缺口，同时兼顾职业教育为国家培养及输送技能型人才的重要使命，将专业培养与就业有机结合，贯彻产教融合理念，目的就是为了编写一本适合高等职业教育的电子商务教材，以培养学生较强的电商运营思维及实践能力。在参考多本优秀教材的基础上，本书将内容体系与企业运营实际相结合，在内容上更为注重实例的分析，以及具体操作流程的说明，而不过多赘述系统性的理论体系，更为贴合高职教育以就业为导向的理念。

除此之外，本书采用了项目教学的编写思路，通过企业真实的运营案例过程分析，采用实例的方式讲解电子商务项目的运营方式及电子商务企业的运营实践。项目包含引导案例、相关知识、任务要求、实践训练、拓展知识及自我测试等完整的内容模块，适合高职教育基于项目教学的教学要求。

本书共 6 章，内容包括电子商务运营概述、商品选择与渠道管理、网络平台的选择与应用、网店运营与推广、电商客户管理和网络客服、电子商务物流六部分。前 2 章概述电商运营理论体系及运营观念，后 4 章以电商运营工作流程为导向，从不同平台及渠道的特点和注意事项、产品运营方式及推广技巧、服务构建与完善等方面结合具体案例及实操分析加以诠释，详细且直观地介绍了电子商务运营中各个环节的知识及相关的实际操作流程。

鉴于电子商务运营实务的综合性和专业性要求颇高，因此我们在编撰本书内容时依据教师的研究方向及擅长领域进行了划分。本书由广西经贸职业技术学院的教师组织编写，由王永琦主审，由黄毅英、张秋仙担任主编，由马小媛、周明、苗丽担任副主编，参编的人员还有曹群锋、李超、刘始添等。其中王永琦进行全书的策划指导及内容审查，黄毅英、张秋仙进行全书的内容框架策划及写作体例制定,第1章由周明编写,第2章由曹群锋编写,第3章由苗丽编写,第4章由马小媛、李超编写,第5章由黄毅英、刘始添编写,第6章由张秋仙编写。

  在本书的编写过程中,首先要感谢各级领导及众多企业的大力支持和帮助。同时,我们也参阅了众多电子商务先行者的研究成果,在此,对这些作者的智慧和付出的心血表示诚挚的谢意。限于篇幅,书后只列出了主要参考文献,如有遗漏,谨向作者致歉。

  为了方便教师教学,本书配有电子教学课件及相关的教学资源,请有此需要的教师登录华信教育资源网(www.hxedu.com.cn)免费注册后进行下载,有问题时可在网站留言板留言或与电子工业出版社联系(E-mail: hxedu@phei.com.cn)。

  因为我们的理论水平有限,书中难免有疏漏之处,恳请各位专家、同行、读者给予批评指正。

编　者

目　录

第1章　电子商务运营概述 1
- 1.1　电子商务运营的定义 9
- 1.2　电子商务运营的现状与前景 9
  - 1.2.1　电子商务运营的特点 9
  - 1.2.2　电子商务运营常见的问题 10
  - 1.2.3　电子商务的发展前景 12
- 1.3　电子商务的运营模式 14
- 1.4　电子商务的运营环节和流程 18
- 任务要求 19
- 课后习题 19

第2章　商品选择与渠道管理 20
- 2.1　商品规划及管理的工作流程 22
  - 2.1.1　电子商务商品的选择 22
  - 2.1.2　商品规划与管理 23
- 2.2　渠道规划与管理的核心内容 25
  - 2.2.1　电子商务的运营渠道 25
  - 2.2.2　渠道的建设与管理 32
  - 2.2.3　供应商如何入驻天猫供销渠道 35
  - 2.2.4　供销渠道细分管理与经销商精细化管控 42
- 2.3　从虚拟社区到社交网络的商品选择 44
  - 2.3.1　四大热门社交平台上的电商模式 45
  - 2.3.2　内容运营之现象级社交网络连环传播 48
- 2.4　移动商务商品与渠道 56
- 任务要求 59
- 课后习题 59

第3章　网络平台的选择与应用 60
- 3.1　电子商务平台的概念和分类 62
  - 3.1.1　电子商务平台的概念 62
  - 3.1.2　电子商务平台的作用 62
  - 3.1.3　电子商务网络平台的分类 63
  - 3.1.4　国内电子商务网络平台 64
  - 3.1.5　国际电子商务网络平台 67

3.2 注册免费会员和开通免费的个人网店 ... 68
3.2.1 硬件及环境要求 ... 68
3.2.2 实施过程 ... 68
3.3 企业电子商务网络平台的选择 ... 73
3.3.1 电子商务相关平台介绍 ... 73
3.3.2 企业如何选择电子商务网站 ... 74
3.3.3 电子商务网络平台的缺陷 ... 74
任务要求 ... 76
课后习题 ... 82

第4章 网店运营与推广 ... 83
4.1 网店的运营 ... 89
4.1.1 运营工作人员的职责及主要工作 ... 89
4.1.2 网店评价指标体系 ... 91
4.2 微店平台运营 ... 92
4.3 淘宝店铺运营 ... 101
4.3.1 淘宝店铺运营六大方向 ... 101
4.3.2 淘宝店铺运营前期筹划 ... 102
4.3.3 淘宝店铺运营实施步骤 ... 109
4.4 京东店铺运营 ... 122
4.4.1 京东商城入驻前准备 ... 122
4.4.2 京东商城入驻实施流程 ... 126
4.5 网店的推广 ... 133
4.5.1 网店推广的基础知识 ... 133
4.5.2 微店推广实施 ... 135
4.5.3 淘宝店铺推广实施 ... 142
4.5.4 京东店铺推广实施 ... 163
4.6 电子商务运营常用工具盘点 ... 174
任务要求 ... 183
课后习题 ... 184

第5章 电商客户管理和网络客服 ... 185
5.1 认识客户及客户关系管理 ... 186
5.1.1 建立CRM（客户关系管理） ... 186
5.1.2 构建客户综合价值模型 ... 188
5.2 客户需要什么商品 ... 191
5.2.1 找出热门商品 ... 191
5.2.2 挖掘产品卖点 ... 192
5.2.3 用推荐系统提高客单价（关联营销） ... 194
5.3 如何把客户黏在我们的网站 ... 197
5.3.1 客户活跃度分析 ... 198
5.3.2 做客户流失分析 ... 198
5.3.3 提升客户平均停留时间 ... 199

5.4 电商网络客服 ... 200
5.4.1 售前咨询 ... 202
5.4.2 售中订单处理 ... 205
5.4.3 售后订单处理 ... 206
任务要求 ... 212
课后习题 ... 213

第6章 电子商务物流 ... 214
6.1 电子商务物流管理 ... 214
6.1.1 电子商务物流管理的内容 ... 214
6.1.2 电子商务物流管理的特点 ... 216
6.1.3 网上商店物流配送模式 ... 216
6.2 商品打包的流程 ... 218
6.2.1 材料的选择 ... 218
6.2.2 快递打包标准 ... 220
6.2.3 包装操作流程 ... 220
6.3 物流配送 ... 221
6.3.1 选择物流公司 ... 221
6.3.2 物流公司介绍 ... 222
6.3.3 淘宝运费模板的设置 ... 224
6.3.4 淘宝运费模板的修改或删除 ... 227
6.4 物流面单设置 ... 228
6.4.1 物流面单的分类 ... 228
6.4.2 电子面单的主要优点 ... 229
6.4.3 电子面单的使用方法 ... 230
6.4.4 快递面单打印机的分类 ... 236
任务要求 ... 237
课后习题 ... 237

第1章

电子商务运营概述

教学目标

本章由引例"显禄蜂产品老店淘宝店铺运营案例"出发,阐述电子商务运营的定义,分析电子商务运营的现状与前景,解析电子商务运营模式、运营环节和流程,使学生对电子商务运营有个初步的了解,并能对电子商务运营项目进行分析。

要点

- 电子商务运营的定义。
- 电子商务运营的现状与前景。
- 电子商务的运营模式。
- 电子商务的运营环节和流程。

重点内容

- 了解电子商务运营的模式。
- 了解电子商务运营的环节和流程。

引导案例

显禄蜂产品老店淘宝店铺运营

1. 显禄蜂产品老店简介

显禄蜂产品老店(http://xianlu1977.taobao.com/),如图1-1所示,主营蜂类产品,主要品种为"非标"蜂蜜。

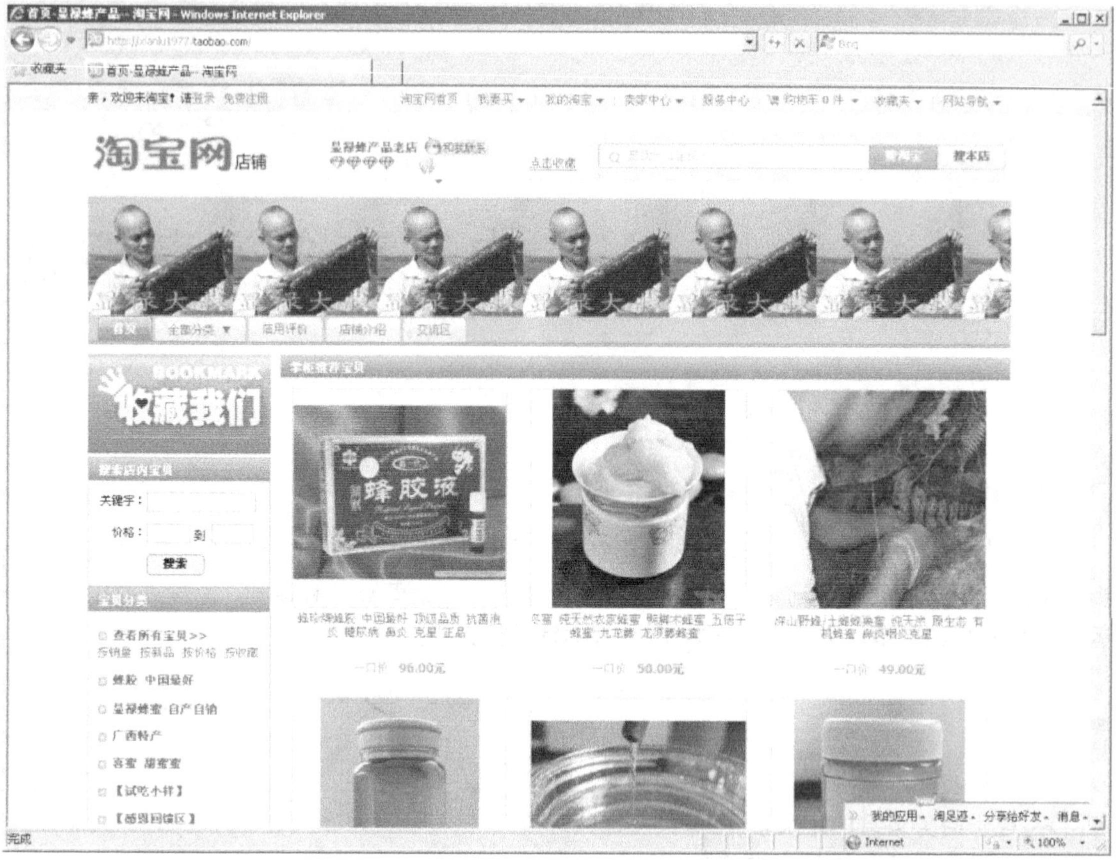

图 1-1 显禄蜂店铺首页

2. 店铺的推广方式

店铺的推广方式以产品生产过程纪实为主。这次一共采了 6 斤,已经全部售完,有需要的朋友可以跟我们说一声,等下次再采到后会及时通知您!

采蜂蜜过程的纪实图片,如图 1-2 所示。

(a) 远处的山是发现野蜂的地方(广西壮族自治区贵港市平天山森林公园内深山处)

(b)到达目的地,准备上山

(c)上山途中……

(d)在山腰休息时拍的,对面种的是速生林

(e)野蜂的洞口就在这里,如果不是运气好,很难发现

(f)靠近一看,里面真就有一窝蜂

(g) 把石头搬开，方便取蜂巢蜜

(h) 两边的蜂巢都是蜜，蜂王在中间的蜂巢里产卵

(i) 接下来戴手套割蜂巢蜜

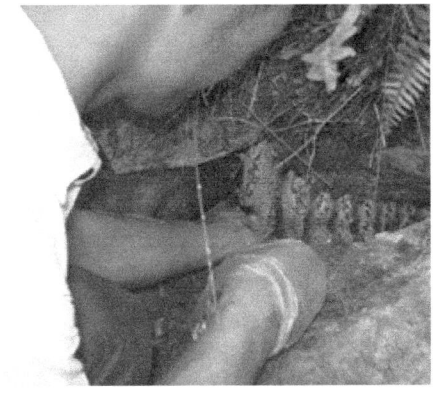
(j) 开工了——割蜂巢蜜

(k) 取出来一小块儿,看着都让人流口水

(l) 割出来的装瓶后,接着割

(m) 这块儿比较大,展示给大家看看(没拍好,图片效果大打折扣)

(n) 就是这样一小块儿一小块儿割进瓶子里

(o) 还有……

(p) 这块儿是老巢蜜，里面花粉比较多，再往后该到有蜂蛹的巢了

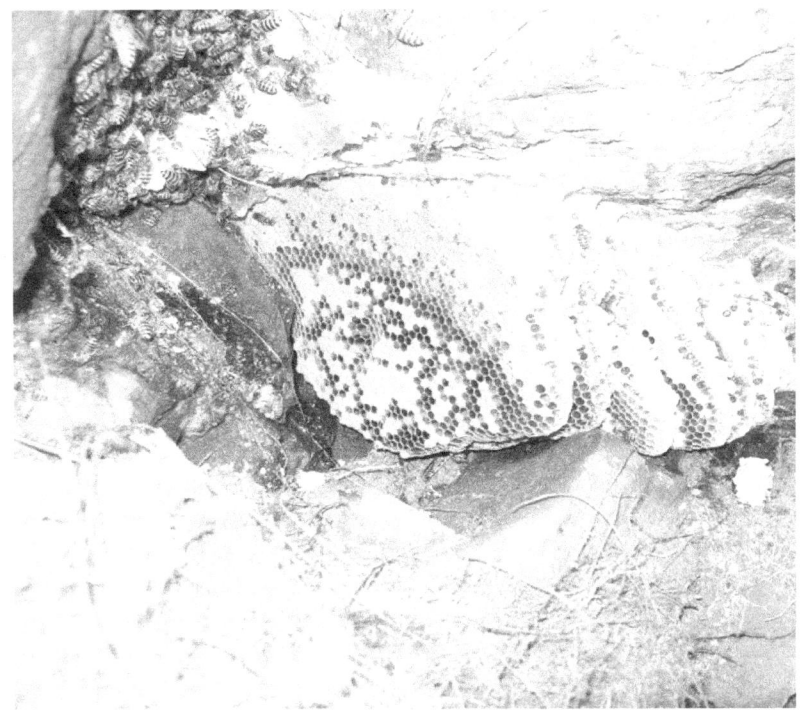

(q)看到了吗？蜂巢下半部就是蜂王产卵与卵孵化成蛹的地方

(r)表哥在找蜂王，找到蜂王就可以把这群野蜂带回来养了

(s)箱子里的是有蛹和卵的蜂巢,把这些蜂巢带回家,只要有蜂王在,过段时间就会生出来成群的工蜂

(t)蜂王还没有找到,其他工蜂知道蜂王还在洞里,所以显得很淡定

(u)这群蜂一共割出来这么多蜂巢蜜

（v）装好瓶的野蜂蜂巢蜜……　　　　　　　（w）看起来很诱人吧……

图1-2　采蜂蜜的过程

注：在淘宝上，C店对于QS、产品的生产流程等没有那么严格的要求，宣传的过程主要以展现个人魅力为主。在淘宝店，"非标"农特产品比标准化产品有特别的吸引力，所以建议在淘宝店以销售当地特色"非标"产品为主，这容易吸引消费者，产生购买行为。

1.1　电子商务运营的定义

电子商务运营（Electronic Commerce Operation，ECO）最初定义为电子商务平台（企业网站、论坛、博客、微博、商铺、网络直销店等）建设，各搜索产品优化推广，电子商务平台维护重建、扩展，以及网络产品研发和盈利。从后台优化服务于市场，到创建执行服务市场同时创造市场。

电子商务运营从名称上来看可以分成两块，E-Commerce和Operation（电子商务和运营），前者是指后台所在的平台。

电子商务运营与企业运营存在相似之处，包括调研、产品定位、管理分类、开发规划、运营策划、产品管控、数据分析、分析执行及跟进等。但其执行对象有别于实体产品，电子商务运营的对象是根据企业需要所开发设计建设的电子商务平台的附属宣传推广产品。

1.2　电子商务运营的现状与前景

1.2.1　电子商务运营的特点

1. 政府部门高度重视，并直接参与到推动电子商务应用的工作中

由政府部门牵头建立的商品信息库和信息平台成为企业开展电子商务的重要基础；各地方政府还积极举行各种网上交易会、洽谈会，为企业之间的商贸往来提供多种渠道。

2. 各界对电子商务的认识更加务实

在传统观念中，一个完美的电子商务流程应该包括信息流、商务流、资金流，以及对物流的安排等，能够通过网络来完全实现无纸化贸易，如图1-3所示。但从目前电子商务的应用来看，这种完美的电子商务模式只在一些已经形成供应链的上下游企业间进行，而大多数企业的电子商务应用方面基本上还是一种"鼠标+水泥"的做法，即通过网络实现信息流，其他环节则通过更务实的传统方式完成。

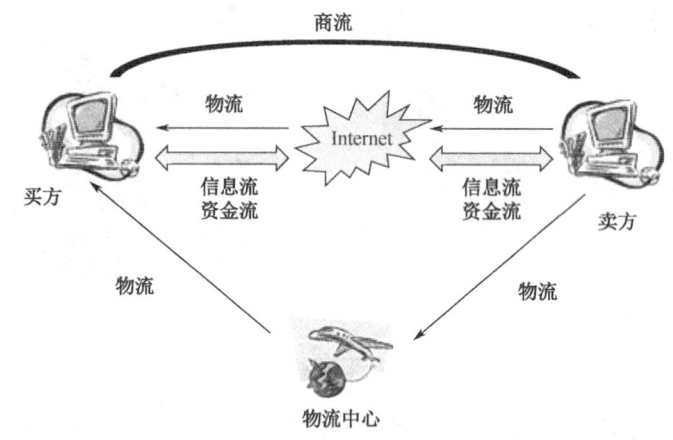

图1-3　电子商务的流程

3. 电子商务发展的不平衡性

网民的地域化特征使信息富有的地方和信息贫穷的地方存在着一道"数字鸿沟"（Digital Divide）。交易模式上，标准化的商品或服务领域获得了较快的发展，而个性化特征明显的商品或服务领域难以实现大规模的电子商务，从交易额来看，B2B远大于B2C。从参与企业来说，在管理、技术和人才方面有优势的，电子商务发展较快，且效果明显。

4. 电子商务发展的多样化

从商业业态的角度，有综合类网上商城、网上超市、网上专卖店等。从结算方式看，有网上购买、线下结账，网上购买、送货上门结账，网上购买、银行汇款和转账，网上购买、邮局汇款结账等形式。经营形式更是多样，有网上旅游、网上证券交易、电子口岸、网上银行、网上会展、网上配载等各式各样的形式。

1.2.2　电子商务运营常见的问题

1. 基础设施和信息系统建设滞后

信息系统包括计算机硬件平台和网络及软件的支持，还有客户平台，企业IT部门的建立和责任定位，业务流程的设计，企业的交流、协同与合作。电子商务所要求的是相对均衡的运行环境，要求企业有足够的后台支持系统来响应对方的即时服务请求，并迅速完成它。而目前由于大多数企业尚未制定推进电子商务的发展战略，造成市场达不到应有的网络经济规模。没有网络，电子商务就无从谈起。我国信息化建设起步晚，网络基础薄弱，网络速度慢，互联网出口带宽不足，上网资费过高，速度过慢，网络掉线现象普遍，WWW被戏称为"World Wide Wait"。一方面，Internet用户直线上升，但传输速度却没有跟上；另一方面，网络利用率低，网络资源大量闲置和浪费。

2. 安全和责任问题

由于 Internet 采用源代码共享的具有天然开放性的 TCP/IP 协议，除了断电、系统功能差错和服务器的能力瓶颈等问题以外，持续的网络化趋势与商业运作所要求的保密性和安全性也有很大冲突，这就增加了网络受到病毒感染和黑客攻击的危险，而且可能严重影响到整个业务流程。同时，一个安全的电子商务系统，首先，必须具有一个安全、可靠的通信网络，以保证交易信息安全迅速地传递。其次，必须保证数据库服务器绝对安全，防止黑客闯入盗取信息。然而信息的真实性与完整性、客户身份、网上交易的合法性、安全认证等问题都严重制约电子商务的发展，又由于我国的网络产品大多是"舶来品"，本身就隐藏不安全的隐患，加之受技术、人为等因素的影响，不安全因素更显突出。在 B2B 模式中，各业务之间的供应商们面对不同的法律要求，从一个国家到另一个国消费者受保护的程度也大不相同。目前来看，关于哪种纠纷适用哪种法律，索赔应如何处理还没有一个共识。一方面，对于供应商而言，它们将面对许多很难预料的法律纠纷；另一方面，客户的个人信息对于建立客户的信任是非常重要的。如果客户信息被一家公司或第三方滥用，这不仅会导致客户信任的丧失，还会导致责任索赔。

3. 相关行业发展滞后，导致"三流"难统一

由于管理机制、运价机制落后，物流与网络基础设施普及不完善，配送系统不完善，没有建立全国性的物流体系，目前很难实现全球的或全国的网上互通与交易。而资金流方面，结算系统也存在缺陷及支付安全问题。

4. 物流发展对电子商务的影响

由于缺乏专业的管理及运作经验，我国物流市场一直没有形成闭环式的网络链条，邮政在某个层面上充当着这个角色，但是远远不能满足电子商务所要求的配送流程。还有就是小型配送公司实力小，运作不规范，多是各自为政，又受到区域的限制，很难提供完整的服务需求，虽然国外一些大型的快递公司想涉足这个领域，但目前尚未得到批准。很显然，国内的物流状况与电子商务交易所需的配送服务要求还有很大的差距，缺乏完善的、大众化收费的第三方物流配送体系。电子商务的物流配送很关键的一点就是提倡交易流程的时效性，它要求物流公司能够提供全方位、多层次的物流输送体系，来完成整个交易环节中的配送流程。

5. 信用和观念问题

在网上销售中，虽然多数商品是在有供货商的信用保证下发送的，但互联网的使用意味着交易伙伴可以匿名，供需双方难以在短期内建立起有效的信用关系，相互之间的信任缺乏现实的载体，所拥有的信息不对称，买方担心付款后能否收到货物或能否收到满意的货物；卖方担心发货后买方能否按期如数收到货。在观念方面，客户需求驱动理念较缺乏，开展电子商务的机构本身"商务为本"的观念薄弱，而消费者传统购物观念根深蒂固，习惯于"一手交钱，一手交货"，"上网不购物，购物不上网"的现象相当普遍，人们对电子商务意识淡薄。

6. 支付手段

利用电子商务进行交易得以最终实现的关键环节是支付环节。目前在我国开展电子商务多使用信用卡、借记卡、储蓄卡、邮局汇款和货到付款等方式。由于信用体制不健全，网上支付的安全性和办理网上支付卡的烦琐性，使电子商务支付环节中最有代表性的信用卡网上支付受

到冷落,而花钱最多的货到付款却受到青睐。较贵的价格、落后和复杂的支付手段,无异于"高速公路上赶牛车",极大地削减了电子商务的实时性,使人们参与电子商务的热情锐减。

7. 人才的制约

高级管理信息人才的短缺,制约着电子商务的发展。电子商务要求管理信息人员能够运用现代管理思想把信息技术与企业的价值运营组织有机地整合起来,并对电子商务的支持系统进行应用协调,对企业价值链进行全面的优化,从而提高企业的价值运营效益、服务质量和总体管理水平。电子商务涉及企业采购、生产、营销、服务各个工作流程,加大这方面人才的培养已成为发展电子商务的先决因素。据调查显示,80%的企业急需引进高级管理信息人才,来促进企业的电子商务规划、管理与建设,只有真正解决了人才制约的先决条件,电子商务才可能真正实现与传统产业的融合及升级。

1.2.3 电子商务的发展前景

我国电子商务自1998年开展第一笔网络交易以来,正在以前所未有的速度发展,网上购物这种新的购物方式已经开始逐渐深入到人们的日常生活中,并正在为越来越多的人所接受。现在,越来越多的企业利用电子商务降低经营成本,捕捉市场机会,整合企业经营,建立长期、可持续盈利的商务运营模式,从而将企业带入效益倍增的快车道。利用网络,利用电子商务,我国的电子化企业、电子化机构与电子化生活已经越发显出蓬勃的商机与活力!电子商务覆盖企业经营的各个过程,从供应链到企业资源规划,从客户关系管理到电子市场,总能为企业提供恰到好处的支持。令企业从内到外加速信息流、物流、资金流的循环,全面降低经营成本,开拓全新的市场机会。

电子商务的重要性已日益为人们特别是普通消费者所认识,经过市场磨炼的电子商务已逐渐走向成熟。

1. 电子商务对现代经济的影响是巨大的、革命式的

电子商务将改变商务活动的方式。传统的商务活动最典型的特征是"推销员满天飞""采购员遍地跑",说破了嘴、跑断了腿,消费者在商场中筋疲力尽地寻找自己所需的商品。随着电子商务的推广,人们可以进入网上商城浏览采购各类产品,而且还能得到在线服务。商家可以在网上与客户联系,利用网络进行货款结算服务。政府还可以方便地进行电子招标、政府采购等电子商务,缩短了生产厂商与最终用户之间供应链上的距离,同时改变了传统市场的结构,减少了交易成本,电子商务改变了人们的消费方式。网上购物的最大特征是消费者的主导性,购物意愿掌握在消费者手中,同时消费者还能以一种轻松自由的自我服务的方式来完成交易,消费者的主导权可以在网络购物中充分体现出来。

电子商务将改变企业的生产方式。消费者的个性化、特殊化需要可以通过网络完全展示在生产厂商面前。为了取悦顾客,突出产品的设计风格,许多生产企业纷纷发展和普及电子商务,力争实现按用户的不同要求设计生产销售。以Internet为基础的电子商务正在改变公司和部门的内部结构。Internet通过降低通信成本来影响公司的纵向组织结构,公司为了提高效率,必须适应这种变化而采取新的结构重组。电子商务改变了以往的市场准入条件,使中小厂商从原来主要被大厂商占有或几乎垄断的市场中获得更多的利润。此外,电子商务还将给传统行业市场竞争、就业法律制度、财务结算制度、税收政策等带来巨大的影响,电子商务将把人类真正带入信息社会。

2. 我国发展电子商务已具备了良好的基础条件

发展电子商务需要解决几个关键环节：良好的网络环境、公共电子商务采购平台、企业级电子商务体系、安全认证体系、安全支付结算体系、部门协同作业体系、法律政策环境等。改革开放以来，我国社会经济持续稳定发展，信息化建设不断加快，为发展电子商务提供了良好的基础条件。主要表现在，社会经济持续稳定发展，经济实力不断增强，为电子商务的发展提供了经济基础支撑；现代通信环境明显改善，为电子商务的发展提供了良好的技术基础；金卡工程获得巨大成功，信用卡应用普及为网上支付提供了良好的条件，信息交互网的开通与运行，为电子商务的发展提供了良好的网络平台。信息产业的发展和计算机的普及应用，为电子商务的发展提供了技术基础支撑。物流业的快速发展，为电子商务的发展扫清了物流方面的障碍。经过几年的探索，积累了经验，各方面都打下了较好的基础。

3. 电子商务将是最有潜质的经济增长点

互联网作为人类有史以来最伟大的一场资讯技术革命，拥有无比强大的生命力。正如比尔·盖茨所断言的，没有一个人在使用过互联网后会离开它。互联网产业的发展与繁荣正是根植于互联网本身的这种生生不息的生命力中。从另一个层面看，处境尴尬的只是空炒概念的电子商务公司，而不是电子商务本身。传统企业参与电子商务，将从根本上过滤电子商务中的泡沫成分，为整个经济发展注入新的动力。传统企业参与电子商务（企业上网）是实体经济与网络技术结合的最好体现，它可以优化企业资源配置，加快企业改造和转型，增强企业的竞争力。

从理论上解释，网络技术在传统企业的应用扩大了传统企业的市场空间，减少了传统商务流程的环节，极大地提高了劳动生产率，从而使电子方式与商贸活动紧密结合起来，形成名副其实的电子商务，成为名副其实的经济增长点。从事电子商务的网络企业将会取代传统企业成为资源配置的主要组织者。在市场经济条件下，虽然市场在资源配置中起基础性作用，但在经济运作过程中资源却是由作为市场经济微观主体的企业组织配置的。目前，组织配置资源的重任是由传统企业承担的。当市场经济发展过渡到网络经济时，网络企业将会成为资源配置的组织者，传统企业将会成为资源配置的执行者。可见，以电子商务为标志的网络企业在将来经济发展中具有举足轻重的作用。

从目前情况看，以美国为标志的企业电子商务，如图1-4所示。其企业类型主要有五种：一是运用Internet提供咨询与技术服务；二是增设网站推销产品；三是募集会员在网络上开设虚拟商城；四是整合上下游产业；五是在网上销售数字化产品。这五个方面基本上涵盖了目前电子商务的全部内容。可见，只要是脚踏实地选准了突破口，电子商务就能成为企业乃至国民经济的支柱力量。

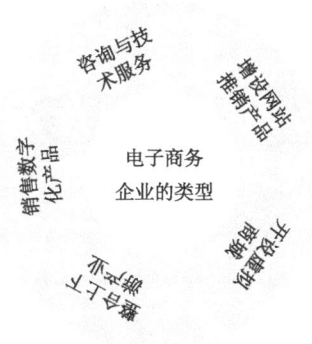

图1-4　电子商务企业的类型

1.3 电子商务的运营模式

电子商务的运营模式就是指在网络环境中基于一定的技术基础的商务运作方式和盈利模式。说得通俗一点儿，就是电子商务盈利的方式。随着电子商务模式应用领域的不断扩大和信息服务方式的不断创新，电子商务的类型也层出不穷，常见的有 B2B、B2C、C2C、O2O 模式，新的模式有 ABC、BOB 模式等。

1. B2B 模式

B2B（Business to Business）是指企业与企业之间的营销关系。电子商务是现代 B2B marketing 的一种具体的主要表现形式。它将企业内部网，通过 B2B 网站与客户紧密结合起来，通过网络的快速反应，为客户提供更好的服务，从而促进企业的业务发展。通俗地讲，B2B 是指进行电子商务交易的供需双方都是商家（或企业、公司），它们利用 Internet 的技术或各种商务网络平台完成商务交易的过程。商务交易过程包括发布供求信息，订货及确认订货，支付过程及票据的签发、传送和接收，确定配送方案并监控配送过程等。B2B 运营的网络平台主要有国际铸业咨询网（http://www.zz361.com/）、Directindustry（http://www.directindustry.com/）、阿里巴巴（http://www.1688.com/）、百纳网（http://www.ic98.com/）、中国网库（http://www.99114.com/）、中国制造网（http://cn.made-in-china.com/）、敦煌网（http://www.dhgate.com/）、慧聪网（http://www.hc360.com/）、瀛商网（http://www.winshang.com/index.html）、中国 114 黄页网（http://www.114chn.com/）、际通宝（http://www.gtobal.com/）、龙之向导（http://www.dragon-guide.net/）等。其中，阿里巴巴网站首页如图 1-5 所示。

图 1-5 阿里巴巴网站首页

2. B2C 模式

B2C（Business to Consumer）是商家对客户的缩写，中文简称为"商对客"，是指企业通过网络销售产品或服务个人消费者。这种形式的电子商务一般以网络零售业为主，主要借助于互联网开展在线销售活动，即企业通过互联网为消费者提供一个新型的购物环境——网上商店，消费者通过网络在网上购物和网上支付。由于这种模式节省了客户和企业的时间与空间，大大提高了交易效率，特别是对于工作忙碌的上班族，这种模式可以为他们节省宝贵的时间。B2C 模式运营平台主要有卓越亚马逊（http://www.amazon.cn/）、京东商城（http://www.jd.com/）、鹏程万里贸易商城（http://tasuo588.cn.china.cn/）、我买网（http://www.womai.com/index-0-0.htm）、红孩子商城（http://redbaby.suning.com/9063.html）、1 号店（http://www.yhd.com）、当当网（www.dangdang.com）等。其中，京东商城首页如图1-6所示。

图 1-6　京东商城首页

3. C2C 模式

C2C（Consumer to Consumer）是指消费者与消费者之间的互动交易行为，这种交易方式是多变的。C2C 商务平台就是通过为买卖双方提供一个在线交易平台，使卖方可以主动提供商品上网拍卖，而买方可以自行选择商品进行竞价。C2C 的典型模式有淘宝网（www.taobao.com）、易趣网（http://www.eachnet.com/）、D 客商城（http://www.dkmall.com/）、拍拍网（http://www.paipai.com/）等。其中，易趣网首页如图1-7所示。

图 1-7　易趣网首页

4．O2O 模式

O2O（Online to Offline）是指将线下商务的机会与互联网结合在一起，让互联网成为线下交易的前台。这样线下服务就可以在线上来揽客，消费者可以在线上来筛选服务，也可以成交后在线结算，很快达到规模。该模式最重要的特点是推广效果可查，每笔交易可跟踪。目前电子商务已经进入 O2O 模式，但是纵观行业市场的发展，几乎没有网站能作为 O2O 模式成功的代言网，人们比较熟悉的有美团网（meituan.com）、大众点评网（http://t.dianping.com）等。其中，美团南宁站的首页如图 1-8 所示。

图 1-8　美团南宁站

5．ABC 模式

ABC 模式是新型电子商务模式的一种，被誉为继阿里巴巴 B2B 模式、京东商城 B2C 模式、淘宝 C2C 模式之后电子商务的第四种模式。ABC 模式是由代理商（Agents）、商家（Business）和消费者（Consumer）共同搭建的集生产、经营、消费为一体的电子商务平台。三者之间可以转化，大家相互服务，相互支持，你中有我，我中有你，真正形成一个利益共同体。淘福啦（http://www.taoful.cn/）是全球首创的 ABC 模式，如图 1-9 所示。

图 1-9　淘福啦网

6．BOB 模式

BOB（Business Operator Business）是指供应方（Business）与采购方（Business）之间通过运营者（Operator）达成产品或服务交易的一种新型电子商务运营模式，目的是帮助那些有品牌意识的中小企业或渠道商能够有机会打造自己的品牌，实现自身的转型和升级。BOB 模式的典型有品众批发网，如图 1-10 所示。

图 1-10　品众批发网

1.4 电子商务的运营环节和流程

电子商务的运营环节和流程如图 1-11 所示。

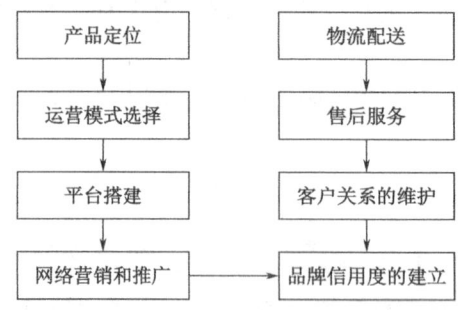

图 1-11 电子商务的运营环节和流程

1．产品的定位

对产品或服务进行合理的定位，首先要考虑的是面向哪一个年龄段的消费者，他们有什么特点，他们的喜好大概是什么，他们在寻找什么样的产品或服务，他们在什么地方，我们能提供什么，要如何来满足他们的需求?等等。把用户需求和我们所能提供的服务结合起来，始终站在用户的角度来操作，给用户一个选择我们的理由。不做好产品或服务的定位就不能很好地开展下一步的工作。

2．运营模式的选择

定位好之后，就需要选择适合的电子商务模式，如 B2B、B2C、C2C、O2O 等模式。面向什么样的客户就采用什么样的操作模式，要结合自己的定位来选择。例如，面向企业的就选择 B2B，面向个人的就选择 B2C 或 C2C。

3．平台的搭建

确定采用什么样的模式后，就要选择合适的平台来进行销售了。当然，最好不要只在一个平台上进行销售，尽可能多选择几个平台来销售产品。例如，卖大码女装的，可以在天猫上投入店铺，在业绩稳定下来后，还可以进驻当当网。既可以建立自己的独立销售平台，也可以和相关的网站合作，这称为全网营销，建议不要把鸡蛋放在一个篮子里，如果只在一个平台上销售，一旦其中一个平台，如天猫店出现问题，又没有其他销售渠道，那简直就是灭顶之灾。

4．网络营销和推广

当完成了产品策划、模式选择、平台选择后，就要来到推广这一步了。但是前提是前面三部分一定要做对，要找准方向，俗话说方向不对努力白费，所以前面所有的工作都是在为推广打基础。我们可以选择合适，而且其成本又能够承受的推广方式进行推广。例如，可以投入百度竞价，可以做百度 SEO，可以做淘宝直通车，可以做淘宝 SEO，进驻当当的可以投放当当首页广告等。根据自己的实际情况来选择，也可以将多种推广方式结合起来。

5．品牌信用度的建立

品牌信用度的建立要靠网络营销来实现。需要注意的是，前期建设网站的时候就需要考虑这些问题，首先要在网站上显现出来诚信和品牌的统一性。这个品牌的建立需要做到统一、长久，不间断地去影响互联网中的网民。同时，还要特别重视口碑宣传对信用度和品牌的作用与影响。

6．客户关系的维护

当运营到一定阶段的时候，会拥有很多的新老客户，这个时候要想提升自己的网站的客户忠诚度及再次购买的行为，就需要学会客户关系的维护。不要冷淡了那些曾经消费过的老客户，他们是曾经认可并且会再次消费的群体，在节假日的时候，给客户一些温馨的问候，哪怕只是一个短信，看到某客户快过生日了，给客户寄一个小小的生日礼物等。

7．售后服务

售后服务的好坏决定了客户再次购买的行为。所以一定要重视售后服务这个环节，保证和承诺一定要做到，比如承诺 7 天无条件退换货，那么，当客户在 7 天之内要求退换货的时候，不要问客户为什么，必须直接爽快并且快捷地办好退换货，电子商务最重要的一点就是诚信！

8．物流配送

电子商务的最后环节就是物流配送了。物流配送的快捷和准确无误同样会影响客户再次购买的行为。要和物流公司洽谈好一切细节的合作事宜，不要让最后一个环节制约了整个销售流程和环节！

任务要求

1．选择一家网店，分析其电子商务运营模式及特点。
2．选择一家传统企业，对其进行电子商务运营分析。

课后习题

1．什么是电子商务运营？电子商务运营的常见问题有哪些？
2．电子商务运营模式有哪些？试分析一个网站属于哪种运营模式。
3．如何开展电子商务运营？

第 2 章

商品选择与渠道管理

教学目标

本章由引例"大师傅食品有限公司的成功案例"出发,在对企业经营情况和营销现状进行分析的基础上,结合企业现状,对营销情况加以全面系统的分析和诊断。从营销诊断、营销策略、营销渠道三方面阐述了与渠道管理等相关的内容。

要点

- ➤ 了解商品规划及管理的基本流程。
- ➤ 掌握商品选择的要点及方法。
- ➤ 掌握渠道规划与管理的方法。

重点内容

掌握电商运营中的商品选择与渠道管理方法。

引导案例

大师傅食品有限公司的成功案例

作为青岛面食企业的一面旗帜,青岛大师傅食品有限公司在网络营销上也走在了很多企业的前面。

青岛大师傅食品有限公司是青岛食品行业的知名企业,在青岛市场上享有较高的知名度、美誉度和信誉度。然而在完全竞争的青岛食品市场上,各路商家尽显其能,奋力抢夺这块诱人的利益蛋糕。在白热化的市场竞争和消费者多样化、挑剔化需求的巨大压力下,近年来企业的市场占有率有所下降。

青岛大师傅食品有限公司成立于 2005 年,创立以来,公司始终以做优秀的专业化食品公司为发展目标,专注于面食制品的加工与销售,为市场提供快速主食消费品服务。自开业以来,公司一直延续采用最传统的店面销售渠道,即生产、服务、消费在同一空间、同一时间到达消费者。但随着竞争的不断加剧，面对即将成为消费主体的新一代年轻人的多元化消费需求，这种单一的销售渠道已不能满足现阶段的市场需求，销售量出现明显下降，已处于劣势的竞争地位。为了进一步适应市场需求和提升销售量，公司2010年增设了电话点餐、市内免费送餐的销售渠道，但由于公司人力、物力资源有限，以及考虑成本加成，送餐范围仅限于市内部分区域，分销渠道依旧过于狭窄单一。

在激烈的市场竞争中，营销这个制约企业发展的短板日益暴露出来，面对竞争压力，公司对自己的营销策略进行诊断和调整。

公司在分销渠道中存在的问题主要有以下几方面。

（1）渠道缺乏多样性，市场占有率低

"渠道为王"，面点营销活动的基本特点、操作要点、营销组合策略、营销理念和其操作技巧都要通过营销渠道传播出去。公司营销渠道缺乏多样性，单一的传统店内销售量明显下降，开通的点送业务又受时间和地域的限制，经销商、代理商及连锁店对大师傅食品依旧是一个空白点。在市场竞争激烈的情况下，占有的市场份额越高，越能在市场竞争中占据主导地位。大师傅食品的销售渠道过窄，致使其在整个快餐行业中所占份额比例较小，无法获得规模经济效益。

（2）忽视营销网络的功能

一位营销专家曾经说过，"市场，说到底就是品牌+网络——销售网络加上品牌的影响力。"网络如同人体的血管，靠有力的销售完成资金的循环，滋润着企业的成长，其中任何部分的病变，都可能损伤企业的肌体。在电子商务信息化营销的新趋势下，如果依旧停留在盲目的价格战、地域战阶段，不建立完整健全的网络体系，随着80、90后成为消费主力群体，就不能很好地迎合他们的消费需求，落后于市场环境的变化。所以，青岛大师傅食品有限公司近年来销售明显下降，经营中存在的问题日益凸显，单一渠道销售是造成这个问题的主要影响因素。

（3）不重视渠道成员的客户关系管理

争取一个新客户的成本要大大高于保持老顾客的成本，所以要建立与顾客之间的联系，最好建立一个会员管理机制，那些事关顾客和企业利益的关系尤为重要。

针对销售渠道的问题，青岛大师傅食品有限公司从以下几个方面进行了调整和整改。

（1）扩大营销渠道，增加市场份额

面点业与其他食品餐饮业的一个重要的区别就是：面点的毛利率较低，必须实现规模销售才能获得足够的利润。公司转变经营理念和经营方式，通过扩展多元化的销售渠道，抢占市场，提高消费者对青岛大师傅食品有限公司的信任和依赖，同时形成规模经营以降低成本。

（2）扩展经营规模，开设面点连锁店

随着人们个性化消费的日益发展，消费者对产品的定制方式有更高的要求，定制营销将成为一种创新型的营销方式。消费者对所需的产品进行定制，不仅可以减少中间环节，而且个性化产品的定制可以为企业带来较高的利润。通过增设销售点、开设连锁店、寻找经销商等方式，青岛大师傅食品有限公司在短期内迅速扩大规模，开拓了新的市场。

（3）建立网络营销渠道，扩大市场份额

随着网络信息的发展，网络时代已然来临，80、90后成为市场的消费主体正是网络信息化的典型特征。网络营销恰好适应青岛大师傅食品有限公司追求个性化、多样性的生产服务，大大降低了生产成本，提高了利润空间。通过建立网络销售平台，满足了顾客足不出户即享受美食的需求。同时开展了团购服务，吸引了团体顾客。网络营销实施1年后，网络销售已经占据青岛大师傅食品有限公司销售额的28%，取得了巨大成功。同时，实施的会员制度，通过数据库软件建立的客户群档案，有针对性地建立了一对一的客户管理，维系了良好的顾客满意度。

2.1 商品规划及管理的工作流程

管理是指以商品管理为核心，有效地计划—分析—控制的经营过程。

（1）产品方面：开发前期来自终端的相关信息的处理，在款式的种类数量、款式定位、产品风格、系列选择等方面明确方向和参考标准。

（2）产品产销合理化，避免盲目的库存产生。

（3）明确运营资金收入和投入的项目与时间，使企业有计划地把握现金流量。

（4）明确产品上市计划和方案，健全以商品投放计划为核心的控制系统。

（5）加强面辅料采购的时间和成本控制，合理安排生产入库计划，保证货品的上市率。

为企业解决的问题：将销售、设计、生产的资源有效整合，通过经营数据化有效分析和计划过程控制，形成企业的控制核心，进而形成企业内部核心竞争力。

2.1.1 电子商务商品的选择

电子商务商品的选择，特别是小成本投入的电商，在商品的选择上需要慎重考虑，力求能站稳脚跟求生存，再图发展。

（1）暴利=高回报

很多电商将毛利做到 50%就已经很满足了，然而这不能算是高利润，电商想要成功就要尽量把产品利润做到 70%、80%。暴利意味着高回报，只有利润高了，才能大胆投放广告，做好产品市场推广。

（2）高客单价是王道

做电商，产品客单价最佳在 200 元以上，500~600 元的客单价都不算高，一般客单价为 300~400 元就可以了。

（3）挖掘重复购买率高的产品

要尽量选择重复购买率高、用户忠诚度高的产品。这一点不仅仅适用于电商企业。因为这样可以省去开发新客户的成本，提高客户忠诚度会让你的生意越做越轻松。

（4）避开季节性产品

应该尽量避开选择季节性产品，这种类型的产品需要准备多季节的产品从而导致库存压力增大，资金流动性也会变得很慢，作为新手，没有好的供应链管理会很难解决这些问题。

（5）选择更新慢的产品

有的产品可以卖一辈子，这样就省去了产品开发设计的费用，你要想的仅仅是如何做好销售就可以了。

（6）市场规模决定胜算

在决定销售哪类产品之前，先核算一下当前类目下，前 50 名的销售额数据，排名前三名的卖家是哪些？如果第一名的单月销售量为 2000，第三名的单月销售量也在 1000 左右，即使这个类目不是大类，也能让新手快速入行，并且能有不小的收获。

以上6个选择条件，仔细思考其实不无道理。

（1）见到回头钱让你更有信心和希望。小电商一定要赚钱，这里的赚钱是指扣除成本还会略有盈利！在到底选择哪个品类的时候，考虑最多的是什么呢？是行业发展的前景呢？还是将来能做多大？还是哪个更容易马上见到盈利呢？对此建议要着眼于眼前，就是可以迅速盈利，回流资金，增加财富。资金投入少、人力需求少、利润高的产品可以比较快地见到回头钱。烧钱做用户量、做规模、做市场占有率那是电商大佬们的事儿，对于大部分小成本电商来说，一定要慎重再慎重，这种想法不可有，因为没有那么多的钱可以烧。只要有钱回来，一计算，还是赚钱的，虽然不多，但这是成功所必需的催化剂，意味着能更坚定地坚持下去。

（2）手里有钱，心不慌。早期应该少投入、少库存（经营不受季节变化影响的产品和产品更新换代慢的产品，保持较小的库存规模）。少投入不代表不投入，而是说钱一定要花在刀刃上，钱尽量不要压在货上或其他固定的投入上，如办公场所、仓库、办公设备等。钱只有投入到营销上，钱和商品才能滚动起来。很多时候，去参观创业初期的公司，很多都是办公室和吃住一体的，因为他们没有时间去整理生活和享受生活，他们的资金都最大限度地投入到了运营中，用来创造更多的财富。

（3）做可以反复消费的产品可以不断地积累客户，这样小电商就能够看到自己的进步。即使你如蜗牛一般的速度前行，虽然很慢，但是你的固定客户数量是在增加的，你的销售额一直是在增加的，你就可以看到自己的进步。你就有了更多学习的动力，然后就提升了你的积累，你会觉得前途一片光明。

（4）小电商卖家尽量避免进入走量的迷途。走量不单单取决于产品便宜，更多地取决于你的资金实力、市场推广力度、客服的销售能力等很多因素，而不走量，就意味着不用压那么多的货，不用请那么多的客服，不用使用复杂的客户关系管理系统和供应链管理系统，不用投那么多的广告，即使销售量低一些，只要利润足够高你仍然还有很大的盈利空间，可以说只要能卖出去，就会有盈利，你就有成长的机会。

（5）精力用在销售上。在刚开始进入电商行业的时候，建议大家选择没有明显季节性的产品，尽量一款产品品种比较固定，或者选择可以尽量卖得久一点儿的产品。因为产品的开发是一件非常费精力的事情，而且开发完成后又需要进行产品包装等一系列相关的事情，还有客服的培训等，把精力都花在这个上面，对于小规模电商来说，可能就没有精力去好好地研究产品的销售和渠道的拓展，从而导致销售不利，库存上升，资金流动减慢，收入降低，最后经营陷入被动。

2.1.2 商品规划与管理

由于电子商务面对的是不同于传统环境中的消费者，因此也就需要有不同的商品策略。电子商务的产品定位、价格规划、品质要求、设计风格最终决定了传统企业电子商务的发展方向和地位。所以商品管理首要的一点就是重视目标消费群体的精准定位，目标消费群体的定位决定产品价格的高低，也决定了对所需商品的品质要求。

"商品管理"简单地说，就是在设定的时间里以设定的价格向目标顾客提供商品，满足消费者的需求，完成企业的利润目标。"商品管理"是一个完整的管理系统，是策略，并不是一个管理工具，更不是一个 ERP 软件。

专业的商品管理体系组织结构如图 2-1 所示。

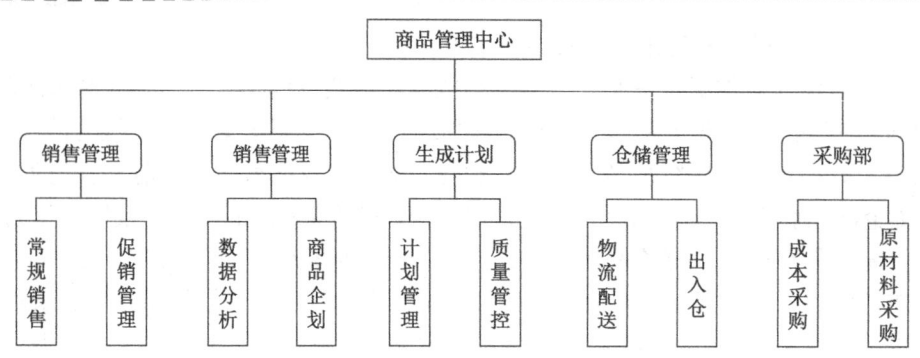

图 2-1　商品管理体系

商品管理的主要工作内容分为市场信息收集、整理、分析、商品的定位、结构、组合的管理、商品的计划、供应链管理、渠道数据的采集管理、价格的管理、利润的控制等，是企业的核心管理体系。它具有利润管理的核心功能，是通过对商品的进销存的全过程管理，及时了解销售、库存、资金的周转率等综合情况，为企业科学地制定下一个营销战略作为参考依据。

电子商务商品管理的核心在于商品流通全过程的管理，提供商品在电子商务过程中的角色定位（常规销售产品、主利润产品、冲量产品、引流产品），以及产品属性特点及有效卖点。在商品管理的过程中，每一个环节对应的信息都不一样，每个岗位关注的重点也不一样。

电子商务商品的管理全过程如图 2-2 所示。

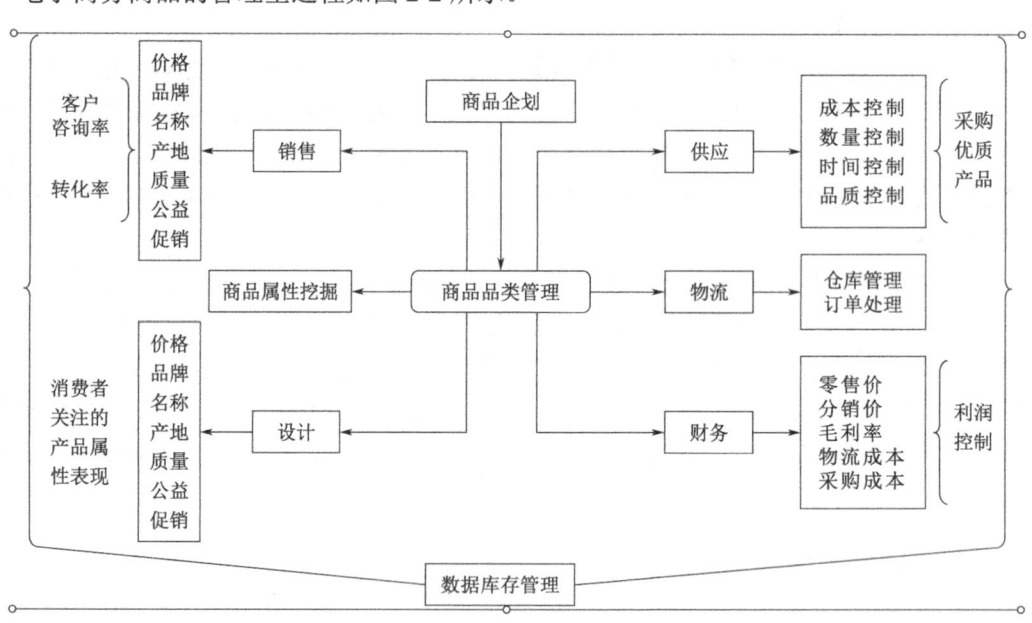

图 2-2　商品管理过程

商品全过程管理中的重点可归纳为以下几个方面。

（1）供应链管理。根据营销目标分解生产计划，选择优秀的供应商，以此保证以高品质的商品（销量大、毛利高、吸引人、价值高）满足市场需求。

（2）产品上架设计。调查研究消费者关注商品的哪些属性，客户关注的属性优先在 WEB 端展示，并提炼宝贝描述，突出产品的价值和卖点。

（3）运营推广及客服。熟知产品结构，熟知产品价值和卖点，根据产品结构比例和产品价值挖掘，做到精准营销，提升营销推广的效果。客服要熟知哪些产品是活动产品？哪些产品是常规性产品？哪些产品是形象产品？熟知产品详细信息，熟知产品的卖点和价值所在，能够快速回答客户提出的问题，提供优秀良好的服务，才能提高咨询转化率，树立公司的良好形象。

（4）物流管理。确保仓库财产安全，准确掌握库存信息及产品库位，提升仓库散单配货、发货的速度和效率。

（5）财务人员。能够熟练掌握产品销售价、分销价、成本价，快速地算出公司的应收应付账款，给公司提供优化产品线的财务报告和决策依据。

在信息时代，仅依赖经验处事已不能有效地参与社会化的市场竞争，必须把从产品的前期规划—计划—生产—销售—资金回笼—库存等纳入一个完整的链式反应中去，才能有效地打造核心竞争力，获得市场竞争优势。

商品管理的一个重要指标就是资金的周转率，因此电子商务的商品管理应该注意以下 6 项重要指标。

（1）分析哪个商品品类、种类的关注度较高，哪个商品品类、种类关注度较低或无人关注，提前预测畅销与滞销产品，提前做好促销准备。

（2）从流量来源分析自身品牌的关注度，选择适合的产品进行导流。

（3）分析点击量和点击百分比，注意商品的关注程度。

（4）分析下单量和点击百分比，关注通过该商品链接带来的直接下单数。

（5）分析转化量和点击百分比，分析通过该商品链接成功交易的直接有效订单转换率。

（6）分析客单价及相关产品购买数，研究通过该商品购买所产生的订单客单价及关联购买数。

电子商务的商品管理中对商品的属性挖掘意义重大，直接支持着视觉展示与销售服务。

2.2 渠道规划与管理的核心内容

2.2.1 电子商务的运营渠道

全渠道运营让电子商务的工作从单点走向立体，从双方演化成多方，只有到这个阶段，电子商务才真正让电子的处理方式和商务的复杂性进行结合。也正是因为要应对这么多复杂的状态，电子商务才能得以快速地成长和发展。电子商务的全渠道运营要从以下几个要素来切入。

1．商品要素

第一个也是至关重要的要素是商品。在电子商务的运营过程中，商品的重要性怎么强调都不为过。首先，要改变原来不适合电子商务和全渠道运作的商品结构。从有什么卖什么，到卖什么有什么是我们的理想。而做到这点，需要有强大的市场分析能力、计划能力、组织能力和快速反应的供应链来支撑。其次，商品的结构决定着销售的结构，通常用的是二元结构法。横向按品类、款类占比分配，并考虑季节因素；纵向按引流款、主推款、常规款、清仓款来进行分配。好的商品结构会指导你正确下货，正确出货，达到库存平衡。最后，有了商品就需要定价，成本、毛利、各平台的平均扣点、市场竞争力、策略性产品都要考虑。人们经常看到一个现象，某品牌的某商品在淘宝、京东、卓越、当当网卖的价格都不同，这是因为很多传统企业都是以毛利成本核算定价的，就是在基础商品成本之上+渠道运营扣点+标准毛利，运营团队卖什么价格是他自己的事儿。这个在线下或许可行，但在线上，查询比价非常方便，价格差异非常敏感。在网上，同款不同价的情况，不光会引起消费者投诉，甚至会影响企业的品牌形象。合适的做法是将各渠道的销售占比和渠道平台的扣点进行测算，确定一个平均扣点。再用它来反算平台渠道的运营扣点来确定全渠道的统一定价。

2. 店铺要素

店铺运营就一个要点，就是要吸引人。能吸引人，访问深度、转化率、客单价都会跟着上去。在全渠道的环境下，这里要分析的是，各渠道的人群特征及对商品陈列和推荐的影响。众所周知，三大网购平台分布在不同的地方，淘宝在杭州，京东在北京，拍拍在广州，其各自的核心会员大多呈现区域化，各有各的特征。比如南方人大多喜欢周立波，北方人大多喜欢郭德纲，你觉得卖给周立波的东西与卖给郭德纲的东西会一样吗？肯定不一样嘛，但也有一样的，比如 iPhone、iPad 他们都喜欢，但他们拿到后一个可能用来炒股，一个则用来看新闻，其实还是有区别的，更别说服装、鞋包之类的了。所以在不同的渠道下卖东西，需要给消费者的东西是不同的，就算是同样的东西，给出的卖点和推荐理由也是不同的。

另外，针对众多的渠道平台，需要将渠道平台进行分类和分级，明确哪儿是根据地、哪儿是主战场，这样区分的好处在于针对主流渠道，获取的是最主要的销售额和会员口碑，针对清货渠道，是不上新货的，其实新货也没这么多，只在过季的时候进行库存清仓。在渠道活动、商品价格、商品数量发生冲突的时候，首先要清楚优先保证什么。值得注意的是，在多店铺运营时，在每个店铺里的主推商品和主题活动都应该是不同的，这个不同是要针对在当前店铺的当前渠道平台里突出的独特性。

3. 物流要素

最后来谈谈物流要素，全渠道营销的多复合模式，对仓储物流提出了更高的要求。一方面，全渠道运营要求支撑更为复杂的物流运作方式。各类平台的运营模式可以分为铺货模式和自营模式，铺货模式按结算条件和退货比例大致可分为代销和经销。自营模式则分为直接发给顾客和通过中转发给顾客这两大类，再加上是否支持货到付款，是否支持直接开票，所有全渠道的运营需要电商公司支撑有 8~10 种分类的物流模式，其中有不同的包装、标签、打单、配送的要求。另一方面，对发货准确性和及时性的要求也更高。这部分需要通过信息系统的支撑来实现，例如汇海电子商务公司，物流部门分为内外两个场，内场为自己的工作人员，外场为多家第三方快递公司的人员，内场进行数字化标签管理，外场根据标签来接收和发运物品。这一切的控制都是通过强大的系统来实现的，比如它要计算第三方快递公司每天的发货能力、发货时间、配送的优势区域（网点多）、价格（有的按件算、有的按重量算），对订单进行自动计算和排列，进行物流运作的最优化匹配。

【例2-1】梅西百货 O2O 全年渠道战略布局

美国梅西百货公司（Macy's），是美国联合百货公司旗下的公司（1994 年美国联合百货公司收购了梅西百货公司），如图 2-3 所示。梅西百货公司（Macy's）是美国著名的连锁百货公司，其旗舰店位于纽约市海诺德广场（Herald Square），1924 年梅西百货公司（Macy's）在第 7 大道开张时曾被宣传为"世界最大的商店"。

梅西百货公司过去只是一个单纯的直板选手，线下渠道只是球拍的一面，在面对电子商务日益强大的冲击压力下，公司需要开拓另一面，而线上的渠道就提供了这样一个好的契机，当然如果仅仅只是将链条硬性搬到线上，往往可能会邯郸学步、弄巧成拙，还需要在线上线下的渠道之间协调融合，实现 1+1＞2。

图 2-3　美国梅西百货公司和公司 Logo

在零售业，梅西百货（Macy's）是真正堪称经典不衰的极少数品牌之一。实现转型后，梅西百货业绩逐年增长，连带使其市值与规模连续增长。借助于本地化的策略，曾经仅仅局限于美国东西部海岸的梅西百货已经将实体门店开遍了全美，有了 800 多家实体门店。仅仅三年时间，梅西百货就走出了金融危机的低谷，市值和销售规模连续增长。2012 财年，梅西百货销售收入 277 亿美元，比 2009 财年高出了 42 亿美元。公司 CEO 兰格伦将这些归功于 M.O.M——即 MY MACY'S（我的梅西百货）、OMNICHANNEL（全渠道战略）、MAGIC SELLING（魔力销售），如图 2-4 所示，看起来花哨的词语，分别代表着本地化、线上线下资源的整合及服务品质。

图 2-4　M.O.M 三板斧

其中，魔术营销即人们所说的社会化营销。梅西百货的本地化战略始于 2008 年，2010 年梅西百货正式推行其全渠道营销战略。虽然梅西百货的全渠道营销战略推行较晚，但是已然成为了整个公司乃至整个零售行业未来发展与变革的新方向。

全渠道零售是指以消费者为中心，利用所有的销售渠道整合线上线下及移动终端的资源，将消费在各种不同渠道的购物体验进行无缝连接，同时将消费过程的愉悦性进行进一步塑造，使其在消费过程中得以最大化。因此在全渠道营销中，用户可以同时利用一切渠道，如实体商店、销售目录、呼叫中心、互联网及手机移动终端等，随时随地地进行购物体验。而梅西百货的全渠道模式则是通过借助梅西百货及相关合作百货的实体店、在线商城和移动终端三大载体为主要渠道来进行全面的零售渠道布局，如图 2-5 所示。

图 2-5　梅西百货全渠道营销三大载体

梅西百货的实体店会为在线商城提供商品展示功能，并且为用户提供其在线上商城的下单及退货和取货的服务等。而当网上的仓库缺货时，可以通过实体店铺进行快速补缺调配，将产品及时发送给用户，此时实体店铺相当于一个临时的补充仓库的角色，这样的调配方式高效且灵活。

线上商城则提供了与实体店相同的商品及价格，除此之外，还可以通过各种互动活动提供更为轻松的消费体验，借助网络平台优势更全面地展示所有商品等。

用户可以通过移动终端随时随地地浏览商品，查阅商品的价格，进行快速便捷的商品分享，参与商品讨论及活动等，并且梅西百货会通过移动终端点对点地进行优惠券的发放和福利推送，从而实现精准营销。

针对梅西百货的全渠道布局，首先梅西百货将自己的实体店作为体验店，在其体验店内布局了许多智能终端或自主终端，利用终端作为流量入口，当消费者进入体验店进行购物时，除了能够在实体店进行商品挑选及试用体验之外，还能够通过智能终端实时查询到产品或相关品牌的相关信息，如产品说明或具体信息、价格及其变动情况、库存信息、以往客户的购买情况及服务体验的相关评价等。为用户全方位打造了便捷、透明的产品信息服务。经过比较和体验之后，消费者对于自己满意的商品可以选择线下付款，同时也可以选择通过线上渠道，通过智能终端直接进行下单购买。对于提货，梅西百货也给出了两种选择，一是用户可以选择在实体店自行提货，二是如果客户是通过智能终端进行商品购买或者觉得自提不方便等，都可以选择让门店进行配送。即使是售后环节，如果消费者对产品不满意或者产品本身有瑕疵，都可以选择到实体店直接进行退货，或者要求进行相关的售后服务。

在线上部分，梅西百货是将自己的官方网站和开发的手机 APP 作为流量入口，用户可以通过百货的线上官网及 APP 实时进行商品的浏览、选择、下单和支付，最后由梅西百货进行统一的商品配送。而消费者在拿到商品之后可以将购买的订单和商品信息直接在社交平台进行分享，同时还可以在线发起售后服务申请，同时由梅西百货在线上或在实体店中提供相应的售后服务。

梅西百货全渠道模式运作如图 2-6 所示。通过这样的布局方式，使梅西百货的线上线下模块互相融合，相互打通连接，百货的实体店可以作为线上的流量入口，借助店铺内的智能终端实现其线上线下的互相引流，不仅实体店中的消费者能够便捷地进行线上体验，同时线上消费者也可以被引流到实体店中进行体验，并打通会员的体系，贯穿会员的信息，实现线上和线下完全融合。而在配送方面，梅西百货已经将其实体店铺作为商品的配送中心，依靠其全美范围内的 800 多家门店提供配送服务，利用实体门店的存货仓库作为网上订单的配送中心，这样最大的益处是能够更好地管理库存。如果消费者购买的商品在网络平台仓库中已没有了库存，梅西百货可以从实体店仓库中快速调货，顺利将商品送至客户手中。

围绕着客户体验，梅西百货的全渠道零售战略还致力于打造消费者线上线下无差异的消费体验，努力在网上营造出顾客在实体店的购物体验感。最大限度地为顾客打造一种贯穿多种购物渠道却始终如一和无缝的购物体验，从而留住顾客，取得竞争优势。

梅西百货针对客户体验的打造开展了一系列的试点项目，推出了许多自动型的自主服务技术，从而达到能够加速购物结算流程和移植网上购物体验的效果。具体来说可以归纳为以下 8 种服务与体验。

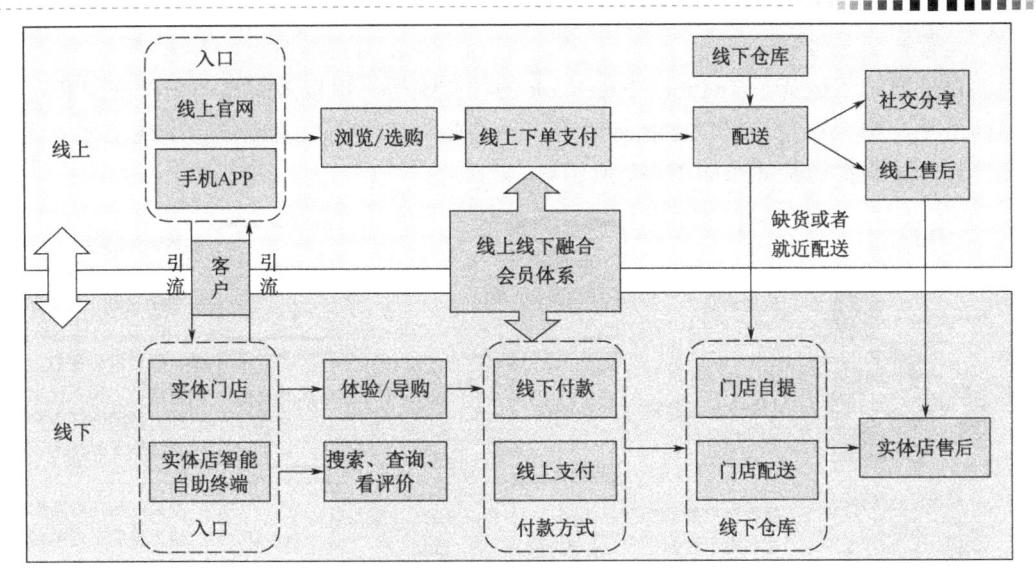

图 2-6　梅西百货全渠道模式运作

（1）搜索与快递服务

将梅西的后台库存系统整合进店铺前端的零售收银系统中，在梅西百货和布鲁明戴尔（Bloomingdale's）的近千家店铺中，如果顾客在某家店里或网上看中了一个商品，但是这家店没有合适的颜色或尺码，或者根本不卖这个商品，销售人员可以从网上搜索合适的商品并且下订单，把商品直接递送到顾客的家里。

（2）美容小站

美容小站是安装在实体店里的自助服务机，顾客能够在这台机器上搜索化妆品库存、了解研究产品功能及进行购买。每一个美容小站都会设置一个"美容小站专职礼宾助理"在现场为顾客提供使用帮助，并协助处理信用卡交易等内容。

（3）真试衣

真试衣是梅西网上商城 macys.com 上的一个应用工具，通过加进典型的实体店特性，帮助女性顾客精准地选择最适合她们"独特的身体和喜好的风格"的牛仔裤。

（4）客户相应设备

梅西百货将商店的付款设备进行改装，使之可以支持像谷歌钱包这样的新支付技术。同时也可以查询网上顾客的相应评论，支持进行线上的自助下单等购物操作，方便快捷。

（5）电子屏

在梅西百货的实体店里装配的电子屏会提供与美容小站类似的自助服务功能，还可以用于辅助送货服务，礼宾助理通过使用全球定位系统和数字签名套件来更有效和准确地管理送货流程。

（6）配备电子收据

根据客户不同的需求，梅西百货提供了编辑的电子收据服务，客户可以通过终端进行查询及打印等。

（7）开通店内 WiFi

梅西百货的实体店都会开通店内的 WiFi 用以获取用户的行为轨迹，从而提供更为精准的营销服务。

（8）运营社交账号

梅西百货同时还运营了 Twitter、Facebook 的社交账号，以便及时地与粉丝交流和互动。

显而易见，梅西百货通过以上种种措施，目的是为广大消费者提供一个线上线下无差异的购物体验，其购物体验体系如图 2-7 所示。

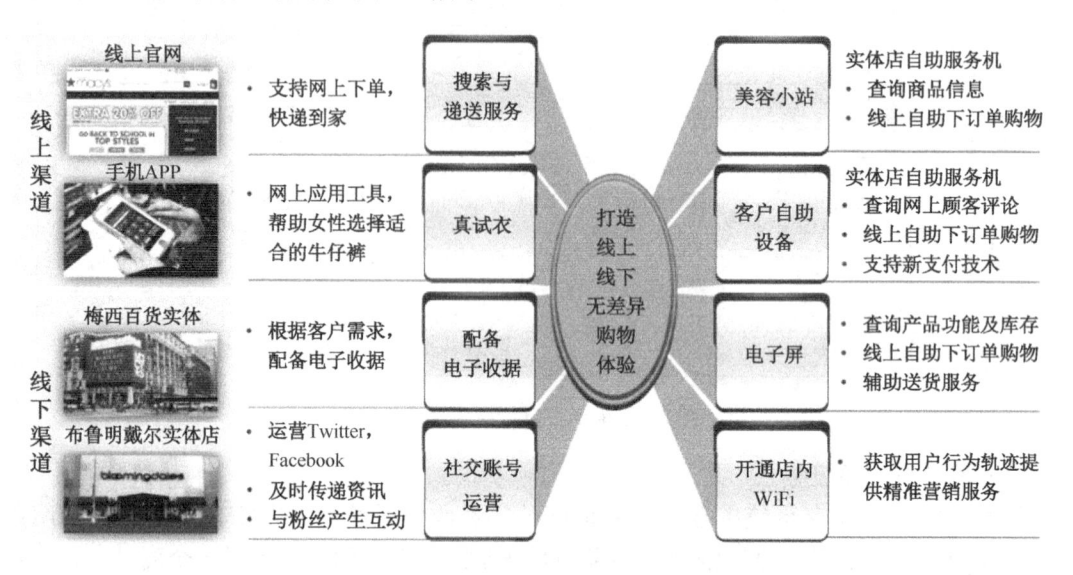

图 2-7　梅西百货线上线下购物体验体系

根据市场研究机构 IDC Retail Insights 最近的研究结果，全渠道消费者是标准的黄金消费者。相对于单渠道消费者，多渠道消费者平均要多消费 15%～30%。而相比于多渠道消费者，全渠道消费者平均要多消费 20%。更为重要的是，全渠道消费者的顾客忠诚度要远远高于前两者，还会通过社交媒体和在线活动影响更多的顾客。

在营销层次上，梅西百货重视利用社交软件进行社会化营销，从而创造出了新的营销模式。首先，社会化营销是虚拟渠道中最有待挖掘的潜力市场，许多传统的百货商场正在尝试借助社交平台或社交媒体来进一步推动自身全渠道的转型。梅西百货也积极地借力社交媒体，开展社会化营销，并且取得了相当显著的效果。

梅西百货的营销模式主要有以下 4 种，如图 2-8 所示。

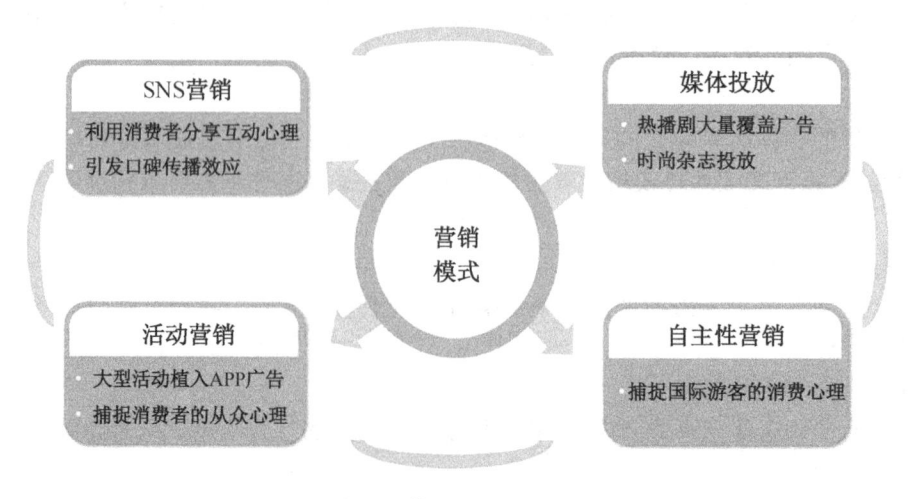

图 2-8　梅西百货的营销模式

（1）SNS 营销

梅西百货在 Twitter、Facebook 等社交平台上都开设了账户，吸引了大量粉丝，并且利用满足消费者渴望分享、渴望互动的心理，促进线上商城和移动终端的消费。借助社交媒体的广泛传播性形成口碑传播效应，将品牌和商品传遍网络。同时通过社交媒体与粉丝进行积极的互动和沟通，及时了解用户的需求及对商品和服务的满意度情况，并及时地进行有针对性的调整与改正。

（2）媒体投放

梅西百货在许多美国热播电视剧中大量地植入了广告，并且在 24 小时的电视购物栏目进行电视购物直销，积极传播相关的品牌理念，同时也在各种时尚杂志中进行广告投放。除此之外还布局了关键的互联网通道，在世界各大门户网站中，如谷歌、佳品网、美国购物网等网站中都进行了广告的投放。在 Twitter、Facebook 等各大社交网站上传播商品和相应的活动信息，实现信息的全面覆盖。

（3）活动营销

梅西百货在许多大型的活动中都植入了它的 APP 广告来提高下载量，比如梅西百货每年的感恩节大游行活动，已经被打造成了美国最为重要的节日游行活动之一。梅西百货会借助类似的活动推广自身的官方 APP，增加用户数量，提供良好的安装基础。除了游行活动，梅西百货还会通过橱窗展来与消费者进行沟通。每年冬天来临时，梅西百货都会在曼哈顿的旗舰店举行橱窗展，每一个橱窗里都会诉说一个与圣诞节相关的美丽故事，同时结合社交网络宣传自身的橱窗展览。这样人们可以在各大社交网站上看到相关活动的视频及照片，同时还与打折信息相结合进行推送，使每次活动都充满人气，最终形成一定的规模。通过活动赢得的软媒体和软广告的效果非常具有影响力，梅西百货也通过捕捉消费者的从众心理将它的品牌形象深入人心，从而获取了社会人群对于其品牌的好感度。

（4）自主性营销

梅西百货会迎合消费者的生活购物习惯去举办相应的营销活动，增加客户黏性，同时会注重捕捉国际游客的休闲和消费心理，来招揽更多的消费人群。

梅西百货的成功可以归结为以下四点，如图 2-9 所示。

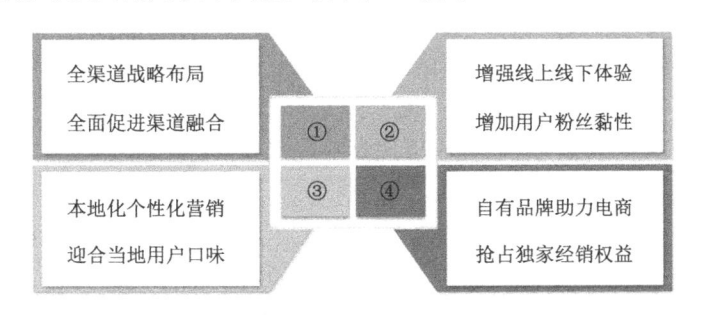

图 2-9　梅西百货成功的关键四要素

（1）全渠道战略布局，全面促进渠道融合

梅西百货本地化转型的背后是它所进行的全渠道的融合战略布局，自 1996 年就开始触网的梅西百货早已经开始关注和思考如何利用最新的科技让线上线下、实体店和移动渠道的优势相互借力，然后最终实现由单一渠道向多渠道直至全渠道的布局和扩张。而正是因为通过全渠道的布局，使梅西百货的销售可以置于全渠道中，不仅增加了整体的销量，还吸引了来自各个不同渠道的用户。

（2）增强线上线下体验，增加用户粉丝黏性

梅西百货充分考虑到了用户网购时的习惯，即购买前喜欢在网上浏览和了解商品，了解后喜欢到实体店中进行产品体验。针对这种消费习惯，梅西百货在实体店中配备了相关的设备以便能为客户更好地进行服务。所有设备和服务的提供，都是为了使客户能够体会到融合了各渠道优点的购物体验。

（3）本地化个性化营销，迎合当地用户口味

梅西百货立足于本地客户的需求，提倡本地化的经营策略，同时结合较强的营销和运营能力，迎合当地用户的口味，赢得了很多的固有用户和外来客户。

（4）自有品牌助力电商，抢占独家经销权益

相对于我国的百货行业，梅西百货最显著的特点在于其具有独家品牌，能够控制货物的所有权，超过三分之一的产品在梅西百货的线上线下同步出售，通过此举能够有效地提高毛利率。同时梅西百货利用实体店的全面覆盖率、品牌知名度及优秀的客户资源，强化自己与顶级设计师或时尚名人进行合作，签署独家的合作协议，强化自营品牌实力，确保其商品能够更好地满足于典型客户的零售群体。

2.2.2 渠道的建设与管理

营销渠道是实现产品销售和服务传递的重要通道。公司的产品策略、价格策略、促销策略在很大的程度上都需要通过渠道合作伙伴的密切配合才能够执行。所以渠道在公司的市场营销过程中发挥了关键性的作用，对营销渠道的规划和设计也就显得至关重要。

营销渠道的规划是指公司为了达到营销目标，对各种备选渠道结构进行评估和选择，从而开发出新型的营销渠道或改进现有的营销渠道。渠道规划设计一般要经历以下几个步骤。

（1）认清渠道面临的内外部环境，结合公司发展战略，明确渠道目标

渠道生存发展有其特定的市场环境，这些都对渠道结构和行为产生重大的影响，因此在设计之初就要提前考虑到位。渠道环境大致分为4个方面：一是社会文化环境，包括一个国家或地区的思想意识形态、道德规范、社会风气、社会习俗、生活方式、民族特性等许多因素。二是经济环境，主要是指渠道所在地区的经济发展水平，它可以具体到人口分布、人均GDP和收入、通货膨胀等。三是竞争环境，主要是指来自同业的渠道争夺市场的压力。竞争会影响公司的渠道设计。面对竞争压力，公司可以选择正面竞争，或者通过渠道差异化途径进行竞争。四是消费者需求的变化，消费者需求是渠道营销活动的中心。消费需求变化和社会行为变化是一个渐进过程，渠道调整应在变化处于量变过程时，抓住时机作出适应这些变化的经营决策。

除了认清外部环境外，渠道规划还必须与公司的发展目标紧密结合，从战略目标到市场目标再到渠道目标逐层分解，从而保证渠道的发展不偏离或背离公司总体的发展轨道。一般来说渠道的目标包括9种，如图2-10所示。

（2）根据既定目标，设计渠道模式，寻找渠道可选方案

渠道设计首先要考虑的是渠道的长度结构问题。渠道的长度是指产品从制造商（公司）到达客户所经过的渠道层级，其结构类型如图2-11所示。渠道长度越长，交易的成本越大，产品销售的价格越高，这并不符合公司、渠道商、顾客三方的利益。因此，渠道的扁平化成为众多公司转型的目标。

渠道分销的9种目标		
分销顺畅	流量最大化	分销便利
拓展市场	提高市场占有率	扩大品牌知名度
分销成本最低化	提高市场覆盖面积和密度	控制渠道

图 2-10　渠道分销的目标

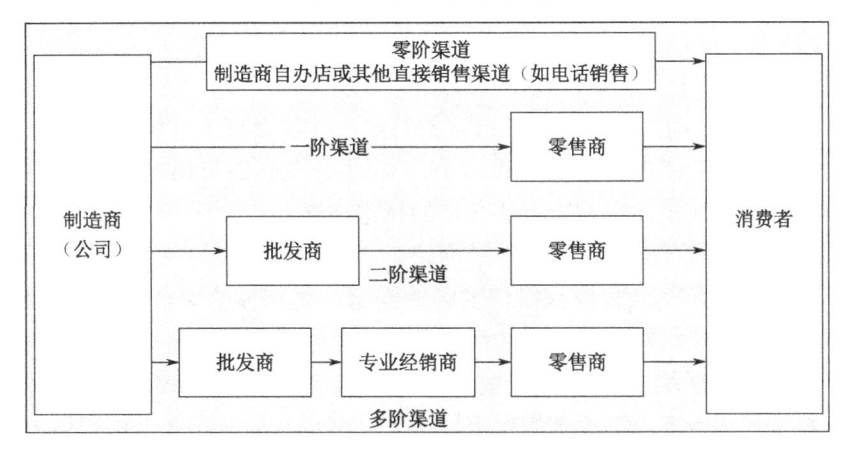

图 2-11　渠道的长度结构类型

扁平化最理想的模式是公司自营，与之相对的是他营，即经销商经营。自营和他营的模式各有利弊，自营能够加强对网点的掌控力，快速获得第一手市场信息，不足之处是占有资金及增加管理成本。他营的优点在于无须公司过多的资金投入，能降低公司的经营风险，不足之处是公司对网点的掌控力弱。但目前通行的模式还是以他营为主，自营为辅。有些公司在一些重要的战略市场上如果实在找不到理想的合作者，从公司品牌及长远利益考虑，会暂时考虑自营，等时机成熟后再让其他经销商接盘。

其次，渠道模式设计要解决渠道的宽度结构问题。宽度结构是指在同一个分销层级选择中间商数目的多少，数目越多就越"宽"，反之就越"窄"。一般来说渠道宽度设计有三种类型，如图 2-12 所示。

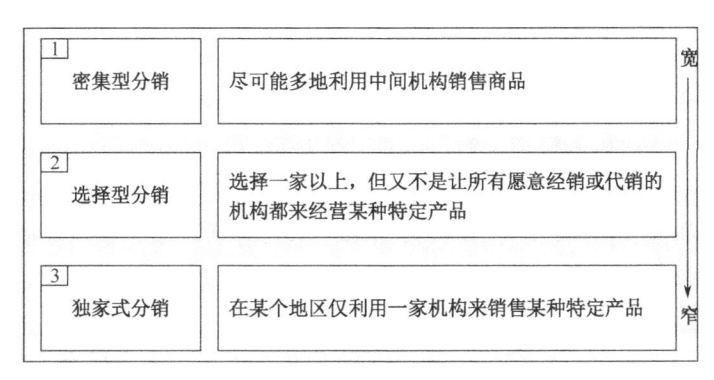

1 密集型分销	尽可能多地利用中间机构销售商品
2 选择型分销	选择一家以上，但又不是让所有愿意经销或代销的机构都来经营某种特定产品
3 独家式分销	在某个地区仅利用一家机构来销售某种特定产品

图 2-12　渠道的宽度结构类型

渠道的长度和宽度设计基本搭建了公司的渠道框架结构，这是渠道构建的一般方法。但不同行业所适用的渠道模式的差异较大。快速消费品是高频率消费的产品，使用时限短，拥有广泛的消费群体，对于消费的便利性要求很高，销售渠道层级和种类多而复杂；工业品购买者人数较少，购买数量较大且集中，但购买频率较低，价格弹性较小，有时需要协商定价；专业性购买，需要较强的技术支持与服务，可经过或不经过渠道环节，采用渠道时，渠道一般较短，形式简单，且人员推销起重要作用。

公司可以通过以上方法做出渠道长度和宽度的可能选择，这只是确定了初选方案。接下来对各项方案的评估优选十分关键。对渠道模式优劣的评估要遵守三项原则：一是经济性原则，公司要对拟选择的不同渠道构建方案的成本和销售水平进行评估衡量，以找到最经济适用的渠道规划方案。二是控制性原则，即选定的渠道模式必须有利于增强对渠道的控制能力。只有对渠道进行有效的控制，才能保证市场按照设定的目标来发展。虽然自建渠道能够最大限度地控制渠道，但成本非常高。反之，如果使用批发商，则意味着会产生更多的控制问题。三是适应性原则，因为渠道成员之间的合作在一个特定的时期内往往会有一定程度的承诺，但由于市场的变动会影响公司的应变能力和合作基础，因此，在迅速变化的市场上，公司需要寻求能获得最大控制的渠道结构和政策，以适应不断变化的营销战略。

（3）规划网点形成合理布局，开拓渠道网络

网点布局就是公司将商品投放到指定的区域销售，其总体的原则是尽可能地贴近顾客，同时也要遵循科学的方法。网点布局总体可分为以下几个步骤。

第一步，细分市场区域，规划区域内的网点数量。网点数量的多少与区域位置、经济发展水平、人口数量和消费能力等关键指标密切相关。网点布局即实现市场和渠道的区域匹配，需要对渠道数量进行总量控制。

第二步，公司要选择周密的布局模式。常见的布局模式是在市场依次建立中心点、旗舰店，并在四周建立卫星店，初步形成对区域的覆盖，辅之以零星网点补充盲点区域，从而最终实现对市场区域的无缝辐射和覆盖。

第三步，开展网点选址。网点位置要贴近客户，更为重要的是要迎合顾客购买心理。如果顾客注重品牌，网点的位置要处于高端商业或商务区。如果客户注重便利，网点的位置则要跟随人流，设立在顾客出现的位置，如商业区、住宅区、商务区、车站码头等。

第四步，检验网点实际的运营效果并调整。网点的运营效果是否达到设计预期需要通过实践的检验来证明。对于运营效果不佳的网点，公司要对其进行二次评估，对效益不好的网点要留待考察或果断退出。对盲点区域要重新检索，新设网点补足空缺。

（4）建立有效的渠道激励机制

渠道激励主要包括物质激励和精神激励两种方式，物质激励的手段主要有购销价差、返利、阶段性竞赛奖励等。精神激励的主要手段如奖励旅游、培训的机会、召开大客户会或聘请重要渠道商部分参与公司内部渠道决策等。要想激发经销商的主观能动性，作为厂家就一定要物质激励与精神激励相结合。物质激励，能够满足经销商的生存、发展的需要，而通过精神激励，能够满足经销商内在深层次的精神提升需求。双管齐下，激励政策才能真正地发挥效用，才能起到最大化的激励效果。

对于两种激励方式，也有不同的运用方法来帮助公司达到预期目标。

一种是直接激励法。公司通过给予物质或精神奖励来肯定中间商在销售量和市场规范操作方面的成绩。常用的手段有返利、价格折扣、奖励旅游机会等。

另一种是间接激励法。公司通过帮助中间商进行销售管理，以提高销售的效率和效果来激发中间商的积极性，从而提高销售绩效。常见的有：帮助中间商建立进销存管理系统；帮助中间商进行零售终端管理；帮助中间商管理其客户网，加强中间商的销售管理工作；合理安排企业与批发商、企业与零售商之间的合作。

两种方法相比，间接激励更强调合作，注重对渠道能力的长期提升，是公司为"利己"而先"利人（喻指渠道，下同）"的激励选择；直接激励更强调对销售成果的即时反应，对渠道能力并不关注，站在公司的角度看，是先"利己"后"利人"的激励设计。两种激励方法各有其必要性和价值，如何选择和侧重的关键是考虑激励方法与企业自身的资源、能力、目标等的匹配度和适应性。

（5）建立科学完善的管理制度

科学的管理制度是制造商和渠道之间签订的一项重要的合同，它既是双方行动的指引，也是二者进行交流、沟通甚至谈判的基础。管理制度的好坏直接决定渠道体系的好坏。科学完善的渠道管理制度有着一般化要求，但具体运营和贯彻执行必须结合公司的实际方为合适。它主要包括以下4个方面的内容。

① 渠道资质管理制度。渠道资质是渠道管理制度的基础，公司对不同资质的渠道有着不同的销售目标和管理要求，因此对渠道资质的管理制度必须科学缜密，照应制度全局。渠道的资质管理一般包括资质的初次评定、基本权利义务、二次资质评定以及升降级管理等重要制度。

② 销售目标与佣金管理制度。销售目标是公司和渠道行动的动力，是渠道管理的核心。公司每年都需要对销售市场进行调查，明确当年的销售目标，并以此为依据细分渠道的销售目标，从年度、季度直至月度，在阶段性促销中还可以制定短期促销目标。佣金标准与销售目标挂钩，并结合渠道资质综合确定。一般来说，级别越高的渠道，其销售目标和佣金标准也越高。销售目标与佣金标准应尽量实现标准化管理，但在必要时也可以修改制度以适应外部环境的变化和公司整体销售目标的调整。

③ 渠道业务管理制度。一方面是对渠道在日常销售和经营的业务授权进行全面细致的定义，以及对盗版销售或提供虚假信息进行销售等欺诈行为进行防范；另一方面，公司要对渠道进行价格授权和经营区域授权，防止渠道价格倒挂销售或跨区窜货等行为，从而维护渠道体系和销售秩序的稳定。

④ 渠道矛盾管理制度。与合作相伴而生的是矛盾，渠道管理也不例外。制造商和渠道商、渠道商和渠道商之间，作为各自目标不同的利益团体，难免会引起矛盾和摩擦，作为渠道制度的制定和渠道体系的管理者必须充分正视矛盾，设定矛盾申述和仲裁的法定程序，为解决矛盾和争端提供方法与依据。

除了以上四项重要的管理之外，一套渠道管理制度还包括其他重要内容，如渠道VI管理、促销政策管理、产品购销存管理、渠道商信用管理、市场信息反馈与收集等，都是公司应该全面统筹和关注的。

2.2.3 供应商如何入驻天猫供销渠道

随着电子商务业务竞争的不断加剧，有许多已经成规模的网店都面临着经营瓶颈的窘境。渠道的建设和优化已经成为新时期电商企业竞争的一个优化方向。因此，入驻相应的平台供销渠道无疑是拓宽销售渠道、增加销量的好办法。以下将以天猫供销平台为例，详细讲述供应商入驻天猫供销平台的具体流程及注意事项。

天猫供销平台是天猫专门为商家提供代销、批发的服务平台，是能帮助商家快速地找到分销商或成为供货商的平台。直线式的供销平台不仅可以减少商品买卖交易中的各种运费成本和保险成本，而且可以帮助商家更快速地获得相关的商品资讯，使其可以更快速地掌握行业信息、占据市场份额。简单来讲，天猫供销平台即为连接品牌供应商和分销商的平台。品牌供应商负责提供品牌货源，需找销售产品的渠道，而分销商则是寻找优质货源后进行推广销售。

1．进驻优势

入驻天猫供销平台后，供应商与分销商可以在以下几个方面实现便捷地合作。

（1）发布产品。供应商在平台上上架相关的产品后，分销商可以结合自身特点及优势，酌情挑选适合自己的产品，转入自己的店铺中进行销售。

（2）招募分销商。供应商可在平台上设置分销商的招募门槛，分销商则可在平台上查找信息，申请合作。

（3）管理渠道。在渠道管理方面，天猫平台设置了相关的管理功能模块，供应商可以便捷地设定价格区间，从而达到有效分级管控分销商的效果。

（4）交易结算。平台设置了详细的分账系统，供应商对分账方式进行设置从而保证了与分销商的账务安全。

（5）仓储物流。在仓储物流方面，对于没有仓储发货能力的分销商，通过平台的数据连接可以实现由供应商提供代发货物的服务。

2．产品挑选与进驻资质

适合进入天猫供销平台的产品应该具备以下4个条件。

（1）消费量较大。对于市场需求较大的商品，利用分销商拓宽销售渠道比较有意义，相对来说分销商需要承受的市场压力比较小。

（2）库存量较多。库存量要足够，才能有效避免因分销渠道的增多而陷入缺货、断货等困境，同时还需要成熟的物流配送服务加以支持，才能有效保障分销效果，避免不必要的负面影响。

（3）有一定的利润空间。只有产品有一定的利润空间，才能使供应商与分销商都能获得利润分成，巩固合作关系从而建立起稳定的供销渠道。

（4）售后服务要求较低。售后服务要求较低的产品比较适合做分销，如产品无须复杂的安装指导和太高要求的运输服务等。对于售后服务要求较低的商品，分销商提高产品销售量的同时，不会产生太高的售后成本，也无须对分销商进行过多的售后培训，因此这类产品比较适合进驻分销渠道。

然而并不是所有商家或产品都能进驻天猫分销平台，目前该平台仅支持天猫旗舰店与专卖店申请入驻，没有相关资质的则无法入驻该平台。另外，以下类目的商家暂时无法入驻该平台，包括移动/联通/电信充值中心、腾讯QQ专区、手机号码/套餐/增值服务、网游装备/游戏币/账号代练、网络游戏点卡、酒类、旅游服务、古董收藏、珠宝/钻石/翡翠/黄金/、交通票、电子凭证、OTC药品/医疗器械/隐形眼镜/计生用品/成人用品、电影/演出/体育赛事等。

3. 入驻平台前的准备工作

入驻天猫供销平台前需要确认的相关事宜如下。

（1）拥有天猫旗舰店或专卖店的主账号。

（2）无绑定关系的全新的企业支付宝，该支付宝必须与店铺支付宝的认证企业相一致（同一企业最多可认证 10 个支付宝）。

（3）确保支付宝内有足够的保证金。该保证金将冻结在账户中，只用于供应商责任导致的分销商损失或消费者损失的情况。倘若双方纠纷能够及时解决并且未造成他人损失的，保证金将不会被使用。

保证金的具体缴纳规则如图 2-13 所示。

需缴纳：基础保证金 + 品牌授权服务保证金

品牌授权服务保证金：每个品牌3000元，最高不超过3万元。

基础保证金：不同类目的金额不一样，详见下表

大类	基础保证金	大类	基础保证金
家电数码	50 000元	服饰	10 000元
户外运动	50 000元	家居建材	10 000元
美容护肤	30 000元	其他类目	10 000元
母婴	30 000元		

图 2-13　保证金的具体缴纳规则

4. 入驻平台流程

入驻天猫供销平台的网站入口为 http://gongxiao.tmall.com，相关流程及注意事项如下。

第一步，进入供销平台主页，先登录要入驻的天猫店铺账号，然后单击页面右上角的"我要入驻供销平台"按钮，如图 2-14 所示。

（a）

电子商务运营实务

(b)

图2-14 进入天猫供销平台主页及操作

第二步,单击"供应商入驻"按钮,如图2-15所示。

图2-15 "供应商入驻"操作页面

第三步,提交企业支付宝,即将全新的无绑定关系且必须与店铺支付宝为同一个企业认证的全新支付宝账号填入相应的选框,如图2-16所示。

第四步,提交资料,填写联系人信息,用来接收平台的重要公告与通知,如图2-17所示。

第五步,设置供货信息,系统会自动列出你的天猫店铺授权经营的类目和品牌,如图2-18所示。若有多个类目品牌,可以从中选出部分的类目和品牌做分销。这一步的设置将决定你在供销平台上的供货范围及保证金的金额。

第六步,签署入驻协议,选中"我已阅读并同意以上协议"复选框,单击"下一步"按钮,如图2-19所示。

第七步，签署支付宝协议，其操作页面如图 2-20 所示。

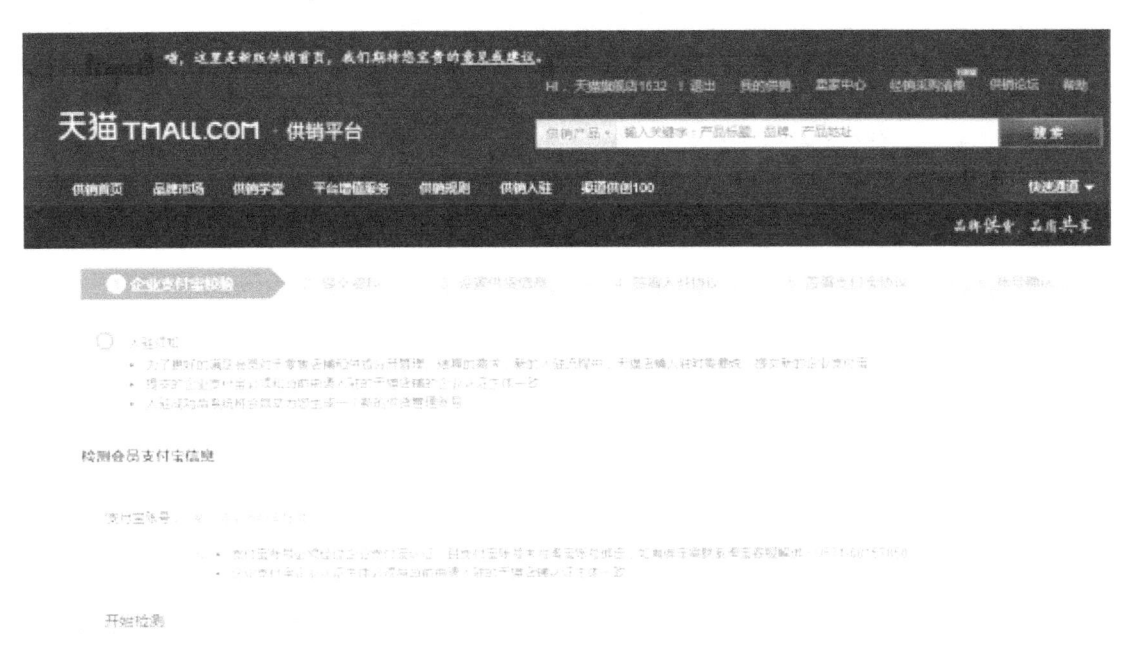

图 2-16　提交企业支付宝操作页面

图 2-17　提交资料操作页面

图 2-18 设置供货信息操作页面

图 2-19 签署入驻协议操作页面

图 2-20　签署支付宝协议操作页面

第八步，确认账号，供销平台将会生成专门的供应商账号，账号命名规则为："当前店铺名称"+"供应商"，如图 2-21 所示。入驻成功后，将需要用此新账户登录平台，新账户的密码即为提交的企业支付宝的登录密码。

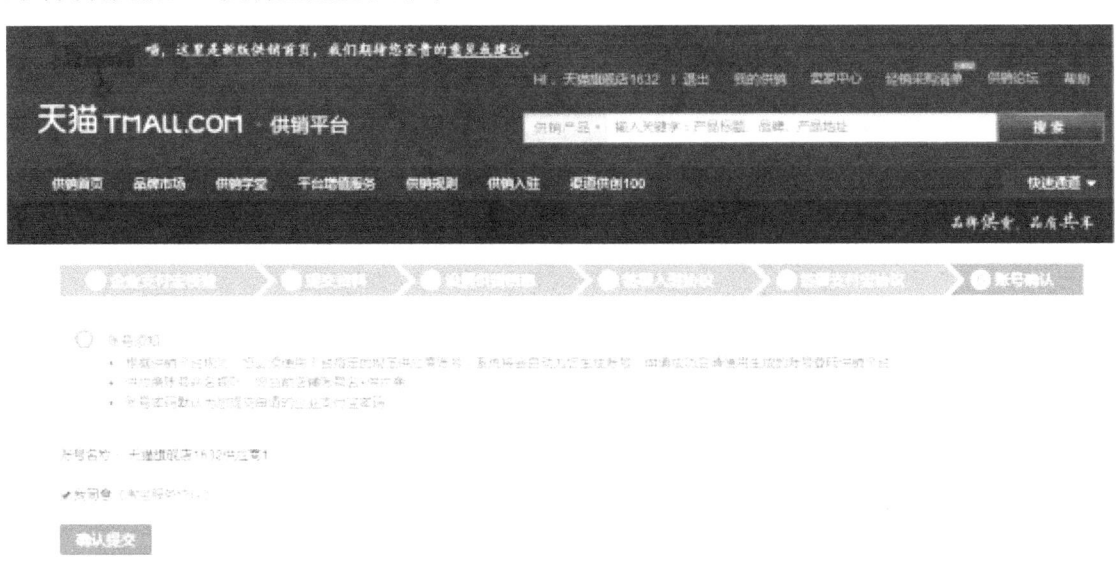

图 2-21　确认账号和设置密码操作页面

第九步，完成以上流程，入驻成功，如图 2-22 所示。

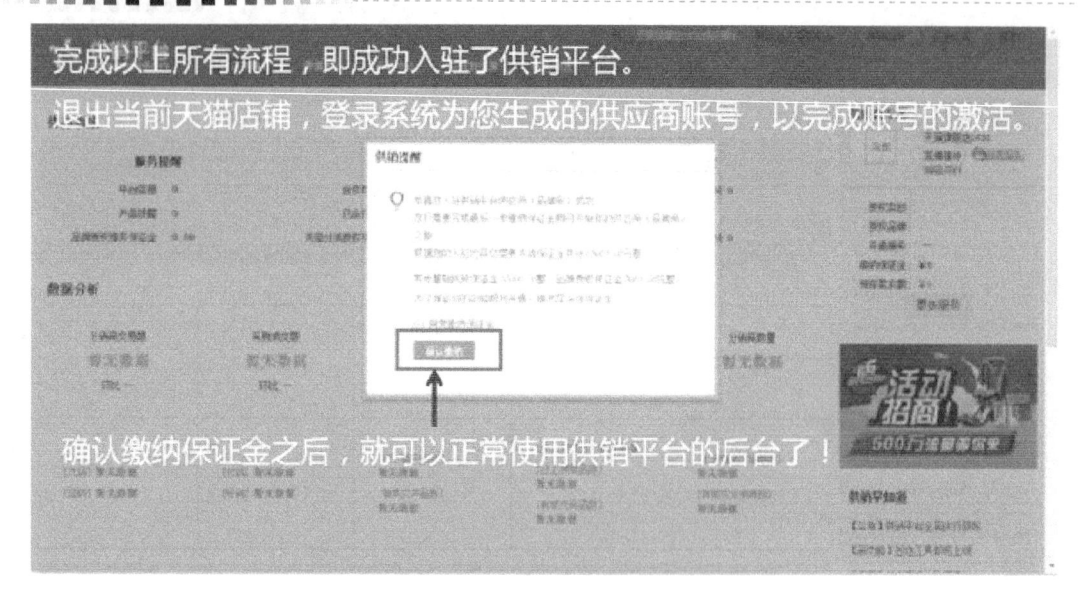

图 2-22　入驻成功页面

2.2.4　供销渠道细分管理与经销商精细化管控

在如今全业务运营背景下，渠道将成为市场竞争中最为显性的竞争要素，竞争对手投入了更多资源对渠道进行争夺，市场上不断推出"某运营商推出随意打""某省运营商加强对于卖场渠道的终端销售的争夺""某运营商策反自身社会渠道"等渠道改革措施。对渠道尤其是优质渠道的有效掌控已经成为全业务运营环境下市场竞争的焦点。

以时尚男装品牌 Mr.Zero（零号男）为例。2011 年 4 月零号男与天猫供销平台签约 KA 商户，在与分销商合作的过程中，零号男逐渐形成了一整套有效的分销商管理办法，并最终圆满完成了年度分销计划，这里分析一下零号男在分销商管理方面的成功之处。

1．零号男如何分级管理分销商

零号男将分销商分成 ABC 三个级别，分别享受不同的采购折扣。

零号男的分销商级别与折扣如图 2-23 所示。

级别	售价政策	供货折扣	业绩要求
A级分销商（专人服务）	互联网统一标价	7折	大于15万元/月
B级分销商	互联网统一标价	7.5折	4～15万元/月
C级分销商	互联网统一标价	8折	0～4万元/月

图 2-23　零号男分销商级别与折扣

新加盟的分销商有一个月的考察期，在考察期内享受 A 级待遇，不受任何限制。分销商在考察期内凭借自身销售能力达到的业绩决定其级别。一个月后可达到 A 类标准，即可继续享受相应的折扣；未达到 A 级标准的卖家，将被定为相应的 B 级或 C 级。业绩较差的分销商将被淘汰。

为了刺激分销商努力提升销售业绩，零号男制定了分销商的晋升标准。也就是说分销商的级别并不是固定的，而是随着销售业绩浮动的，成绩优秀的分销商可以升至上一个级别。

A级分销商：稳定保持A级业绩标准，直接转为重点分销商支持，有大量免费推广活动支持，同时享受更高的激励返点。

B级分销商：连续两个月达到A级分销业绩要求，直接晋升为A级分销商，同时享受更高的激励返点。

C级分销商：连续两个月达到B级分销业绩要求，直接晋升为B级分销商。

特别说明一下，无论是否入驻天猫供销平台，淘宝大型供货商对线下经销商或站外分销商，也可按此方法。

2．为每个分销商制定销售目标和计划

零号男结合分销平台制定的年度总销售目标，并根据公司内部年度、季度销售目标，制定A级重点分销商每月的目标份额。份额的制定会参考分销商上月销售金额与前3个月销售金额。各级别分销商完成制定目标便可享受各级别销售返点。

3．分销产品差异化

零号男为分销商提供与商城不同的差异款。差异款的采购成本低、款式大众、市场接受度高。差异款支持分销商做各类推广；分销商可以借助差异款极有力的价格优势，报名各类促销活动，利用单品引入流量带动全店销售。

4．优惠的渠道政策

零投入：加盟MR.ZERO无须任何资金。

零库存：一件代发服务，全国配送。

品牌保障：优秀淘品牌，受淘宝消费者认可，质量有保证。

售后体系：零号男提供完善的售后服务，支持7天无理由退换货。

业绩返点：随订单量的增长给予不同的推广支持及返点标准。

5．渠道的扶持

以小组为单位，运营、商品、企划、物流融为一体，为分销商提供扶持服务。

运营部：建立独立的分销管理团队，为重点分销商一对一服务，每位运营专员负责50位分销商，提供各类销售帮助。

商品部：为分销商提供商品畅滞销分析，活动效果分析；并负责平台库存划拨与货期管理。

企划部：为分销商提供活动与推广所需的各类活动页面与图片。

物流部：及时有效地配发分销商订单及处理退换货。

6．支持分销商快速成长

各级别分销商均有专业运营专员提供售前、售中、售后服务。在售前帮助分销商制定月、周运营推广计划，提供技能培训、美工和系统使用支持；在售中提供新品上架信息、货品及订单管理、推广指导、业绩目标完成跟进等；在售后提供库存查询、7天无理由退换货及急件快发等综合服务，让分销商无后顾之忧。

例如：一家初始店铺级别"五颗心"的个人C店，在加盟零号男分销商半年后，店铺级别达到二钻。该店铺在店内业绩稳步上升的同时，还为零号男提了很多可参考的建议，实现了

与品牌的共同成长。一年后，这家店铺级别达到二皇冠，人员扩充至4人。期间零号男支持了该店在站内外的各类推广活动和部分推广费，并给予客服、单店特供款、单品引流报活动等支持。目前该店铺稳定保持零号男分销商销售前三名。

7．如何帮助分销商参加活动、打造爆款

零号男在帮助分销商参加活动方面的思路是，帮助分销商利用差异款的价格优势报名各类活动，用入门单品引流，带动整店销售。具体来说，零号男在季前提供特惠价的差异款，当分销商达到一定销量后，再支持他们报名活动，并给予库存保证。在大型活动前期帮助分销商制定销售目标，对完成目标的分销商给予奖励，重点分销商还会得到部分推广费用支持。最终在活动之后，这些热销单品一般会持续销售，形成不断货的热销款。

从潮男品牌零号男制定的分销商分级与晋升制度来看，不同级别的分销商可以享受不同的折扣待遇，重点分销商甚至可以得到专人指导和推广费用支持等优惠服务。虽然供应商提供这些服务会花费一定的费用，但是有了晋升通道，分销商能够激发出更大的销售潜力，达成更高的销量，因此这样的精细化管控思路值得借鉴和学习。

2.3 从虚拟社区到社交网络的商品选择

虚拟社区，是指借助计算机网络彼此沟通，彼此间有某种程度的认识、分享某种程度的知识和信息、在很大程度上如同对待朋友般彼此关怀的人群或团体。

社交网络即社交网络服务，源自英文Social Network Service，简称SNS。社交网络含义包括硬件、软件、服务及应用，由于四字构成的词组更符合中国人的构词习惯，因此人们习惯上用社交网络来代指SNS（Social Network Service）。

报告显示，2009至2015年上半年，已经披露的中国社交网络行业的投资项目为176项，其中已经披露投资金额的投资案例为74项，投资金额总额为17亿美金。相比其他行业而言，我国社交网络的投资金额相比较小。主要原因是，我国社交网络行业企业普遍规模较小，融资阶段一般均处于企业发展前期。不过，其中人人网、58同城、豆瓣网等行业领先且较具规模企业的投资案例金额已经达到5000万美金之上。

随着社交网络用户的不断增加，投资者、广告商、程序开发商等利益相关者也越来越多地将目光投向社交网站。国内社交网络热潮正风起云涌，不仅构筑了一个庞大的网络社会，还为其带来无限商机，其盈利模式逐渐形成，盈利能力也渐入佳境。

现在社交网络中如果没有代理到好的产品将会做得很累，同时也不会得到相应的回报。因此，社交网络选择产品应关注以下4点。

（1）产品要有良好的品质，客户使用后要有很好的效果，这样才会有良好的口碑，客户也会主动去宣传，增加复购或接受宣传的人主动购买的几率。因为社交网络中，依靠的就是口碑传播，选择要推广的产品的时候，一定要体验试用确保其品质。

（2）代理体制一定要好。现在的产品大部分都压货在最基层的分销商手里，并没有真正卖到消费者手里，最后分销商自己慢慢地把产品消化。制定代理体制的时候根本就没有考虑到基层分销商应该怎么把货卖出去，如果卖不完或不想卖了压在手中的货该怎么处理。

（3）选择复购率高的产品。做社交网络的产品如果有了良好的口碑之后，能重复购买也是最应该要考虑的因素。

（4）产品要容易被消费者接受，这个问题除了产品本身要有过硬的品质以外，还有没有能够吸引消费者的地方也是值得去关注的。

2.3.1 四大热门社交平台上的电商模式

社会化电商这个词已经火爆了一阵，虽然电商营销可能会影响社交平台上用户体验，但"购物"始终是一种强需求。当购物可以与社交完美结合的时候，社会化电商营销就可以打开新的局面。不过各平台当前的电商策略都不同，导致体验和结果也不同。目前比较火热的四大社交平台也归属于不同的电商模式，下面来了解一下它们各自的特点。

1. 新浪微博——基于数据的电商

作为社交网络的先驱者，新浪微博可以说是社会化电商的最早尝试者之一，但自从阿里入股新浪以来，新浪微博的社会化电商速度加快，急切的电商化进程和阿里的强行插入使得新浪微博成了糟糕体验的代名词。图 2-24 所示为新浪微博图标。

图 2-24　新浪微博图标

在 PC 端，新浪微博的侧栏和底部广告主要是淘宝广告，它们大部分是根据用户在淘宝上的浏览记录而做出的推荐，如果这些推荐是精准有效的，那么它也不啻为一种有效的社会化电商形态，但有人反映，女朋友用自己的计算机在淘宝上看看内衣，结果新浪微博上就展示出大批女士内衣，好不尴尬（要命的是这广告还关不掉）。也有人反映当自己已经买了相机后，新浪微博却还在推送相机广告，而实际上此时它应该展示的是相机的配件广告。

在移动端，新浪微博会在个人的信息流页面中插入淘宝广告（粉丝通）和好友的购买信息。前者基于用户的兴趣、位置等呈现，后者基于用户关系呈现。夹杂在信息流中的销售信息对于社交平台是一种相对自然的社会化电商方式。但问题同样存在，前者所谓的精准呈现其实并不精准，大多数用户收到的都是自己并不需要的产品广告，而后者的问题在于好友购买过的东西并不一定是自己喜欢的，这就对其他用户造成了骚扰。

时至今日，新浪微博的电商也没有形成成熟有效的社会化电商生态，并且它已经极大地影响了用户的体验，许多用户也因此而选择离开。

微博的优势在于一对多的广播式传播特征，但同时微博用户对于硬广告的反感度很高。所以电商企业在微博上的营销首先应立足于内容营销，打造品牌形象，提升用户信任，再利用已有的企业微博卖场等应用形成用户转化。

2. 微信小店——基于服务的电商

微信产品总监曾鸣便明确向外界表态，"微信不是营销工具，腾讯不希望看到泛滥的信息对微信平台的生态环境造成伤害。"虽然朋友圈代购这种非官方行为影响了用户的体验，但屏蔽朋友圈功能则显示了微信遏制不良营销，维护用户体验的决心，而微信的社会化电商依然谨守"微信不是营销工具"的原则。

2014年5月，微信公众平台宣布正式推出微信小店，其图标如图2-25所示。申请微信小店有两个必备条件，一是必须是服务号，二是必须开通微信的支付接口，这意味着微信小店是微信服务号的子功能，开通微信小店的服务号成为集产品咨询、浏览及客户售后服务为一体的平台，这使企业的服务功能得到进一步深化。

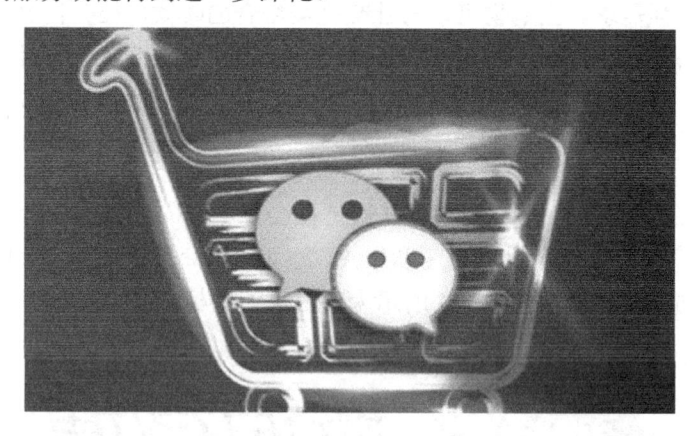

图 2-25　微信小店图标

因为微信小店整合在服务号里，只有关注服务号的用户才能收到相关销售信息（其他用户只有好友将其分享到朋友圈才可能看到，这种被动接受信息的几率很小），因此最大化地降低了对大部分用户的骚扰，这与新浪微博主动呈现无关销售广告并对用户造成骚扰完全不同。

微信小店本质并不是销售而是服务的延伸，它显示了微信在不伤害用户体验的情况下探索社会化电商的努力。不过微信小店虽是不错的产品，但若想以此来动摇阿里的电商体系恐怕还有很长的路要走。

微信的用户强关系属性意味着关注你微信店铺的粉丝转化为购买者的几率很高。那么一个微信小店提供什么样的服务和内容，才能让它对关注者更有价值，从而促使老客户回购，这个闭环是营销时需要思考的。

3．豆瓣东西——基于兴趣的电商

作为一家公认的"慢公司"，多年来豆瓣一直在平衡商业化和用户体验方面做得不错。去年，当豆瓣推动电商导购平台东西时，许多人曾认为豆瓣会因急切的商业化脚步而影响用户体验，但事实证明结果并非如此。

豆瓣是一个基于兴趣的社交网站，它的好友关系大部分是陌生关系。在豆瓣首页的信息流中，呈现的内容一般是友邻（好友）读过的书、看过的电影、听过的音乐或是他们的状态、日记等信息，如图2-26所示。豆瓣东西出现后，会以好友豆列的形式插入到信息流中，一般来讲，在信息流中插入售卖广告是最影响用户体验的（可以对照粉丝通），但豆瓣和豆瓣用户的特别之处在于使这些广告像其他信息一样文艺，毫无违和感地出现在你眼前，如果你对它感兴趣就点进去查看购买，如果不感兴趣也不会咒骂它影响了你的体验，就像面对信息流中的日记、电影、音乐一样。同样当你打开豆瓣东西的子页面时，你也不会像打开其他电商网站那样直接找你想要的东西，然后关掉，你会像在宝藏中淘宝一样沉浸其中。

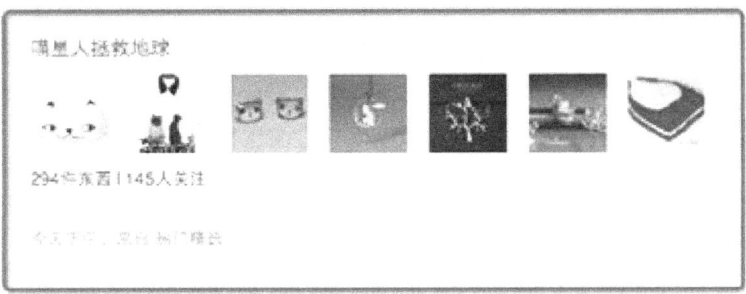

图 2-26 豆瓣东西首页

一篇名为《为什么新浪微博广告屡遭骂名而豆瓣广告收获好评？》的文章指出在豆瓣这个文艺的地方，连广告也是文艺的，或者可以说在豆瓣这个文艺的地方，连电商也是文艺的。豆瓣这种基于兴趣的社会化电商之所以没有影响到用户的体验，源于豆瓣特有的文化气质。面对东西，你一定不会说社交止于电商。

豆瓣的用户特点是气质统一，兴趣点集中，转化率高，所以在豆瓣东西上进行营销，内容一定要符合豆瓣用户的气质。目前豆瓣已有与购物相关的小组 2 万余个，从中可以挖掘出很多用户信息和用户需求，如何利用这些信息定位精准用户，并准确投放内容，是豆瓣东西营销的重点。

4．陌陌"到店通"——基于地理位置的广告

最后回头来看陌陌"到店通"的商业化，更准确地说是看其基于地理位置的广告投放系统。一段时间以来，陌陌一直在通过各种努力强化自己基于位置的社交平台的性质，以改变用户对陌陌的认知和使用方式，这一努力目前来看也体现在它的商业化进程上。

在此前的版本中，陌陌已经增加了附近群组、附近活动等功能。在 5.1 版本的陌陌首页，用户可以看到平台基于自己的位置推送投放的商家信息，具体包括商家图片、简介文字介绍联

系电话、地图导航等，这对于陌陌来说是一次全新的商业化尝试。通过商家主页，目标用户可以一键拨打商家电话，调用地图进行位置导航，同时作为 IM 工具，就像微信一样，用户也可以直接和商家对话，咨询产品和服务等问题。"到店通"是很符合陌陌的使用场景的，比如用户加入了某个喜爱篮球的群组，然后和群成员商量一起聚餐，正好发现"附近"列表有一个餐馆，于是相约而去。

到目前为止，陌陌的"到店通"看起来还只是一个广告产品，但作为一个天然适合做基于位置服务的社交平台，陌陌在接下来的版本中为商家开通支付服务是一件顺理成章的事，一旦支付功能实现，用户就可以在商家的页面一键下单，然后或到店取商品，或由商家送货上门，那时陌陌就实现了 O2O，不过就此说陌陌威胁大众点评、美团等老牌本地生活服务的领跑地位还为时尚早。

"到店通"的商家信息以原生广告的形式嵌入到附近列表，本质上它是一种服务，一种基于位置的商业服务，说到底这种服务是一种强需求，如果陌陌能够平衡好"到店通"与用户体验之间的关系，为用户的消费决策提供有价值的推送信息，则它可能成为陌陌另一个重要的利润来源。

以上是 4 种社交平台的商业化形式，作为一种比较新的营销形态，社会化电商离成熟还有较长的距离，而其成熟既有赖于大数据技术的完善，也有赖于社交平台自身的成熟。基于亲朋好友推荐一直是产品销售的巨大推动力，因此基于社交关系的营销同样应该拥有强大的生命力。一旦其形成成熟的生态，它可能会拥有与传统营销完全不同的未来，社交并不会止于电商。

2.3.2 内容运营之现象级社交网络连环传播

在现在互联网渗透层级越来越深的大背景下，商家需要建立一个沟通平台，然后通过连续事件与用户沟通，让品牌传播既有广度又有深度，这样才可以树立品牌。小到一句话，大到一部电影，要持续引爆，原生内容就要出现"槽点"（吐槽的点）。当你的内容布满槽点，你就变成一个爆炸事件的烟火师。

引爆源的内容可大可小，小到一段文字、一句话，就可以变成一个段子，被大量转发，它背后有很多可被谈论的槽点，这些槽点从不同角度解读背后的含义，形成各种转发。比如之前很流行的"爱情的巨轮说沉就沉，友谊的小船说翻就翻"到现在的"蓝瘦香菇"等。也可以大到一部电影，成熟的电影产业像好莱坞喜剧电影，里面集合"槽点"笑点非常密集。任何一件事情，商家都希望它变得有影响力、传播得更远，希望在原生的内容上出现槽点。

任何事情一开始就要思考有哪些可以成为被不同用户谈论的槽点。如果找不出，就需要赋予它这样的内容。商家需要回归到原点，即制造内容的本身。基于原点，曾经提出一些所谓的"可被学习的方法"。引爆一个事件，或者做一次成功的创意 campaign（战役），是非常难以复制的。永远是做第一次会火，第二次很难成功。很难成功的原因是什么呢？当反复用同一种形式让同样的内容出现的时候，用户马上进入疲劳期。人们每天接触的信息非常多，内容疲劳感很容易出来，但又不断产生新的好奇感。世界已经全球化，所以内容的变革、翻新很快。

无论是做传播还是做营销，核心就是理解内容。这个时代，内容有可能比渠道更为重要。十年前，内容不怎么好，比如很枯燥的广告，投到中央电视台上就能传播。后来，人们用百度做搜索，搜索的内容不以内容好坏为准，以搜索后面链接的权重来计算，这时候在各大网站出现了大量软文、新闻稿。这时，写什么不重要，关键是要占据平台，让内容有曝光度，让用户搜索的时候可以搜索到。

现在不一样，现在用户已经转换了内容获取的方式，已经不是中央电视台一台独大了。江苏卫视、东方卫视，特别是湖南卫视、浙江卫视一些大剧、大的综艺节目非常受人追捧，赞助费非常高。用户只会追着内容去，而不会因为平台而去那个地方。今天很多人都在看微信朋友圈、公众号文章，为什么有一些账号形成大量的订阅？因为它不是依赖于搜索完成的，而是依赖于我看到或被推荐后去关注的，用户更加精准和有黏性了，它内容的质量马上提升起来了。

回归到内容上来看有 4 种生产方式。

（1）BGC（Brand-generated Content，品牌创造内容）。传统的广告模式是创造非常精美、有格调、符合价值观的品牌化内容，但是它有一个缺点，经常在自嗨，自我感觉良好。品牌内容创作者与用户沟通的时候，只会关注自己，很难与用户产生很好的沟通。现在好的品牌已经把内容的创作权开放出来了，已经进入了第二、第三、第四部分内容产生环节了。

（2）PGC（Professionally-generated Content，专业生产内容）。PGC 是未来品牌进一步创造内容的方式，品牌方不是把内容全部都创造完，只需要做一个品牌话题框架，然后给到意见领袖（KOL）。他们是最善于创造内容的人，如段子手、各种大 V。他们创造的内容非常符合粉丝调性，非常贴近品牌调性，效果非常好。

（3）UGC（User-generated Content，用户生产内容）。UGC 是新媒体时代非常流行的一种方式，就像网易跟帖一样。很多网友产生的内容，甚至比品牌创造的内容更加精彩。我们被网易跟帖、知乎回答吸引住了，很多答案的精彩远远超出问题本身。中国是一个博大精深的国家，民间隐藏了很多高手，他不从事这个职业，但是他在某一方面甚至比专家更厉害，这些"业余的专业人士"，可能花了很多时间在钻研，他就是 UGC 的高手。让他们参与到话题很重要。

（4）MGC（Media-generated Content 媒体创造内容）。MGC 是往往被新媒体营销人忽略的方面，总觉得网络红了就可以了，但是人们生活在虚拟和真实的世界，传统媒体代表权威和更具信任感的内容制造方式。比如，今天在网上炒红了一个事件，突然在上海东方卫视新闻或《三联生活周刊》杂志做了深度报道，它就进入到真实公众的社会讨论范围。那些不玩新媒体的大叔大妈或周边亲友也知道了，它就进入到了真实世界，虚拟和现实世界的传播高度整合会更加让人信服。

引爆犹如抢劫，谋定而后动，没有谋划就是冲动。每个引爆都有自己的媒介传播和内容生产特点，高手总是三招落定，引爆亦如此。这是一个内容传播框架，人们都会经历这 4 个步骤，从这 4 个步骤就可以看出品牌能走多远。

第一步，谋划阶段

刚开始你对品牌、用户群了解不够，追热点可能容易撞车。在"快营销"前需要"慢思考"。这里需要注意以下几点。

（1）品牌洞察。品牌目标受众要特别具象化，不能简单按照一二线、大城市、白领分类。商家要聚焦的用户能容易被描述、发现、对号入座。

（2）品牌社群及超级链接人。这里是指可以影响目标受众的人，他们是你的媒介载体，而不是随便找一群人，这样是没有效果的。

（3）媒介接触习惯、路径和场景。每个人群的接触习惯是不一样的。比如 95 后，他可能不玩微信，玩 QQ 空间或贴吧。很多时候，人们会以自我的判断，自己在玩微信，就所有的人都在玩微信。每个人媒介的特性是不一样的，每个人是综合的接触路径，不是只玩微博、微信，或者只看电视。人是生活在真实世界和虚拟世界里的人，商家要接触他的路径，用线上线下整合影响他。

（4）社群敏感词。敏感词就是这群人、这个社群的沟通的语言。如果永远想着自己想说的那一套，会进入不了别人的沟通环境，他会听不懂，也就不愿意跟你对话。

（5）预测热点。预测热点、规划热点，比发生之后再追更重要，这需要做很多准备工作。如何预测热点？要对网络事件、消费者行为有感受力。通过微博排行榜、微博热门话题、微信自媒体文章排行榜、百度搜索指数、天猫指数，去感受当下热点。这些指数对营销有价值，大数据和洞察是联系在一起的，可以帮商家做更多洞察前的准备，而不是只从自我出发。

第二步，一次引爆

一次引爆特别考验的是内容原创能力，形式非常多元，可以是微博草根爆料、社区新闻热帖、线下事件、报纸广告，也可以是户外装置、娱乐节目、游戏、明星、海报等。这对内容创意能力要求非常高。

一次引爆的核心是什么呢？一般是BGC＋PGC。举个几年前的例子：凡客体曾风靡一时，当凡客体流行了之后，很多人都学做凡客体，但是很难做得比凡客体更成功。它的BGC投了很多的地铁广告，包括韩寒代言、开放式框架和可被改编的广告词。在微博，传播来源于郭德纲和黄晓明，这两个人物的改编成为引爆源，第一次引爆，在微博里面进行传播，后面才进入到二次和三次引爆。前期传播的内容形式和对用户的洞察非常重要。

第三步，二次引爆

进入二次引爆之后，加了用户UGC的内容。任何一个好的内容都需要被大众认知，大众认知的社交网络平台是什么呢？现在是微博和微信。当内容在微博热门排行榜出现、朋友圈刷屏或自媒体报道的时候，这个事情已经很多人知道了。

有三点可以帮助进入到二次引爆：微博热门转发、微信朋友圈、微信自媒体原创文章的转载。很多品牌内容在一个媒体上投放了，传播了，但进入不了这里的时候，不会火。品牌在自媒体、社交媒体被谈及这个指标是很重要的。

第四步，三次引爆

第三次传播就是传统媒体的介入，具备一定的新闻价值，让传统媒体或媒体人介入报道，包括微博媒体账号、微信自媒体行业分析、报纸新闻、电视节目、主流社区和门户新闻、杂志的深度报告等。

很多案例第一个阶段做得不好，它就停止了。如果花了很多钱做了一个内容，包括大的赞助，如果内容的传播做得很差，会产生很多浪费。在做内容传播或连环爆炸的时候，应该了解内容传播的节奏，把握好什么内容在什么媒介传播。

如何寻找穿透媒体的引爆源，如何创造跨媒体效应，如何洞察消费者的社群趋势，如何玩好内容的失控和控制关系，如何快速反应乃至制定危机预案？这几个关键环节一旦做好，再加上强大的执行力，成功几率就会大大提高。这里就几个关键点结合具体案例作以下分析。

关键一：引爆源

做创意、内容、产品，对引爆源要非常关注。很多自我驱动力很强的内容，如微博爆料、娱乐节目等，能穿透媒体产生爆炸效应，如图2-27所示。

图 2-27 能产生引爆效应的媒体和方式

这里举一些被当成内容而不是广告的例子。

【例 2-2】神州专车 VS 优步

神州专车广告大家可能非常熟悉，神州专车和优步的对打为什么传播得这么厉害？因为掌握了传播要点，如图 2-28 所示。先不评判这个传播负面的部分，它传播的槽点有哪些？一个是大家所熟知的错别字，有人发现花了这么多钱的广告里面，居然有错别字，然后大家都在吐槽这个内容。同时，它找了一些明星参与到这个内容里面，明星会加速话题的引爆。

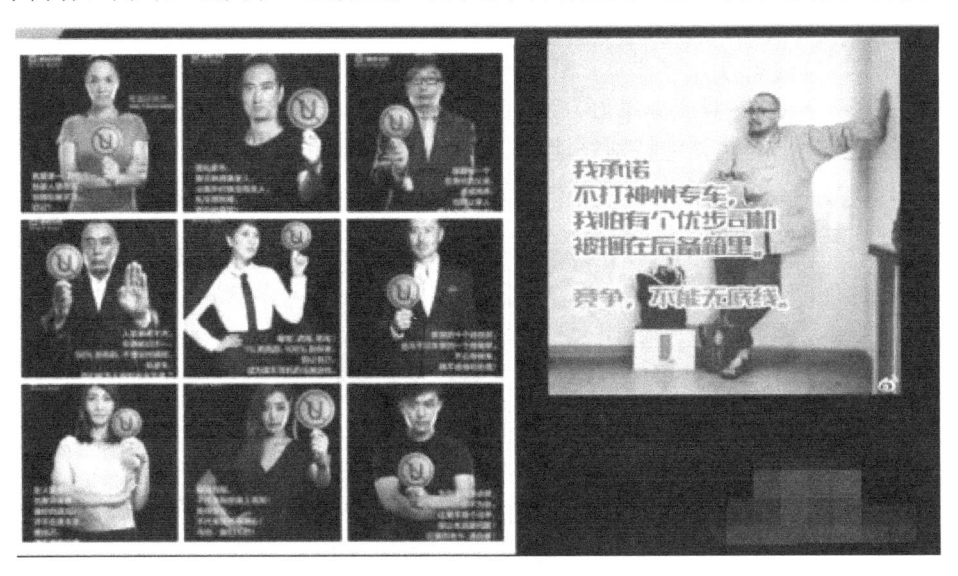

图 2-28 神州专车广告

任何一个事件出来之后，都会产生正面和负面效应，这个事件的负面效应已经超过了正面效应，对它讨论的热烈强度是非常大的，基本一两天里面，全网都在讨论这个事情，有很多名人参与到里面。这个时候自己想清楚什么比较重要：知名度？流量？美誉度？

【例 2-3】冰桶挑战

冰桶挑战是最近两年里非常成功的、基于人的内容营销的模式，如图 2-29 所示。人们挑战自我，有时会把内容发到网上，中国会发在微博、朋友圈、优酷土豆网里，国外是发在 Facebook、推特上。在人与人之间传播，形成了非常特殊的传播链条，非常有效快捷。冰桶挑战事件有很强的正能量，背后是一个公益的诉求，有一种普适的价值，用户更愿意接受。它完全是基于人和人之间的传播，而不是媒体和媒体之间的传播。

图 2-29　冰桶挑战

【例 2-4】魅族 H5 游戏

（1）中国好听力

中国好听力是魅族的一个基于 H5 游戏的活动，其游戏界面如图 2-30 所示。中国唯一有粉丝经济的就两个品牌：小米和魅族。魅族有一群死忠粉，非常有黏性，愿意做大量交流。魅族一款手机有 WiFi 功能，音质非常好，为了通过活动把粉丝分层级，做了一个"中国好听力"的游戏，粉丝进行测试，比如他特别好地测试完后，会称他是聂耳级的听力，最糟糕的是木耳级听力。它的社区有很多评论，用户互相测试、互相对比。

图 2-30　"中国好听力"游戏界面

（2）指纹识别缉拿小伙伴游戏

用户点击进去后，会自动扫描他的指纹，然后会告诉他因为某某罪名被抓进去了，如去超市偷黄瓜。用户把这条内容分享到朋友圈，朋友觉得很好奇，点进去，自己也被抓了。通过这种互相恶搞的方式，引起了很多用户的交互，游戏下面有头像排行，很多朋友被抓到游戏里了，其游戏界面如图 2-31 所示。

利用社交关系来做营销，社交关系可以让你的传播走得更远，内容会引起二次、三次传播。做品牌花预算、找媒体是看得见的、是可控的，而内容和效果很难控制，就像你能保证你拍的电影票房过十亿吗?很难。这个时候恰恰需要研究和专注内容,专注得越深,结果会越好。除此之外,还有一些因素可以决定内容走得更远。

图 2-31 "指纹识别缉拿小伙伴"游戏界面

关键二:跨媒体效应

为什么叫跨媒体效应呢?一个内容走得远,必须是穿透媒体的过程。世界不一样了,媒体的碎片与融合的时代已经开始了。以前说传统媒体和传统广告死掉了,现在恰恰不是,又回归了。比如"双十一"天猫晚会,这是传统媒体的回归,把年轻人拉回到电视前面,但看电视的方式变了,一边看电视一边刷手机,通过手机无线下单,可能还会讨论。这时候可以发现电视的内容和手机无线端进行了跨媒体的整合,电视变成了内容源,手机则进行销售的传播和转换。

【例 2-5】"一个 Kindle 就够了"广告

有一个地铁广告,做了一个大书柜,里面全是书,然后表达"一个 Kindle 就够了",如图 2-32 所示。它是传统广告的变异,引起网络上的讨论。我们不要认为传统广告不需要了,它以另外一种方式存在。如果广告投放之后,不和线下互动,投的钱是很大浪费,投完了就没有了,二次传播效应是没有的。

图 2-32 "一个 Kindle 就够了"广告

关键三:消费者的社群趋势

主流消费人群已经从 60、70 后,转移到 85、90 后这个群体,后者的生存状况远远比前者更优越,他们拥有多元价值观和自由选择的可能性,是懂得享受和体验生活的。最近流行很多离奇的辞职理由,如"世界这么大,我想去看看。"

曾经有一个公司员工说:"公司厕所为什么是蹲坑而不是马桶",他觉得"一点也不高级"

就辞职了。价值观变得非常多元化，每个群体都有自己的追求和生存空间。比如以前我们觉得某人好奇怪，我们孤立他了，他会觉得孤独。现在他不会觉得孤独。就跟以前的网游爱好者一样，以前是被传统大众不接受的，现在变成了一种职业、一种生活方式，他们有自己的存在感和享受感，他们不觉得是被大众孤立的一件事情。

比如一些段子手，这不是一个常规的职业，他或者是自由职业，或者是上班族，同时他会以另外一种身份活在他自己的社区里面。消费者已经变成一群人了。这时候我们沟通，就不能用一个大众媒体的方式跟他沟通，要先去了解这群人社交媒体的接触习惯。以前我们先看这个媒体可以接触到什么人，然后再投；现在是先研究人本身，然后再研究媒体、内容、传播的方案和策略。

【例2-6】昆塔X转身遇见TA

图2-33所示的是一个跨媒体的电影推广案例。在推广电影《昆塔：盒子总动员》时，如何在电视上曝光？推广人员推出了一个高性价比的营销方式：渗透型广告。在浙江卫视相亲节目《转身遇到TA》中，设计一个桥段进行广告介入，情景是男女嘉宾线上牵手，发展的下一步是看电影，男女嘉宾牵手那一刻说，"我送你一件T恤。这件T恤是一部即将上映的电影，线下我们一起看这部电影"。这是一个典型的跨媒体推广案例，大家通过截屏，去网上进行了二次传播。

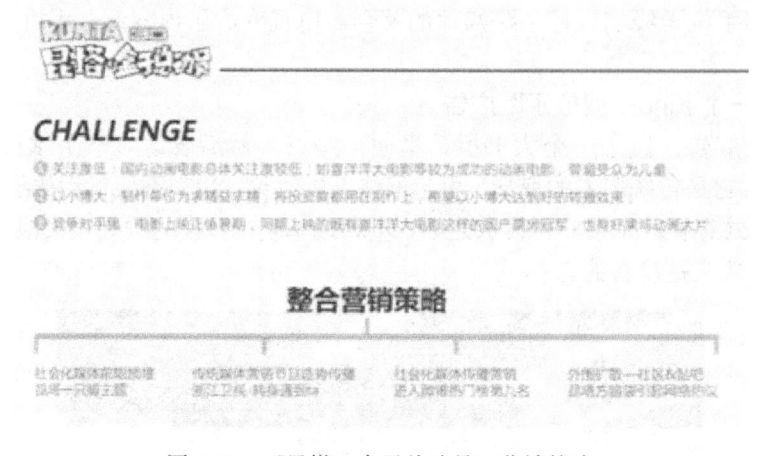

图2-33 《昆塔：盒子总动员》营销策略

关键四：失控 vs 控制

广告投放在付费媒体，很多是可确定的，是明码标价的，但内容却有很大的不确定性，我们希望获得更多免费媒体的参与。内容好不好，很大一个指标是有多少免费媒体参与，让你的ROI变得更高？这时的传播才可能失控。

关键五：产品是最好的引爆源

做营销，永远是那个0，而不是那个1，如果产品不能成为传播点，0是非常难。一定要回归到"产品即营销"的状态，把营销、传播前置到产品，才有可能做出更精准、更有价值的营销。

魅族对产品非常专注，它以前很少做营销，老板常泡在粉丝论坛里面，跟粉丝进行对话、评论，通过原始的方式，积累了一群铁杆粉丝。它是从产品力出发的。

海底捞最成功的是所有营销从服务出发，口碑产生的节点是由底层服务人员与消费者进行沟通产生的。在冰桶挑战爆红网络的时候，很多接受挑战的人都遇到一个难题，大量的冰块到哪里弄？即使有冰的店铺，也不会平白无故提供免费冰块。但是海底捞例外，如果去他们的门店提出这样的请求，服务人员一定会热情提供你想要的冰块，并且完全免费。这就是海底捞的精神。海底捞做了很多基于服务端的行为去产生口碑。它甚至没有做微博账号，微信账号只是提供服务。它的口碑传播这么牛、这么好，因为把它的传播聚焦到它最有价值的部分——服务，由它的底层服务人员去创造。

"老干妈"是一个现金流非常好的品牌，已经走出国门了。它好在哪里？好在产品力，它有一种渗透价值，就是"万能的老干妈搭配"，跟任何一个食物搭配都是可以吃出好口味的。它也是回归到营销的产品。

关键六：快速的反应机制

决策要快，整合能力要强。2014 年的"双十一"，当时电商大战是京东与天猫的竞争达到白热化状态，京东广告截图如图 2-34 所示。苏宁一开始还没有介入，后来为什么突然出来？因为他发现了一个很重要的契机："双十一"之前基本上是京东和天猫对打，11 月 10 号是话题的静默期，像暴风雨前夜。

图 2-34 "双十一"京东广告截图

集中一天打爆这个话题，先在三大传统媒体投放，在非常传统的报纸上做非常反差和互联网化的内容，形成巨大的张力，形成了朋友圈刷屏和口碑效应。还做了户外候车亭，做完了之后，百度指数急剧的飙升，同时它的销售同比增长 400%，更重要的是有大量自媒体的免费参与，加速话题的引爆。还有品牌报道，这是花钱都很难获得的。

关键七：危机预案

做品牌营销的时候，对特别不确定的东西，怕做完之后一发而不可收拾。怎么办呢？首先要做危机预案的准备，让传播有一定的掌控力。这里要注意以下三点。

（1）对事件产生的所有结果进行预演

当我们想得越透，就跟演戏的编剧一样，预想各种结果的发生，就必须有缜密的逻辑思考和想象能力。事件会往哪里走？如何回应它？如何进一步跟用户沟通？想得越清楚，最终的执行力越好。

（2）如何扭转危机，变成一个新的话题？

（3）针对危机，和用户进行沟通需要感召，让用户感受到真心。

很多危机公关回避话题，说"这件事情跟品牌没有关系"，以为就可以了。但消费者会思考，品牌的态度是什么？品牌愿意给消费者什么？这时候品牌需要付出更多的真心，首先陈述事实，同时给消费者更多的诚意和安抚，让他们觉得这个品牌值得进一步沟通和信赖，从危机变成机会。

从引爆源到最后的危机预案，整个逻辑要非常完整，最后一步就是执行能力。执行能力越强，结果就越好。

不实践，这一切没有任何意义。实践了之后，才会感受到传播的效应有多大。实践经验越少，就越是纸上谈兵。如果通过实践和理论结合，成功的几率会更高。

2.4 移动商务商品与渠道

移动商务（M-business 或 Mobile Business）是电子商务的一个分支，移动商务是指通过移动通信网络进行数据传输，并且利用移动信息终端参与各种商业经营活动的一种新电子商务模式，它是新技术条件与新市场环境下的新电子商务形态。移动商务是移动通信、PC 与互联网三者融合的最新信息化成果。

移动商务是一个宽泛的概念，涉及各类平台的移动商务营销活动。我们平时接触最多的、影响最深的可能就是微商了。对所有微商来说，要解决的第一个问题，也是最重要的问题就是如何选好产品。

1. 分析草根微商现状

如果多看几个朋友圈，分析现在草根微商现状，就会发现大致可以分为以下几类情况。

（1）单一品牌、单一公司产品销售

这类微商，朋友圈内容的打造基本围绕着单一品牌产品进行。比如几个大牌子面膜的销售就属于这类情况。卖来卖去，都是围绕着品牌、面膜的概念。

（2）单一概念，多个品牌和产品

比如主打护肤的概念，那么可能在卖面膜，也在卖爽肤水、马油等产品。就算是面膜，也有可能同时在销售好几个品牌的不同概念的产品。

（3）多产品、多品牌、多概念的杂货铺

朋友圈乱七八糟，什么都在卖。今天还在卖衣服，明天就开始卖零食，后天又卖面膜。

2. 分析微商的核心优势

在朋友圈卖货，有些人怎么努力都不成功，有些人稀里糊涂就赚钱了。如果我们想要持续性的成功，必须想清楚微商核心优势在哪里。

（1）核心优势一：信任关系

和淘宝、天猫、京东比，微商的缺陷在于缺乏健全的店铺评价体系（如淘宝的店铺等级），也就是说，陌生人来了之后，是没办法通过系统直接去判断你这家"店铺"可不可靠、产品好不好的。那么，为什么还是能把货卖出去呢？因为对很多人来说，微信里的好友都是工作、生活中的真实朋友。他们来你这里购买产品，不是基于对"店铺"的信任，而是对你这个人的信任。所以，90%的微商的第一步，都是首先把产品卖给现实生活中的朋友，这种成交之所以成立，核心优势在于信任。

（2）核心优势二：利润率和复购

大部分微商，朋友圈的好友数量其实并不多，但却可以达到月入过万，为什么？首先就是产品的利润率足够高，其次就是必须要有复购。如果不能做复购，朋友圈转了一遍，基本上就没有第二笔生意可以做了，就算一开始赚的钱再多，也是不可持续的。

回过头来看，为啥面膜、衣服、零食之类的产品在朋友圈卖得好，就在于两点，它们有足够高的毛利率，同时又属于可以重复购买的产品。

3．哪些产品适合在微商做

把前面两点吃透了，我们就很清楚到底怎样的产品，怎样的产品策略适合通过微商的途径来销售了。

首先说产品策略，很显然，多品牌、多概念、多产品的杂货铺形式，在微商基本是行不通的。这种模式，乍一看上去好像产品足够丰富，比较好做，其实恰恰相反，原因有以下几点。

（1）多产品，意味着每一个产品都无法成为核心产品，没法拿到足够低的价格来保证利润率。一般要得到较低得拿货价，都有拿货量的要求。很多做"杂货铺"的微商，其实做的都是一件代发，利润率低得可怜。多而杂，反而赚不到钱。这一类人，其实很多都是新手，完全不懂微商。他们做一件代发，与其说想赚钱，更多是想通过这种方式试探市场。

（2）多产品，无法聚焦客户。朋友圈好友数量其实很少，多产品导致你的"店铺"无法聚焦，定位是很模糊的，带来的结果不是转化率的提高，反而是降低。这种多产品的经营，从电商来说一定要配备足够的流量和目标客户群才能够成功（这也是京东等综合类 B2C 要拼 SKU 数目的原因），这恰好是微商最大的一个短板。所以，对大部分草根微商来说，要么聚焦一个品牌，要么聚焦一个概念。但是聚焦概念（如护肤、养生），操作起来难度相对比较大，投入的成本（主要是拿货和客户培育）也很高，并不适合。最适合的，其实还是跟紧一个品牌。

其次说产品。很显然，如上所说，不是所有产品都适合在微商做。一般来说，如果把这件事情当成一个可持续发展的生意，产品选择上必定是以下几种情况。

情况一：主要通过自己销售产品赚钱（不招代理）

这种情况，必定要选择受众面广（这点非绝对，下面还会阐述），复购率高（更新换代快的或消耗性的），毛利率足够高的产品。

情况二：一边销售产品，一边招代理，通过渠道和能力的拓展来赚钱

这种情况，情况一的要求依然有，与此同时，品牌的影响力与在微商运作上的投入和经验就非常重要了。大的牌子，舍得投钱做宣传推广的牌子，不但货好卖，也好招代理。所以除了产品定位本身之外，更多是看品牌厂商方面的情况。

但是还有一种情况，有一部分人销售小众产品（如珠宝、皮具等奢侈品，或是茶壶、文玩等小众产品），微商同样做得很成功，这是为什么呢?这是由这些人朋友圈的好友分布、购买力情况，以及他们自身的影响力、资源等特殊情况决定的，该问题会在后面更具体地讨论。

4．如何选择最适合自己的微商产品

微商产品选择上在遵循上面说的几个原则的同时，还要结合自身情况从以下两个方面进行分析。

（1）分析自己的微信好友情况

对大部分缺乏足够微商运营技巧的新人来说，最合适的切入方式就是分析自己微信好友的情况来选产品。

举个例子，你本身是个篮球爱好者，微信好友有很多同样是篮球爱好者，那么以篮球及相关产品作为切入口就是比较好的选择。又或者你的职业是自由站长，加了很多站长微信好友，那么你自己需求的东西和站长们需求的产品，也是你做微商比较好的切入点。

但一个很普遍的情况是，大部分人的好友可能都比较杂，没有特别精准的指向性。在这种情况下，做一些大众型的消费品就成为最佳选择。比如面膜，只要是女性好友便有可能成为潜在客户。又比如零食、衣服之类，都属于这种情况。

（2）分析自己能够整合的货源

方向确定了，并不意味着就搞定了一切。很多时候你明知道某个产品方向最适合你的朋友圈，但是找不到好的货源，操作起来非常困难。

比如有个文玩爱好者，有上千个有相同爱好的微信好友。但是如果要操作文玩项目，投入的资金非常大，而且很难找到真正优质的货源，所以就算方向再好，没法操作的话也无法落地。

因此，选产品的时候，最好的方法就是把自己的好友情况和自己掌握的资源情况结合起来，从中找到契合点。当然这并非易事，如果不成功，可能有两种情况。第一种情况，确实是资源积累不够，那么只能说在这个时间节点你不适合做微商，就算很努力去做也很难做出成绩；第二种情况，很可能你资源整合方法不对。寻找货源的方法有很多，如说实地考察、朋友介绍、网络寻找。你要问你自己，是都去尝试过？还是浅尝辄止。在信息化如此发达的社会，大部分人只要用心去寻找，方法对路，总能找到一些适合自己做的产品。

5．如何判别品牌、产品方的实力

绝大多数情况，很多人进入微商行业，都是有人来主动推销，或者看到广告，也就是品牌方及其代理主动吸引你加入。在这种情况下，是否加入就取决于品牌方、产品方的实力，以及是否适合你。

是否加入某个团队或做某个品牌，需要考虑以下几个方面。

（1）产品是否适合你

用面具哥上面说的方法去分析，产品是否适合你。产品不适合，再大的牌子都不要去尝试。

（2）产品质量

如果产品适合你，有些动心了，那很简单，自己买一些产品来体验。看外包装、产品的质量、产品的使用效果等，只有亲眼看才能做出判断，不要去相信图片，不要去相信上家说得天花乱坠。

（3）毛利率

看看零售价和上家给的价格政策，从而计算出毛利率。如上面分析，如果毛利率太低，单品绝对价格太低，都不适合去做。毛利率 30%左右就可以了。不能太低，也不能太高，如果太高，你就要担心产品的质量问题了。

（4）品牌影响力

品牌在宣传推广、炒作等微商操盘方面的资金投入、渠道投入及操盘的经验怎么样。简单来说就是品牌方会不会玩微商。这点很关键，如果品牌方作为总发起人都不会玩，上层的力量太小，下面的人再努力也很难有好的结果。

除了上面 4 点之外，还有个至关重要的核心点。大部分人很难直接成为厂家的代理，往往是和厂家下面的各级代理在谈。所以你成为一个品牌的代理（创业网：www.Cyone.com.cn/），也就意味着加入了一个代理团队。对新手来说（老手也差不多），除了拿到好的产品之外，很重要的一点是你加入的团队是否愿意帮助你。团队的作用在于能够给你销售技巧和销售方法，能够进行头脑风暴共同解决问题。团队也能够共患难，互相鼓励，熬过开始最艰难的阶段。

　　团队对新手来说是最重要的一个考虑因素。你在做决定之前，自己要通过各种方法去考察上家自己卖货的情况，以及团队的氛围，是否愿意帮助你，是否有培训等。

任务要求

　　1．搜索附近的微商（如微信、QQ 等），查看其代理销售的产品，分析产品分类、产品特点，以及对比产品价格等。
　　2．列举一种家乡的产品，分析进行电商推广的优劣，制定一份详细的营销计划。

课后习题

　　1．什么是渠道管理？
　　2．电子商务商品选择应该如何进行？
　　3．你了解微商吗？列举 3 个以上你知道的微商产品。
　　4．渠道经理需要掌握、强化建立信任关系所需的知识和技能有哪些？

第3章

网络平台的选择与应用

教学目标

本章由引例"阿里巴巴电子商务网络平台成功案例"入手,首先分析了阿里巴巴的运营模式,然后从运营角度和业绩角度两方面分析了阿里巴巴电子商务平台的盈利战略,讲述了电子商务网络平台的发展历程及其发展趋势。

要点

- 了解现有电商主流平台及特点。
- 掌握开设个人网店的操作流程。
- 掌握电子商务平台选择。

重点内容

掌握电商平台特点及开设个人网店的操作流程。

引导案例

电子商务网络平台成功案例——阿里巴巴电子商务

1. 阿里巴巴电子商务简介

阿里巴巴是全球电子商务的著名品牌,是目前全球最大的商务交流社区和网上交易市场。基于"良好的定位,稳固的结构,优秀的服务",阿里巴巴如今已成为全球首家拥有210万商家的电子商务网站,成为全球商家网络推广的首选网站,被商家评为"最受欢迎的B2B网站",杰出的成绩使阿里巴巴受到各界人士的关注。

阿里巴巴的运营模式遵循一个循序渐进的过程。首先抓基础,然后在实施过程中不断捕捉新出现的创收和发展机会。

(1) 设企业站点

阿里巴巴有能力提供从低端到高端所有的站点解决方案。它能在企业的成长过程中获得全部收益。更大的优势在于创立商品交易市场型的站点，阿里巴巴只是替商品交易市场做一个外观主页，然后将其链接在自己的分类目录下。交易市场有了一个站点，实际上这和阿里巴巴的站点是同一个站点，这就提高了被检索的机会。

（2）站点推广

企业对于网站的媒体定位一直十分模糊，它应该是广播式的，还是特定用户检索式的？企业站点设计公司存在一个很大的问题，即没有对应的推广能力。中小企业存在很强烈的营销愿望，而这一愿望没有转化为现实的原因是没有很好的方式。而阿里巴巴的站点推广应运而生，且站点推广的收入占公司总收入的一半以上。

（3）诚信通

网络可能是虚拟的，但贸易本身必须是真实的。信用分析是企业的日常工作，"诚信通"作为一项服务，可以在"诚信通"上出示第三方对其的评估，企业在阿里巴巴的交易记录也有据可循。阿里巴巴通过"诚信通"来解决企业的信用问题。

（4）贸易通

贸易通是阿里巴巴网站新推出的一项服务，是从企业的每一次日常交易中抽取佣金，"贸易通"可以理解为是一种订单管理软件，通过短消息捆绑按次计费。这一服务所面临的价格敏感性很小，而且存在很大的数量。"贸易通"延伸了企业软件托管的思路。

2. 阿里巴巴电子商务的盈利战略

所谓盈利战略就是企业赚钱的渠道，通过怎样的战略和渠道来赚钱。阿里巴巴作为中国电子商务界的一个神话，从1998年创业之初就开始了它的传奇发展。它在短短几年时间里累积300万的企业会员，并且每天以6000多新用户的速度增加。它的成功得力于其准确的市场定位，以及前瞻性的远见。

（1）从运营角度看阿里巴巴电子商务的盈利战略

第一，专做信息流，汇聚大量的市场供求信息。

构建交易平台在技术上不难，但没有人使用，企业对在线交易基本上还没有需求，因此做在线交易意义不大。阿里巴巴最大的特点，就是做今天能做到的事，循序渐进发展电子商务。功能上，阿里巴巴在充分调研企业需求的基础上，将企业登录汇聚的信息整合分类，形成网站独具特色栏目，使企业用户获得有效的信息和服务。

第二，采用本土化的网站建设方式。

针对不同国家采用当地的语言，简易可读，这种便利性和亲和力将各国市场有机地融为一体。这些网站相互链接，内容相互交融，为会员提供一个整合一体的国际贸易平台。

第三，在起步阶段，网站放低会员准入门槛。

以免费会员制吸引企业登录平台注册用户，从而汇聚商流，活跃市场，会员在浏览信息的同时也带来了源源不断的信息流，从而创造无限商机。

第四，通过增值服务为会员提供优越的市场服务。

增值服务一方面加强了网上交易市场的服务项目功能；另一方面又使网站能有多种方式实现盈利。

第五，适度但比较成功的市场运作。

比如福布斯评选，提升了阿里巴巴的品牌价值和融资能力。阿里巴巴与日本互联网投资公司软库结盟，请软银公司首席执行官孙正义担任阿里巴巴的首席顾问，请世界贸易组织前任总干事、现任高盛国际集团主席兼总裁彼得·萨瑟兰担任阿里巴巴的特别顾问。通过各类成功的宣传运作，阿里巴巴多次被选为全球最佳站点之一。

(2) 从业绩角度看阿里巴巴电子商务的盈利战略

第一，阿里巴巴采用抢先快速圈地的模式，坚持下来并贯彻至今。同时成功地利用抢先快速圈地的模式开展企业的信用认证，敲开了创收的大门。信用是中国市场交易的拦路虎，电子商务尤为突出。阿里巴巴既依靠了国内外的信用评价机构的优势，又结合了企业网上行为的评价，恰当配合了国家和社会对于信用的提倡。

第二，阿里巴巴掌握了5000家外商采购企业的名单，可以实实在在地帮助中国企业出口。2003年阿里巴巴创立了消费者拍卖网站——淘宝网，该网站支持即时通信。淘宝网让买家与卖家使用即时通信，把照片与个人详细资料张贴到网站上，这样两者之间就会形成亲密的关系。对于备受信用缺失困扰的市场交易来说，把电子商务转变成"朋友"社区是至关重要的。

第三，阿里巴巴在线支付方面也已超越竞争对手。注意到大多数中国人没有信用卡，马云引入了支付宝，一种货到之前现金由第三方保管的系统。实际上，支付宝就是一家具有成千上万信用历史记录的"在线银行"。淘宝的成功一直是令人惊讶的，其市场份额在2003~2005年期间从8%迅速飙升到了59%。

第四，阿里巴巴2003年8月收购雅虎中国后推出了电子商务搜索。现在阿里巴巴依靠雅虎每年几十亿美元技术开发投入形成的技术实力必然要有所创新，创建全球首个有影响力和创收力的专业化搜索应当是合理选择。电子商务搜索可以将电子商务涉及的产品信息、企业信息，以及物流、支付等有关信息串通起来，逐步自然形成一种电子商务信息的标准，推进阿里巴巴的电子商务，并统领全国的电子商务。

毫无疑问，阿里巴巴是电子商务的引领者，带动了国内电子商务的快速发展。现在随着电子商务网站的增多，电子商务网站之间的差异化逐渐缩小，电子商务网站的市场竞争更加激烈。据研究预测，未来电子商务网站市场将会朝两个方向发展：一是大型化和电子商务门户化；二是专业化和行业化。大型化的门户电子商务网站也许没有精力来提供某个行业专业的服务信息，专业化和行业化电子商务网站也无法提供大型化门户电子商务网站的服务，他们之间是差异化的竞争，走的是共生共存之路。

3.1 电子商务平台的概念和分类

3.1.1 电子商务平台的概念

电子商务平台即是一个为企业或个人提供网上交易洽谈的平台。企业电子商务平台是建立在Internet网上进行商务活动的虚拟网络空间和保障商务顺利运营的管理环境；是协调、整合信息流、物资流，以及资金流有序、关联、高效流动的重要场所。企业、商家可充分利用电子商务平台提供的网络基础设施、支付平台、安全平台、管理平台等共享资源，有效地、低成本地开展自己的商业活动。

3.1.2 电子商务平台的作用

电子商务建设的最终目的是发展业务和应用。一方面网上商家以一种无序的方式发展，造成重复建设和资源浪费；另一方面商家业务发展比较低级，很多业务仅以浏览为主，需通过网外的方式完成资金流和物流，不能充分利用Internet无时空限制的优势，因此有必要建立一个业务发展框架系统，规范网上业务的开展，提供完善的网络资源、安全保障、安全的网上支付和有效的管理机制，有效地实现资源共享，实现真正的电子商务。

企业电子商务平台的建设，可以建立起电子商务服务的门户站点，是现实社会到网络社会的真正体现，为广大网上商家及网络客户提供一个电子商务网上生存环境和商业运作空间。

企业电子商务平台的建设，不仅仅是初级网上购物的实现，还能够有效地在Internet网上构架安全的和易于扩展的业务框架体系，实现B2B、B2C、C2C、O2O、B2M、M2C、B2A（即B2G）、C2A（即C2G）ABC模式等应用环境，推动电子商务的发展。

电子商务平台扩展的途径——互联网营销，让用户多一种途径来了解、认知或购买我们的商品。

电子商务平台可以帮助中小企业甚至个人，自主创业，独立营销一个互联网商城，达到快速盈利的目的，而且只需要很低的成本就可以实现这一愿望。

电子商务平台可以帮助同行业中已经拥有电子商务平台的用户，提供更专业的电子商务平台解决方案。发展电子商务，不是一两家公司能推动的产业，需要更多专业人士共同参与和奋斗，共同发展。

3.1.3 电子商务网络平台的分类

电子商务平台最常见的分类模式有B2B、B2C、C2C、O2O、C2B、B2B2C等。

（1）B2B平台

B2B（Business to Business）是指企业与企业之间通过专用网络或Internet，进行数据信息的交换、传递并开展交易活动的商业模式。它将企业内部网，通过B2B网站与客户紧密结合起来，通过网络的快速反应，为客户提供更好的服务，从而促进企业的业务发展。

（2）B2C平台

B2C（Business to Customer），又译为"商对客"。"商对客"是电子商务的一种模式，也就是通常说的直接面向消费者销售产品和服务的商业零售模式。这种形式的电子商务一般以网络零售业为主，主要借助于互联网开展在线销售活动。B2C即企业通过互联网为消费者提供一个新型的购物环境——网上商店，消费者通过网络实现在网上购物、网上支付等消费行为。常见的B2C平台如天猫、当当网、京东商城等。

（3）C2C平台

C2C（Consumer to Consumer），又译为顾客对顾客，是指直接为客户间提供电子商务活动平台的网站，是现代电子商务的一种。C2C网站就是为买卖双方交易提供的互联网平台，卖家可以在网站上登出其想出售商品的信息，买家可以从中选择并购买自己需要的物品。例如，拍卖网站就属此类，最著名的是eBay网站。另外，一些二手货交易网站也应属于此类。

（4）独立商城

独立商城就是凭借商城系统打造含有顶级域名的独立网店。开独立网店的好处在于有顶级域名、自有品牌、企业形象，且可以节约成本、自主管理、不受约束。

独立商城就像现实生活中的大型商场一样，拥有自己独立的店标、品牌、独立的企业形象。你能对自己的网上商城进行专业的"装修"，也能完全拥有用户的详细资料，同时还可以针对他们做你想做的各种营销活动。你为用户提供热情、周到的服务，商品的价格也因类似的这种附加值的提供而表现出差异化。同时，还可以多一条宣传通道、多一个销售途径、多一种商业模式而让你的商业经营更有未来。比较典型的独立商城有苏宁易购、国美在线等。

（5）CPS 平台

CPS 联盟比"供应商代发货"模式更进一步，英文全称为 Cost Per Sales，即按销售付费。CPS 联盟实际上就是一种广告，以实际销售产品数量来计算广告费用，是最直接的效果营销广告。CPS 广告联盟就是按照这种计费方式，把广告主的广告投放到众多网站上。

（6）O2O 平台

O2O 电子商务即 Online 线上网店与 Offline 线下消费，商家通过免费开网店将商家信息、商品信息等展现给消费者，消费者在线上进行筛选服务并支付，线下进行消费验证和消费体验。这样既能极大地满足消费者个性化的需求，也节省了消费者因在线支付而没有去消费的费用。商家通过网店信息传播得更快、更远、更广，可以瞬间聚集强大的消费能力。该模式的主要特点是商家和消费者都通过 O2O 电子商务满足了双方的需要。

（7）银行网上商城

初期，许多银行开设网上商城的目的是为使用信用卡的用户分期付款而设立的。随着电子商务普及、用户需求增强、技术手段提升，银行网上商城也逐步成熟起来。银行网上商城为用户提供了全方位服务，包括积分换购、分期付款等，也覆盖支付、融资、担保等，最为显著的是给很多商家提供了展示、销售产品的平台和机会。倘若这一平台运营好，将带来不菲的业绩。

（8）运营商平台

中国移动、中国联通和中国电信都有属于自己的商城平台。由于通信业务的硬性需求，运营商平台的用户始终具有一定的依赖性和黏性，所以提前抢占这些平台具有很大的战略意义，跑马圈地正是此道理。

（9）B2B2C

B2B2C 是一种电子商务类型的网络购物商业模式，B 是 Business 的简称，C 是 Customer 的简称，第一个 B 指的是商品或服务的供应商，第二个 B 指的是从事电子商务的企业，C 则表示消费者。

3.1.4　国内电子商务网络平台

（1）淘宝

淘宝网（www.taobao.com）是亚太地区较大的网络零售商圈，由阿里巴巴集团在 2003 年 5 月创立（图 3-1）。截至 2014 年底，淘宝网拥有注册会员近 5 亿，日活跃用户超过 1.2 亿，在线商品数量达到 10 亿种，在 C2C 市场，淘宝网占 95.1%的市场份额。淘宝网在手机端的发展势头迅猛，据易观 2014 年最新发布的手机购物报告数字，手机淘宝+天猫的市场份额达到了 85.1%。2015 年 3 月 31 日，淘宝宣布启动"实名认证"程序，要最大程度消除由于虚假注册信息带来的交易安全隐患。也就是说，想在淘宝开店的商家，除了要"实名认证"外，还要"实人认证"了。

图 3-1　淘宝 Logo

（2）天猫

"天猫"（Tmall，亦称天猫商城）原名淘宝商城，是一个综合性购物网站（图3-2）。2012年1月11日上午，淘宝商城正式更名为"天猫"，2012年3月29日天猫发布全新Logo形象。2012年11月11日，天猫借光棍节大赚一笔，宣称13小时卖100亿，创世界纪录。天猫是马云淘宝网全新打造的B2C商业零售平台。整合了数千家品牌商、生产商，为商家和消费者之间提供一站式解决方案，为消费者提供100%品质保证的商品、7天无理由退货及购物积分返现等优质服务。2014年2月19日，阿里集团宣布天猫国际正式上线，为国内消费者直供海外原装进口商品。

图3-2 天猫Logo

（3）1号店

1号店，电子商务型网站，2008年7月11日"1号店"正式上线（图3-3），由世界500强Dell前高管于刚和刘峻岭联合在上海张江高科园区创立。开创了中国电子商务行业"网上超市"的先河。公司独立研发出多套具有国际领先水平的电子商务管理系统，拥有多项专利和软件著作权。1号店并在系统平台、采购、仓储、配送和客户关系管理等方面大力投入，打造自身的核心竞争力，以确保高质量的商品能低成本、快速度、高效率地流通，让顾客充分享受到全新的生活方式和实惠方便的购物服务。

图3-3 1号店Logo

（4）京东

京东（JD.com）是中国最大的自营式电商企业（图3-4），2015年第一季度在中国自营式B2C电商市场的占有率为56.3%。目前，京东集团旗下设有京东商城、京东金融、拍拍网、京东智能、O2O及海外事业部。2014年5月，京东在美国纳斯达克证券交易所正式挂牌上市，是中国第一个成功赴美上市的大型综合型电商平台，与腾讯、百度等中国互联网巨头共同跻身全球前十大互联网公司排行榜。

图 3-4　京东 Logo

（5）唯品会

唯品会（vip.com），一家专门做特卖的网站（图 3-5），每天 100 个品牌授权特卖、确保正品、确保特价、限量抢购。区别于其他网购品牌，唯品会定位于"一家专门做特卖的网站"，每天上新品，以低至 1 折的深度折扣及充满乐趣的限时抢购模式，为消费者提供一站式优质购物体验。唯品会创立之初，即推崇精致优雅的生活理念，倡导时尚唯美的生活格调，主张有品味的生活态度，致力于提升中国乃至全球消费者的时尚品位。唯品会率先在国内开创了特卖这一独特的商业模式，加上其"零库存"的物流管理及与电子商务的无缝对接模式，唯品会得以短时间内在电子商务领域生根发芽。唯品会与知名国内外品牌代理商及厂家合作，向中国消费者提供低价优质、受欢迎的品牌正品。每天 100 个品牌授权特卖，商品囊括时装、配饰、鞋、美容化妆品、箱包、家纺、皮具、香水、3C、母婴用品等。

图 3-5　唯品会 Logo

（6）蘑菇街

蘑菇街是专注于时尚女性消费者的电子商务网站（图 3-6），为爱美的姑娘们提供衣服、鞋子、箱包、配饰和美妆等领域适合年轻女性的商品，蘑菇街 APP 也成为时尚女性购买和互相分享的必备 APP。蘑菇街旨在做一家高科技轻时尚的互联网公司，公司的核心宗旨就是购物与社区的相互结合，为更多消费者提供更有效的购物决策建议。蘑菇街从导购平台转型为社会化电商平台后，2013 年 11 月开始仅仅两个月，就交出了单月 1.2 亿元的成绩单。2016 年 1 月 11 日，蘑菇街宣布正式并购"美丽说"品牌。

图 3-6　蘑菇街 Logo

3.1.5 国际电子商务网络平台

1. 速卖通简介

全球速卖通是阿里巴巴旗下面向全球市场打造的在线交易平台,被广大卖家称为国际版"淘宝"。像淘宝一样,把商品编辑成在线信息,通过速卖通平台发布到海外。类似国内的发货流程,通过国际快递,将商品运输到买家手上,就这样速卖通与220多个国家和地区的买家达成了交易。速卖通于2010年4月上线,已经成为全球最大的跨境交易平台。

速卖通(AliExpress)是阿里巴巴帮助中小企业接触终端批发零售商,实现小批量多批次快速销售,拓展市场和利润空间而全力打造的融合订单、支付、物流于一体的外贸在线交易平台。

无论您是否具有外贸经验,速卖通能帮您实现三分钟商品上架,三个小时处理买卖信息获得订单,三天通过快递将商品发往全球。在买家收货,确认付款之后,立刻拿到属于您的高额利润。

速卖通平台的核心优势有以下3个方面,如图3-7所示。

(1)小订单,大市场

在全球贸易新形势下,买家采购方式正在发生剧烈变化,小批量、多批次正在形成一股新的采购潮流,更多的终端批发零售商直接上网采购,速卖通能让外贸在线交易做到星星之火,可以燎原。

(2)短周期,高利润

直接向终端零售商和网店供货,更短的流通渠道,直接在线支付收款,能让中小企业拓展产品利润空间,创造更多收益。

(3)低成本,高安全

买卖双方在线沟通,下单支付一步到位,国际快递发送货物,缩短交易周期;网站诚信安全体系为交易过程保驾护航,避免货款受骗。

图3-7 速卖通平台的核心优势

2. 速卖通的发展历程

速卖通平台于2009年9月9日上线,8个月后正式在海外开业,速卖通平台在海外电视、报纸、杂志及欧美主流网站投放了巨额广告，在 Google 投入了数十万热卖产品关键词，利用 SNS、电子邮件的方式扩大海外影响，精确锁定海外卖家。

时至今日，速卖通平台交易额的增长已超过 30 倍，每天有数以万计的海外消费者在全球速卖通平台上采购到了理想的商品，速卖通平台已经培育了大量优秀卖家，目前的速卖通平台正处在高速发展时期。

3.2 注册免费会员和开通免费的个人网店

在本节中，通过描述在淘宝网"免费开店"的设置过程，了解淘宝网开店的相关规则及相关步骤。

3.2.1 硬件及环境要求

计算机一台（笔记本电脑、台式计算机均可），可以上互联网，对电脑配置没有要求。

3.2.2 实施过程

（1）必须是年满 18 周岁的中国公民。
（2）要有一张开通网上银行的银行卡，中国银行、建行、工行、农行、邮政银行都可以。
（3）具体开网店的步骤如下。

第一步，打开淘宝的主页 www.taobao.com。

第二步，登录淘宝后，请单击左上角的"免费注册"按钮，如图 3-8 所示。

图 3-8　淘宝免费注册页面

出现淘宝网"账户注册"页面，如图 3-9 所示。

图 3-9 淘宝网"账户注册"页面

第三步，按照提示，填写会员名、登录密码、确认密码、验证码，填写完毕后，单击"同意协议并注册"按钮。如图 3-10 所示。

图 3-10 填写"注册信息"页面

在出现的页面中输入你的手机号码，对账户信息进行验证，单击"提交"按钮，如图 3-11 所示。

图 3-11 "验证账户信息"页面

第四步，注册成功，成为淘宝会员后，出现如图 3-12 所示页面。

图 3-12 会员"注册成功"页面

现在左上角已经显示出刚才注册的会员名单，接着单击淘宝网首页右上角的"卖家中心"按钮，出现的页面如图 3-13 所示，单击"免费开店"按钮。

图 3-13 "卖家中心"页面

第五步，出现"开店认证"页面，有"个人开店"和"企业开店"两个选项，如图 3-14 所示。

图 3-14 认证页面

现在淘宝开店不用考试，只要通过支付宝的实名认证还有淘宝开店认证即可。如图 3-15 所示，单击"立即认证"按钮。

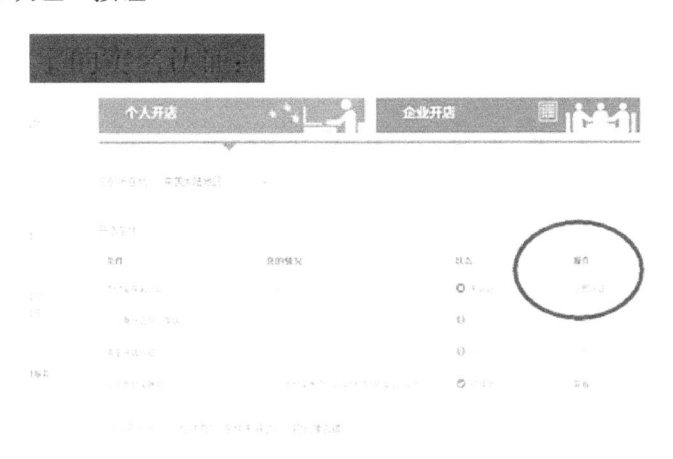

图 3-15 "立即认证"页面

如图 3-16 所示，在"快捷认证"选项区单击"立即申请"按钮。"快捷认证"和"普通认证"是一样的效果，"快捷认证"更能节省时间，一般企业才用"普通认证"。

图 3-16 "快捷认证"页面

打开如图 3-17 所示界面，选择你的银行卡类型，选中"储蓄卡"单选按钮，单击"下一步"按钮，出现输入银行卡信息的页面，如图 3-18 所示。

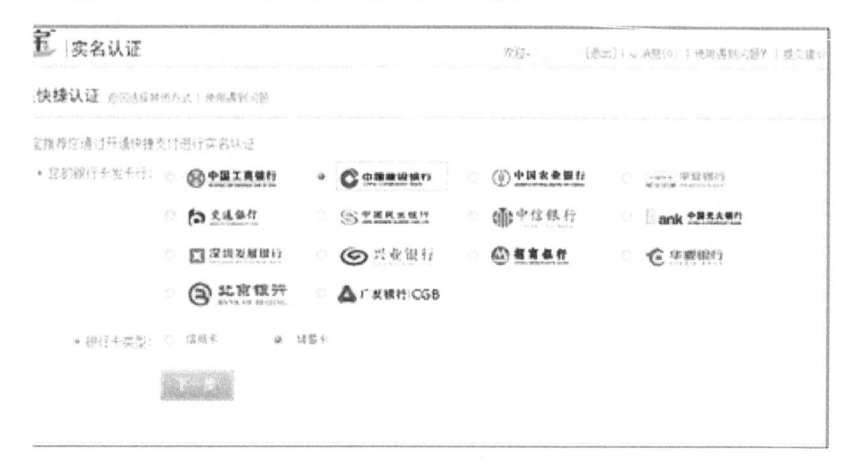

图 3-17　选择银行卡类型

图 3-18　输入银行卡信息

第六步，进行淘宝开店实名认证，如图 3-19～图 3-21 所示。

图 3-19　"实名认证"页面

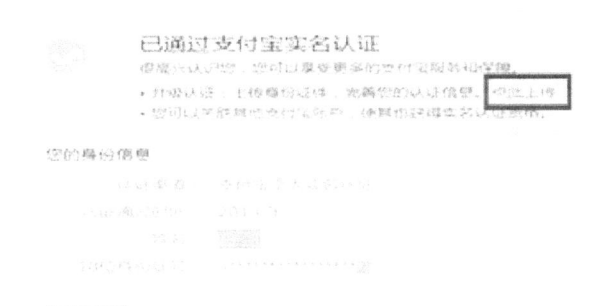

图 3-20 "通过实名认证"页面

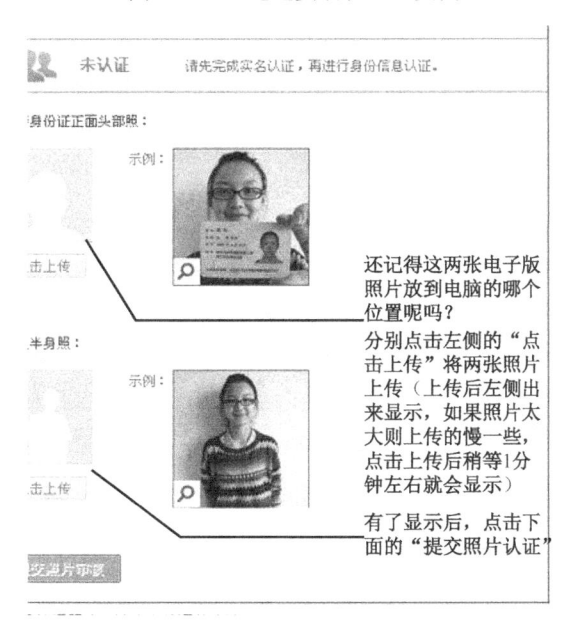

图 3-21 上传身份信息

等待 1~2 个工作日,淘宝官方小二审核通过完毕,支付宝的整个实名认证过程就完成了!完成实名认证、开店考试、完善店铺信息,就拥有了属于你自己的淘宝网店铺了。

3.3 企业电子商务网络平台的选择

3.3.1 电子商务相关平台介绍

阿里巴巴,当之无愧的电子商务领头羊,连续 5 年被评为全球最大的 B2B 网站。

慧聪网,全行业电子商务网站,是目前国内行业资讯最全、最大的行业门户平台。

必途网,铭万集团旗下的电子商务平台,其 B2B 广告联盟与商业信息搜索尤为突出。

必联网,国内领先的以买方为驱动的 B2B 电子商务网站。平台以采购商为驱动,打破传统电子商务模式,旨在营造真实、高效、充满机会的电子商务网站。

全球采购网,它的信息平台和优质商业服务为中国对内对外贸易的发展提供了支持。

环球资源网,以小礼品和电子产品为优势,是目前亚洲知名的电子商务平台。

河北商贸网,为企业提供全方位的交流电子商务平台。

谷瀑环保设备网—环保设备网站群是起步最早、发展最专业的环保网站之一,目前已形成环保网站群(1+30+1+1)规模推广态势,数十万会员、数百万条环保数据、日访问量数十万人次的平台助您迅速开拓环保领域的市场。

ECVV,是全球企业间(B2B)电子商务的著名品牌,现居中国 B2B 第三把交椅,以平价奢华的全球贸易推广服务商为目标。

3.3.2 企业如何选择电子商务网站

在众多的电子商务平台中,企业在选取适合自己的电子商务网站时,可以考虑以下 3 个因素。

(1)想加入比较理想的 B2B 网站,首先要考虑到这些网站的人流量和信息量。人流量越大,就说明被曝光的概率越高,信息量越大,被 Google 等搜索到的机会越多,但信息量不是简单的信息堆积,而是需要有真实的、可靠的信息。

(2)企业不要盲目地追求知名度和名气,而需要综合考虑一个大型 B2B 电子商务网站的性价比。比如企业不仅要考虑的是加入这个电子商务网站能带来多少业务,带来多少目标顾客关注,需要多少时间才能见效,有多少反馈,有多少咨询电话,费用是多少,还要考虑网站给企业自身的宣传是多少,虽然阿里巴巴名气很大,加入的企业很多,就是因为加入的企业太多,你的企业被推荐的次数和概率会很少,造成很多企业找不到你的产品,没有产生多大的效果。所以企业在加入大型综合 B2B 电子商务网站时,一定要考虑网站给予企业多少的推荐。

(3)考虑费用是否合理。大家知道很多 B2B 网站知名度都很大,同时费用也是昂贵的。比如要购买一件衣服的时候,考虑更多的是整体衣服的性价比,而不上单单追求名气,所以站在企业的角度来说,开源节流是最重要的商业活动原则。

3.3.3 电子商务网络平台的缺陷

(1)网络自身有局限性

有一位消费者在网上订购了一新款女式背包,虽然质量不错,但怎么看款式都没有网上那个中意。许多消费者都反应实际得到的商品不是在网上看中的商品。这是怎么回事呢?其实在把一件立体的实物缩小许多变成平面的画片的过程中,商品本身的一些基本信息会丢失;输入计算机的只是人为选择商品的部分信息,人们无法从网上得到商品的全部信息,尤其是无法得到对商品最鲜明的直观印象。在这一模式上,只能靠网页设计师对网页更好地把握,向消费者展示具有真实信息的商品。

(2)搜索功能不够完善

当在网上购物时,用户面临的一个很大的问题就是如何在众多的网站找到自己想要的物品,并以最低的价格买到。搜索引擎看起来很简单,用户输入一个查询关键词,搜索引擎就按照关键词到数据库去查找,并返回最合适的 Web 页链接。但 NEC 研究所与 Inktomi 公司最近研究结果表明,目前在互联网上至少 10 亿网页需要建立索引。而现有搜索引擎仅能对 5 亿网页建立索引,仍然有一半不能索引。这主要不是由于技术原因,而是由于在线商家希望保护商品价格的隐私权。因此当用户在网上购物时,不得不一个网站一个网站搜寻下去,直到找到满意价格的物品。

（3）交易的安全性得不到保障

电子商务的安全问题仍然是影响电子商务发展的主要因素。由于 Internet 的迅速流行，电子商务引起了广泛的注意，被公认为是未来 IT 业最有潜力的新的增长点。然而，在开放的网络上处理交易，如何保证传输数据的安全成为电子商务能否普及的最重要的因素之一。调查公司曾对电子商务的应用前景进行过在线调查，当问到为什么不愿意在线购物时，绝大多数的人的问题是担心遭到黑客的侵袭而导致信用卡信息丢失。因此，有一部分人和企业因担心安全问题而不愿使用电子商务，安全成为电子商务发展中最大的障碍。电子商务的安全问题其实也是人与人之间的诚信问题，电子商务的未来，需要所有网民的认可和协作。

（4）电子商务的管理还不够规范

电子商务的多姿多彩给世界带来全新的商务规则和方式，这更加要求管理上的规范。管理的概念涵盖商务管理、技术管理、服务管理等多方面，要达到令人满意的规范程度，不是一时半时就可以做到的。另外电子商务平台的前后端相一致也是非常重要的。前台的 Web 平台是直接面向消费者的，是电子商务的门面。而后台的内部经营管理体系则是完成电子商务的必备条件，它关系到前台所承接的业务最终能不能得到很好的实现。一个完善的后台系统更能体现一个电子商务公司的综合实力，因为它将最终决定提供给用户的是什么样的服务、电子商务的管理是不是有效和商务公司最终能不能实现盈利。

（5）税务问题

税务（包括关税和税收）是一个国家重要的财政来源。由于电子商务的交易活动是在没有固定场所的国际信息网络环境下进行，所以势必造成国家难以控制和收取电子商务的税金。

（6）标准问题

各国的国情不同，电子商务的交易方式和手段也存在某些差异，而且要面对无国界、全球性的贸易活动，因此需要在电子商务交易活动中建立相关的、统一的国际性标准，以解决电子商务活动的互操作问题。中国电子商务目前的问题是概念不清，搞电子的搞商务，搞商务的搞电子，呈现一种离散、无序、局部的状态。

（7）配送问题

配送是让商家和消费者都很伤脑筋的问题。网上消费者经常遇到交货延迟的现象，而且配送的费用很高。业内人士指出，中国国内缺乏系统化、专业化、全国性的货物配送企业，配送销售组织没有形成一套高效、完备的配送管理系统，这毫无疑问会影响人们的购物热情。

（8）知识产权问题

在由电子商务引起的法律问题中，保护知识产权问题首当其冲。由于计算机网络上承载的是数字化形式的信息，因而在知识产权领域（专利、商标、版权和商业秘密等）中，版权保护的问题尤为突出。

（9）电子合同的法律问题

在电子商务中，传统商务交易中所采取的书面合同已经不适用了。一方面，电子合同存在容易编造、难以证明其真实性和有效性的问题；另一方面，现有的法律尚未对电子合同的数字化印章和签名的法律效力进行规范。

（10）电子证据的认定

信息网络中的信息具有不稳定性或易变性，这就造成了信息网络发生侵权行为时，锁定侵权证据或获取侵权证据难度极大，对解决侵权纠纷带来了较大的障碍。如何保证在网络环境下信息的稳定性、真实性和有效性，是有效解决电子商务中侵权纠纷的重要因素。

（11）其他细节问题

最后就是一些不规范的细节问题。例如，目前网上商品价格参差不齐，主要成交类别商品价格最大相差 40%；网上商店服务的地域差异大；在线购物发票问题大；网上商店对订单回应速度参差不齐；电子商务方面的法律，对参与交易的各方面的权利和义务还没有进行明确的规定。

任务要求

典型电子商务网络平台分析

1．任务目的

（1）了解国内外主要类型电子商务网站的现状，了解电子商务网站的基本组成结构、功能与发展。

（2）学会对电子商务企业网站外观风格、业务功能等进行深入全面评估分析的方法，提高综合分析问题的能力。

（3）通过对国内外典型电子商务网站的分析比较，学习优秀网站的建站经验，增加学生对电子商务网站建设的知识和经验积累。

2．任务要求

（1）熟练掌握快速分类搜索浏览国内外较优秀的电子商务网站的方法和技能。

（2）掌握对不同类型的电子商务网站按需选择确定评估指标体系，并进行分析、对比，掌握评估的方法和工具的使用。

（3）掌握对选定的电子商务网站根据分析结果撰写专题评析报告的方法。

3．任务内容

（1）选择下列 7 种类型网站中的典型优秀网站。

拍卖网站：拍拍网，淘宝。

网上书店：当当网，亚马逊。

知名企业：国美在线，苏宁易购。

代购网站：panli，乐趣购。

易物网站：换客网，上海换客易物网。

团购网站：高朋，美团网。

博客营销网站：企博网，三打哈。

（2）对选择的不同类型网站按需选择并确定评估指标体系，选择分析所需要的工具。可供选择的分析评估指标如下。

网站类型，网站简介，主页样式，网站结构，网站风格，网站导航系统，主页完整显示速度，网页框架，网页内容质量，网页更新时间，访问人数，网站客户服务内容，访问者平均浏览时间和深度，网络广告类型，网上订购系统，支付方式，订单跟踪，配送系统，社区讨论，客户联系，友情链接，行业分析。

（3）按评估指标体系对选定的 7 种类型的典型电子商务网站进行分析、比较和评估。

4．任务实施

说明：本实验结果仅对拍拍网、当当网和国美在线进行分析，其他网站可参考分析。

（1）拍拍网

① 网站类型：拍卖网站。

② 网站简介：腾讯拍拍网（www.paipai.com）是腾讯旗下知名电子商务网站。拍拍网于 2005 年 9 月 12 日上线发布，2006 年 3 月 13 日宣布正式运营，是目前国内第二大电子商务平台。

拍拍网目前主要有女人、男人、网游、数码、手机、生活、运动、学生、特惠、母婴、玩具、优品、酒店等几大频道，其中的 QQ 特区还包括 QCC、QQ 宠物、QQ 秀、QQ 公仔等腾讯特色产品及服务。拍拍网拥有功能强大的在线支付平台——财付通，为用户提供安全、便捷的在线交易服务。

依托于腾讯 QQ 超过 7.4 亿的庞大用户群，以及 3 亿活跃用户的优势资源，拍拍网具有良好的发展基础。2006 年 9 月 12 日，拍拍网上线满一周年。通过短短一年时间的迅速成长，拍拍网已经与易趣、淘宝共同成为中国最有影响力的三大 C2C 平台。2007 年 9 月 12 日，拍拍网上线发布满两周年，在流量、交易、用户数等方面获得了全方位的飞速发展。据易观国际报告显示，2007 年第二季度拍拍网获得了 20%的增长，并迅速跃居国内 C2C 网站排名第二的领先地位。据 iResearch 艾瑞咨询推出的《2007—2008 中国网络购物发展报告》数据显示，2007 年中国 C2C 电子商务市场交易规模达到 518 亿元，其中拍拍网的成交额首次超越 TOM 易趣，以 8.7%的交易份额位居第二。2008 年第二季度据艾瑞咨询最新数据显示，拍拍网充分整合了腾讯客户端资源并在购物体验功能上进一步优化，2008 年第二季度拍拍网实现了 30%以上的环比增长。根据艾瑞咨询《2008—2009 年中国网络购物行业发展报告》研究显示，2008 年拍拍网交易额增长迅速，份额提升至 9.9%，继续稳居国内第二大电子商务平台。

拍拍网一直致力于打造时尚、新潮的品牌文化。2008 年 11 月 11 日，拍拍网正式宣布：网站新的品牌口号定位于"超值购物、值得信赖"，未来拍拍网将着力打造一个"最便捷、最贴心、最值得信赖"的社区电子商务平台，为用户提供诚信、安全的在线网购新体验。作为腾讯"在线生活"战略的重要业务组成，拍拍网依托于腾讯 QQ 及腾讯其他业务的整体优势，现在已成为国内成长速度最快、最受网民欢迎的电子商务网站，并且帮助几十万社会人员和大学生解决了就业问题。

③ 主页样式：拍拍网主页如图 3-22 所示。

④ 网站结构：主要包括了网站 Logo、站内搜索框、导航，主体是分类商品的展示模块，如促销优惠、为你推荐、今日团购、潮流男士、美丽女士等。网站的底部包括两个板块：第一个主要是网站提供的服务，如新手指南、诚信保证计划、支付方式、售后服务。第二个主要是网站的相关介绍与友情链接，如拍拍简介、腾讯客服、网站地图、用户协议、版权说明。

⑤ 腾讯旗下网站：腾讯官网、腾讯门户、拍拍购物、财付通支付、SOSO 搜索、QQ 返利、更多业务。

图 3-22　拍拍网主页

⑥ 网站风格：网站两边留出适当的空白，除了导航部分所有商品分类用了粉红色外，几乎没有采用更多的色彩。这样做即使网站放置了很多商品的图片仍然不至于让人觉得网站过于绚丽、刺眼，让网站始终能够保持清新、简洁的风格。

⑦ 网站导航系统包括没有子项目导航和有子项目导航两部分：没有子项目的导航有女装、男装、数码、运动、美妆、家居、美食、充值、彩票、旅游、票务、今日特价、团购、特卖会等。有子项目的导航有所有商品分类下面的包括了话费网游、男女服装、鞋包配饰、美容美妆、运动户外、数码家电、家居日用、食品保健、母婴用品、文化娱乐、演出旅游等。更多选项包括了更多购物频道，如母婴、礼物、汽车用品、保险、演唱会、QQ 美食等。更多优惠频道有新品、红包、包邮、送 Q 币、送优惠券、排行榜、彩钻特权、新人礼、整点必秒、周四抢购。更多导购频道有社区、资讯、乐享。

⑧ 主页完整显示速度：由于腾讯有足够好和足够多的服务器，网站完整显示的速度非常快。

⑨ 友情链接：腾讯的友情链接只链接腾讯旗下网站，如腾讯官网、腾讯门户、拍拍购物、财付通支付、SOSO 搜索、QQ 返利、更多业务等。这说明腾讯还不够开放，只想依靠自己的为数众多的用户群做大做强。

(2) 国美在线

① 网站类型：B2C

② 网站简介：国美在线成立于 1987 年 1 月 1 日，是中国最大的以家电及电子产品零售为主的全国性连锁企业。

国美在线在中国大中型城市拥有直营门店 1500 多家，年销售能力 1500 亿元以上。

2003 年国美在线在香港开业，迈出中国家电连锁零售企业国际化第一步； 2004 年国美在线在香港成功上市。

2009 年以来，国美在线全面推进网络优化和提升单店盈利能力战略，不断调整变化的服务模式满足客户的需求。2010 年完成了新的未来五年战略规划并开始了全方位的实施与推进。国美在线持续地以满足消费者需求为导向，进一步以网络优化和提升单店盈利能力为核心，进一步扩展网络覆盖保持有效规模增长，并注重精细化管理，领导中国家电零售市场。

作为具有卓越竞争力的民族连锁零售企业，国美在线坚持"薄利多销，服务当先"的经营理念，依靠准确的市场定位和不断创新的经营策略，引领家电消费潮流，为消费者提供个性化、多样化的服务，国美品牌得到中国广大消费者的青睐。本着"商者无域、相融共生"的企业发展理念，国美在线与全球知名家电制造企业保持紧密、友好、互惠的战略合作伙伴关系，成为众多知名家电厂家在中国的最大的经销商。

作为中国最大的家电连锁零售企业，国美在线直接为社会创造就业 30 万人，每年为国家上缴税收达 15 亿元以上。国美在线是中国企业 500 强之一，被中央电视台授予"CCTV 我最喜爱的中国品牌特别贡献奖"；睿富全球最有价值品牌中国榜评定国美在线品牌价值为 586.26 亿元，成为中国连锁零售第一品牌；中国保护消费者协会连续多年授予国美在线"维护消费者权益诚信满意单位"。美国德勤服务公司公布的 2010 年全球 250 家零售企业排名，国美在线位列家电零售第一位；在全球顶尖零售行业研究公司 Planet Retail 发布的 2011 年全球 TOP 30 电器、娱乐及办公用品零售商榜单，国美在线位居中国家电零售第一品牌；全球一流的零售洞察力与咨询公司 Kantar Retail 发布的 2010 年度全球 Top50 零售企业榜单，国美在线成为唯一入选的中国零售业品牌。

作为社会企业公民，国美在线在重视自身发展的同时，积极履行社会责任、践行公益事业，回报社会。2010 年中国内地发生严重旱灾和地震灾害，国美在线向重点灾区累计捐赠 710 万元现金和 100 万元物资。2008 年 5 月，国美在线向四川地震灾区捐赠 6000 万元现金和物资，并向中国红十字会"中国红项目"、中国扶贫基金会分别捐赠 150 万元和 232 万元，帮助贫困偏远地区建立医疗救助站和解决基本体育设施缺乏问题。2006 年 7 月，国美在线向潮汕星河奖基金会捐资人民币 500 万元，作为奖学助学基金，用于支持和鼓励品学兼优的星河奖获得者，帮助更多的贫困学生完成学业。2005 年 1 月，国美在线发起"让世界充满爱"援助印度洋海啸受灾国孤儿活动，并率先捐资 1000 万元，成为当时第一个帮助受灾国进行灾后重建的中国企业。

奉行"成就品质生活"的企业使命，本着对广大投资者、合作伙伴、员工和社会负责的原则，国美在线将继续着力将企业打造成为一个备受尊重、健康可持续发展的国际优秀家电连锁企业。

③ 主页样式：国美在线主页如图 3-23 所示。

图 3-23 国美在线主页

④ 网站风格：国美在线首页大量采用了大红色，包括Logo、网站导航系统、商品价格等。从整体上给人一种大气、高调、抢眼的感觉。

⑤ 网页内容质量：国美在线网上商城首页展示的全是电器类产品。给人以专业的感觉，也与其实体店业务相符，这样做不至于让消费者产生抵触情绪。其各版块如"为你推荐""套购专区""促销专区""新品上市""畅销热卖"等都是从销量好的角度来展示，而不是采用通常的分类式展示，如手机、计算机、冰箱、生活电器、大家电、小家电等。后者的分类方法初看起来很好，因为从消费者的角度出发这样查找商品目标更加明确，也更加符合大家的常识。但为什么国美会采用第一种方式呢。因为在实际情况下网上购物的消费者大多数是年轻一族。这些人的消费会相对集中在某些商品，如某些品牌的手机、计算机等。从这个角度考虑采用第一种方式会更好。

⑥ 支付方式。在线支付、个人账户、邮局汇款、公司转账、货到付款。

⑦ 订单跟踪。配送系统，社区讨论，客户联系。

⑧ 友情链接。当跳到其"友情链接"子页时，可以看到其"文字链接"和"图片链接"均是空白的。其链接合作说明中强调和要求，一是各大搜索引擎收录正常，无不良内容，拒绝色情、反动、有恶意代码、没有自主域名、设计低劣的网站；二是图片类链接仅限于放在网站内页；三是申请友情链接合作请发邮件至：ad@gome.com.cn。

⑨ 行业分析。国美在线在国人心目中有着良好的印象，加上电器这种商品的特点，如价格相对较高，运送较难，安装要求专业，售后服务要求较高，消费者购买较谨慎等，使得大多数消费者不愿意或不敢在比淘宝网、拍拍网这些虽大但不专业的网站上购买。这样使得国美凭借自己良好的声誉从实体店扩展到网上商城能够取得巨大的成功。从这个行业的特点来看短期内别的网站也不可能轻易占领这个市场。即使有京东商城这样的对手存在，能够在这个市场分一杯羹的仍然是少数，国美在线网上商城的后续发展仍然被看好。

（3）当当网

① 网站类型：B2C。

② 网站简介。当当网（www.dangdang.com）是全球最大的综合性中文网上购物商城，由国内著名出版机构科文公司、美国老虎基金、美国IDG集团、卢森堡剑桥集团、亚洲创业投资基金（原名软银中国创业基金）共同投资创立。

1999年11月，当当网正式开通。当当网在线销售的商品包括图书音像、美妆、家居、母婴用品、服装和3C数码等几十个大类，超过100万种商品，在库图书近60万种，百货近50万种。当当网的注册用户遍及全国32个省、市、自治区和直辖市，每天有上万人在当当网浏览、购物。

当当网于美国时间2010年12月8日在纽约证券交易所正式挂牌上市，成为中国第一家完全基于线上业务在美国上市的B2C网上商城。自路演阶段，当当网就以广阔的发展前景而受到大批基金和股票投资人的追捧，上市当天股价即上涨86%，并以103倍的高PE和3.13亿美金的IPO融资额，连创中国公司境外上市市盈率和亚太区2010年高科技公司融资额度两项历史新高。

③ 主页样式。当当网主页如图3-24所示。

图 3-24　当当网主页

④ 网页内容质量。当当网本来是从图书起家的，现在虽然经营范围已覆盖几乎网上的所有商品，但它的图书仍然是主打产品，其他商品则以模拟商城的形式展示，包括1F 美妆个护、2F 电器城、3F 孕婴童、4F 家居家纺、5F 服装百货、6F 当当图书、7F 奥特莱斯等。不知道为什么它把当当图书这个版块放到了 6F，这个比较接近底部的地方，但又不是最底部，因为还有一个 7F 奥特莱斯。这种做法难道是当当要显示其要把当当网做全做大的决心，还是它对自己的图书产品有足够的信心，认为无论将其放在哪里都不会影响其销量。还有一点，从当当网广告显示设计来看，它还是非常重视用户体验的。比如刚一打开网站的时候，右下角会弹出一个广告，但是这个广告弹出只有 5 秒钟左右，而且在后面再也不会重复弹出。这样的弹出广告让人还是比较容易接受的。还有右上角留空部分以一种折叠的方式显示一个广告，这个广告，用户可以选择关闭，但是这个地方几乎不会影响用户的体验。这种广告几乎做到了"润物细无声"的境界。在这一点上当当网做得相当好。

⑤ 网站客户服务内容。在线客服、电话联系、传真、信箱地址、邮件联系。

⑥ 支付方式。货到付款、网上支付、邮局汇款、银行转账、当当礼券。

⑦ 配送系统。配送时间及运费、加急快递、海外配送时间、验货与签收、订单配送查询。

⑧ 社区讨论。当当网有一个书评社区，其内容非常齐全。这也体现了当当在图书方面做得有多深入，它的图书在网民心目中又是有着多么良好的印象。

而且还有一个精评周榜和一个精评总榜，他们均推出了前 10 名的评论。这个社区评论的内容非常详细，可以看出用户的参与度很高。

⑨ 行业分析。当当网以图书起家，而且做得非常好。图书虽然不是大件消费品，但它有着自身的一些特点。消费者购买时要么目标很明确，如果某个人要买《信任代理》这本书，那么他就会直接查找这本书，而不会随便去购买另外一本书。要么是抱着一种寻宝的心态来购买图书。这时他会查看畅销书排行榜，或者查看读者评论，从而决定自己的购买行为。从这两个特点来看当当网都做得相当好，比如他的图书畅销榜本身就是一个权威榜，而且做得非常详细，包括了近日畅销榜、近 24 小时畅销榜、近 7 日畅销榜、近 30 日畅销榜、近期周畅销榜、各月畅销榜、年畅销榜、过去各年度畅销榜等。而且当当网有一个书评社区，其内容非常齐全。用

户的评论内容非常详细,用户的参与度、影响力也都非常高。这也体现了当当在图书方面做得有多深入,它的图书在网民心目中又是有着多么良好的印象。所以我们一想到买书就当当网,一想到当当网就想到它的图书有多好。从这一点看来,别的一些网站要想改变图书消费者的购买行为习惯是相当不容易的。当当网继续加强其服务能力,其前景是被看好的。

课后习题

一、选择题

1. 所有参与者都是企业或其他组织的电子商务模式称为(　　)。
   A．B2B　　　　B．B2C　　　　C．B2G　　　　D．B2E
2. B2B 电子市场的结构和 B2C 电子商务的主要区别是(　　)。
   A．盈利模式不同　　　　　　　B．服务对象不同
   C．运营流程不同　　　　　　　D．销售产品不同
3. Alibaba.com 是一家以(　　)为主的电子商务网站。
   A．B2B　　　　B．B2C　　　　C．C2C　　　　D．C2B
4. 企业面向个体消费者提供产品或服务的零售商业模式称为(　　)。
   A．C2C　　　　B．B2C　　　　C．C2B　　　　D．B2E

二、论述题

简述第三方平台在中小企业中的作用。

第4章

网店运营与推广

教学目标

通过本章学习，了解网络店铺开设运营和推广的流程、各项方法和推广技巧。

要点

➢ 网店运营流程。
➢ 网店推广技巧。

重点内容

网店推广技巧。

引导案例

6天增加10万粉丝——百雀羚微信粉丝运营案例

我们处在一个变革的时代，随着互联网+的全面到来，人们的传统行为正在被打乱重组，游戏规则变了，各种玩法也就变了。上帝每关上一扇门，就会打开另外一扇门，因此我们不断探寻O2O、互联网+、移动互联网等新商业模式。

虽然很多商家在不断创新，心甘情愿地抛弃旧方法，如将媒介全部更换成微博、微信，将代金券更换成现金等，但是活动的参与量、传播量、转化率等却没有很大的起色……

然而，下面这个案例能给我们很多启示。百雀羚旗舰店微信官方平台做了一次"悬赏5万猜嫁妆"的活动，短短6天就吸引了101843位网友参与，以及61920位网友的分享。竞猜揭秘当天，店铺流量增加了10万，销量突破210万（比平常翻4倍），并两次上了热门微博榜，被今日头条、凤凰新闻、优酷土豆等推荐，可谓是销量人气双丰收。

很多运营人员在策划活动时，只是为了办活动而办活动，浪费了大量人力物力，又无法获得预期的效果。真正的活动策划只有先了解自身特点，结合当下的真正需求，且深谙媒介资源特性，才能进行最大化配置。回顾整个活动过程，可以发现它有以下特点。

1. 活动策划：真实故事+联想

很多活动往往是先设想一个主题，然后再"凭空"发挥。这次活动却来自于身边一件真实又感人的故事。

事情是这样的：上海有一对母女，母亲是位单身聋哑人，跟女儿相依为命，母女之间一直互相疼爱，非常和睦。后来女儿出嫁时，母亲送了女儿一块搓衣板做嫁妆，女儿当然不理解，然后变得猜疑、焦躁。而母亲则在为女儿在网上挑选嫁妆时，把这件事告诉了天猫百雀羚旗舰店的客服人员。

这位客服当时就把这件事告诉了旗舰店的其他同事。经过大家的商讨，在征得这位顾客的同意后，设计了一个"悬赏5万元，嫁妆猜猜看"的互动活动，即列出一系列线索提示，让网友猜猜看这个嫁妆是什么，活动就这样诞生了。

越是身边真实的故事，越容易引起大家的共鸣。而在真实的基础上大胆地展开联想，又使其具备了神秘性，从而具有了吸引力。

2. 活动机制：红包+奖金

如何吸引大家的参与呢？很多商家动辄就拿出一沓"代金券"分发。一方面，"代金券"只有固定渠道才能消费，而且即使消费了也不一定划算，商家只顾自己打算盘，却连基本的诚意都没有。另一方面，很多活动都是先让大家参与，然后你要答对了才有奖励，让很多人觉得没有信心，另外，中奖机制非常不透明，活动结束后主办方自己"默默"抽奖，网友根本无法监督，这种活动也早已失去"民心"！

而这次"猜嫁妆"的活动，奖金是人民币，一开始就把奖金总额和分配机制很明确地告诉大家：如果你答对了，可以领到一份"中标奖"，结束之后由微信公众平台自动发放，如果你没有答对，只要分享到朋友圈，就有机会获得1元的红包，而且是马上到账！并且还可以再获得一次答题机会（仅限一次），这个称"参与奖"。为了实现这种奖金发放，主办方主动开发了一套后台程序，如图4-1所示。

图4-1 "猜嫁妆"后台程序

答对有"中标奖"，没有答对有"参与奖"！这一亮点大大刺激了活动的传播。在这种机

制的监督之下，大家可以放开去玩，如图 4-2 所示。

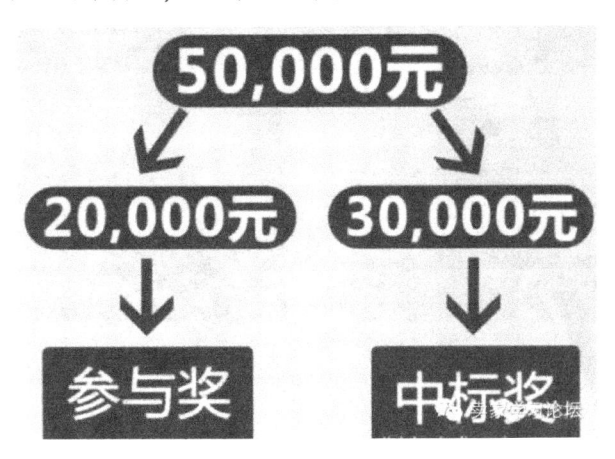

图 4-2　只要参与就有奖

只要参与的网友都应该得到奖赏，这样才能调动大家的积极性，更何况对于活动本身来说，答对与否不是最重要，参与才是最重要的！

3．宣传方式：报纸+网络

在互联网新媒体的冲击之下，虽然传统媒介失去了原来的统领地位，但是传统媒介依然具有自身的优势，如报纸的公信力就比网络要高得多！当很多商家彻底抛弃了报纸这种媒介之后，百雀羚却充分结合了报纸的优势，进行了一种综合效应的传播！

"猜嫁妆"活动是 3 月 15 号上线，而在 3 月 17 号，也就是在活动上线的第三天，百雀羚旗舰店在上海地铁的《时代报》头版刊登了这则"嫁妆悬案"，如图 4-3 所示。一方面由于标题的新颖，另一方面由于故事的背景就是上海，因此吸引了很多乘客的关注。

图 4-3　《时代报》头版刊登"嫁妆悬案"

最重要的是，在报纸上刊登这件事之后，再用"上海地铁悬赏 5 万征一个'嫁妆'谜底，大家都猜疯了"为标题，把报纸版面的截图放进去作为传播内容，在微信上进行传播，上海精致生活、上海美食攻略等微信公众号都发布了这则消息，有了报纸的宣传，活动的公信力大大提升！这就跟很多网络恶搞、网络谣言划清了界限，如图4-4所示。

图4-4　微信公众号发布报纸版面的传播内容

用报纸和网络互相衬托，特征方面取长补短，这就是1+1＞2的综合效应，整个活动的传播也就更具有杀伤力！

4. 渠道选择：线上+线下

我们通常说O2O，要线下线上结合。既然有了报纸作为载体，当然不能失去这个好机会，当大家在报纸上看到这则悬赏时，就可以直接用手机扫描二维码来到活动页面，参与起来非常快捷！这就把线下的流量引到了线上，如图4-5所示。

图4-5　扫描二维码参与活动

同时，在报纸发出的前一天，百雀羚旗舰店的官方微博还发布了报纸征集帖子，让在上海的粉丝找报纸拿奖品，做到线上线下同时互动，如图4-6所示。

图 4-6　报纸征集帖子

5．人气创造：造势+归纳

一次成功的活动永远离不开宣传，那么这次活动是怎样宣传的呢？

既然活动主题本身就很有创意，那就大有文章可做，如在网络上发布了"上海地铁悬赏 5 万征一个谜底，有钱就是任性！"的话题。但是，要想真正的引起关注，还必须找到一种真正的共鸣点，而且必须从故事本身入手。

故事的特征是感人，落脚点是一件普通又非比寻常的"嫁妆"。而"嫁妆"最能反映中国社会的变迁，并让人回味和反思，于是一篇"中国嫁妆变迁史！"的文章诞生了，如图 4-7 所示。

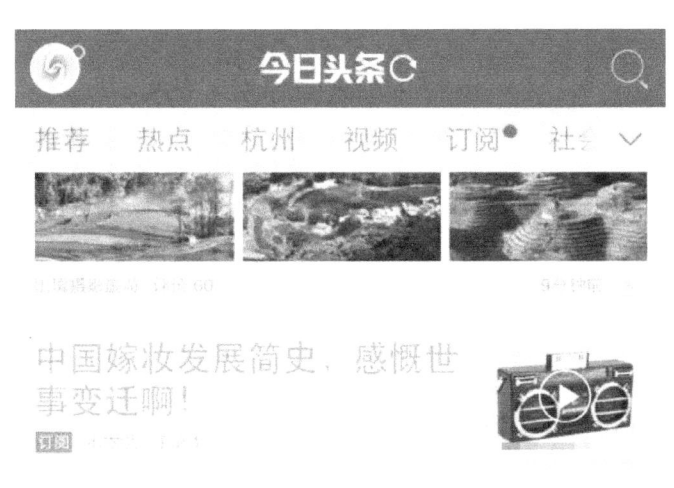

图 4-7　"中国嫁妆变迁史"文章

这篇文章从民国讲到当下，表面上是罗列嫁妆的演变，实际上是探讨社会的变迁和人们思想的变化，当然是以这次活动为切入点，这样既有意识形态的高度，又可给活动做很好的宣传。

最后，如图4-8所示，再用一篇"上海地铁'嫁妆悬案'告破，1341位网友平分奖金！"概括性、爆炸性的图文对整个活动进行了一次描述，在微博段子手和红人的配合下，这篇文章同一天上了两次热门微博，共有3000位网友对这篇文章进行了转发，累计阅读达360万人次！

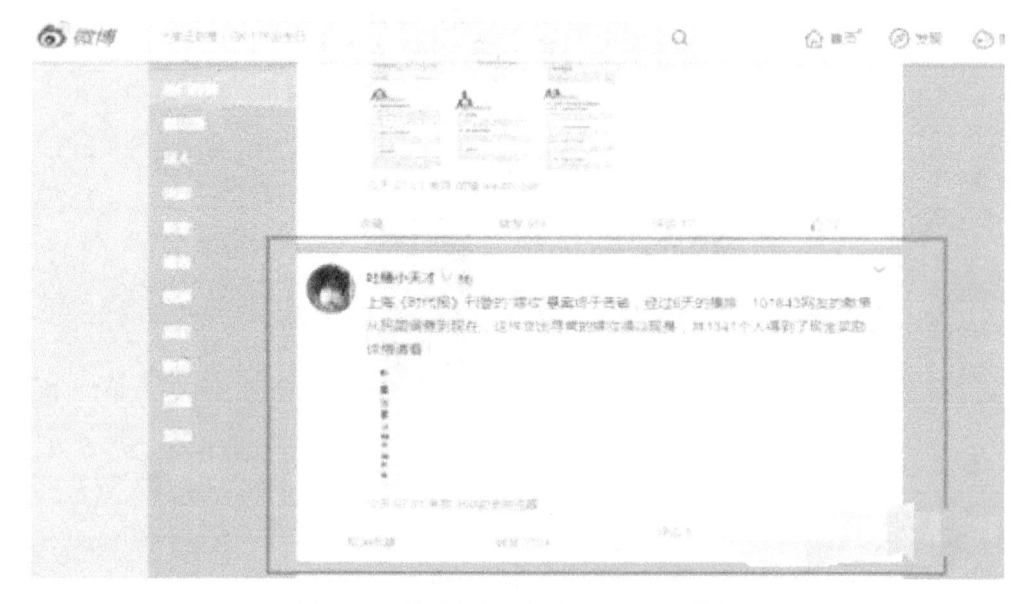

图4-8 "嫁妆悬案"告破，网友平分奖金

除此之外，今日头条、凤凰网新闻客户端和一些热门论坛都转载了这篇文章，虽然活动已经结束，但是百雀羚官方旗舰店的品牌形象得到了一次很好的传播，而这个时候旗舰店又公布了先前专门为此制作的微电影，得到了优酷和土豆的频道推荐，点击率突破了5万，如图4-9所示。

图4-9 微电影在优酷和土豆频道推荐

因此，这次活动的涉及面非常广泛，包括微信公众平台、报纸、微博、论坛、贴吧、今日头条、凤凰新闻、优酷土豆等，立体感非常强，经过运作成功地登上报纸头条、热门微博、视频推荐等重要位置，累计传播量突破500万，使品牌获得了很大的影响力。

6．转化结果：流量+销量

既然本次活动获得了很高的关注度，流量必然爆满，但所有的活动最后都会归结到实际效果的转化，也就是销量的提升！百雀羚旗舰店在得到消费者的情感共鸣后，流量转化率就非常高！

例如，3月23日答案揭晓当天，旗舰店本日流量增加了10万，销量也突破了210万元，比平常翻了4倍！而在3月23~27日的活动爆发期，为了让消费者亲身感受到百雀羚嫁妆的"美不虚传"，旗舰店铺准备了3000份传心礼包，并根据活动主题将礼包分为三种：自信、独立和坚强，如图4-10所示。就像母亲传给女儿的嫁妆一样，也希望能将一些美好品质传达给消费者。礼包每份售价38元，每天限量出售，结果3月23日当天的1000份下午就抢光了！

图4-10 百雀羚传心礼包

所以，真正的活动策划必须要先了解自身特点，然后结合当下的真正需求，深谙媒介资源特性，进行最大化配置。踩好节点，可收可发。创新不是一种结果，而是解决问题的过程！

4.1 网店的运营

网店运营是价值的重要体现方式。虽然网店运营的目标是各不相同的，但网店运营的结果却是一样的，都是为了赚钱。

4.1.1 运营工作人员的职责及主要工作

1．策划

（1）产品策划：调研收集用户体验，配合运营负责人提出对网站产品的需求规划和用户体验改进需求。

（2）数据分析：分析与研究本站相关信息，如会员增长、信息增加、用户行为等。

（3）推广策划：策划各种线上线下推广方式、介质，分析效果并及时调整。

（4）活动策划：线上活动、线下活动及其他的合作活动，如展会、行业论坛等。

（5）活动执行：各类活动的组织、执行及具体落实。与部门内其他成员沟通落实，执行活动各项工作、方案的撰写及活动报表编制。

2．商务拓展

（1）渠道合作：联系洽谈资源互换、广告互换、链接互换、内容合作（频道嵌套）、活动合作，整合各种推广渠道，开展深度合作。

（2）媒体合作：与相关媒体的公关合作，新闻软文发布。

（3）商务谈判：完成合作、广告、活动等商务谈判，维护商务合作关系，对整个商务合作的过程和结果负责，规划合作项目计划及进度执行。

（4）软文发布：联系各相关网站的编辑，上新闻软文，推广。

（5）渠道分析：对网络推广、渠道运营等情况跟踪，收集市场信息及竞争信息，提出针对性推广运营思路，做出分析报告。

（6）文案撰写：所有推广软文的撰写，以及各类新闻稿件、活动稿件的撰写。

（7）广告采购：联系相关网站、户外媒体，购买广告。

3．信息推广

（1）炒作文稿：撰写论坛软文稿，策划、审核手写文稿，到炒作论坛持续大量发帖。

（2）质量监控：每天监控论坛回复的效果及质量，一旦发现问题及时汇报。

（3）效果监控：做好每周的论坛记录统计，以及效果分析跟踪。

（4）论坛营销：论坛的营销推广，提升电子网的知名度，吸引注册会员。

（5）博客推广：联系其他网站的博主、论坛主推广本站。

（6）网站群发：采用群发机等工具，发布信息到各信息站，提高本站信息覆盖量。

（7）用户调研：通过论坛博客等渠道收集、调研分析、挖掘用户对产品的需求，并上报负责人，配合改进。

（8）邮件群发：采集行业人员邮件库，注册、信息、资讯等群发推广。

（9）短信群发：采集业内短信号码库，编辑群发信息。

4．编辑与客服

（1）内容采编：收集资讯、文章、供求信息更新到网站，资讯要做一定的文字修改。

（2）专题制作：捕捉、跟踪彩票行业事件，或者其他热点事件，将一定的行业事件或活动做成专题，提供全面信息，调动会员参与评论。

（3）内容审核：每日实时审核最新信息，及时发现并删除站内垃圾、不良内容，避免造成负面影响。

（4）软文策划：参与策划写作软文，配合手写内容策划与整理。

（5）客户答疑：通过本站留言、论坛、在线客服、QQ 和 MSN 及官方 E-mail，及时解答用户的问题、意见。

（6）满意度跟踪：调查研究网站顾客各种服务项目、产品、活动的满意度，为市场决策提供可靠依据；每周提交一篇客户反馈或主动调研意见汇总。

（7）社区管理：管理审核本站论坛、博客信息，策划社区栏目、话题，做好用户维护。

5．技术支持与 SEO

（1）网站技术：服务器管理，修改、调整部分页面，广告管理等技术层面支持。

（2）SEO：链接优化、关键词优化、搜索引擎优化、页面信息优化等。

（3）产品开发：新栏目、产品、页面、功能开发等。

4.1.2 网店评价指标体系

1．网店流量指标

网店流量统计指标常用来对网店效果进行评价，主要指标包括以下几种。

（1）独立访问者数量（unique visitors）。

（2）重复访问者数量（repeat visitors）。

（3）页面浏览数（page views）。

（4）每个访问者的页面浏览数（Page Views per user）。

（5）某些文件/页面的统计指标，如页面显示次数、文件下载次数。

2．用户行为指标

用户行为指标主要反映用户是如何来到网店的、在网店上停留了多长时间、访问了那些页面等，主要的统计指标包括以下几种。

（1）用户在网店的停留时间。

（2）用户来源网店（也称"引导网店"）。

（3）用户所使用的搜索引擎及其关键词。

（4）在不同时段的用户访问量情况等。

3．用户浏览网店的方式

用户浏览网店的方式相关统计指标主要包括以下几种。

（1）用户上网设备类型。

（2）用户浏览器的名称和版本。

（3）访问者所使用计算机的分辨率显示模式。

（4）用户所使用的操作系统名称和版本。

（5）用户所在地理区域分布状况等。

4．转化指标

（1）提袋率。提袋率是指在一定时期内，将商品放入购物车或加入收藏夹的顾客人数占该时间段网店访问量的比例。网络销售的提袋率并不能直接反映出企业经营业绩的好坏，因为将商品加入购物车中的消费者并不一定要为它们买单。

（2）订单转换率。订单转换率是反映流量商业价值最核心的指标，只有当流量转换为订单，企业才能收获真金白银。一些互联网零售企业有可能绝口不提流量注册比、提袋率等指标，但订单转换率却是所有企业都关注的数据。

（3）跳出率。跳出率是指在一定时期内，仅仅在首页匆匆"飘"过，便立即离开网店的人数占所有访问量的比例。跳出率越高的网店，意味着流量的无效性也更高。

5．客户价值评价指标

（1）客户的含金量。在互联网零售领域，消费人群的含金量则是按照普通网民、注册用户、实名注册用户、经过身份认证的实名注册用户、具有信用体系的认证实名用户这5个层级组成的金字塔结构依次上升的。多数互联网零售企业的顾客位于实名注册用户及以上的层级，抓住这些位于金字塔上部的人群，可以令企业集中精力去维护含金量最高的那部分客户，做到有的放矢。

（2）每笔订单平均浏览时间。当网络联盟、门户广告、社区等途径为零售网店引来人群时，用户在网店上的浏览时间与网店交易量的比率显得尤为重要，这个指标即每笔订单平均浏览时间，这是尼尔森公司推荐的一个衡量互联网零售企业发展潜力的评估指标。

（3）客单价，即每个客户平均消费金额。客单价是互联网零售企业对客户价值的另一个考核指标。对于零售网店来说，客单价自然是越高越好。因为每笔订单都会耗费管理成本，如果是销售实物，每笔订单还将耗费物流成本——如果客单价太低，企业将投入更多精力提升订单量，同时也意味着利润空间的降低。客单价与企业销售的商品相关，比如销售衬衫的企业和销售义乌小商品的企业的客单价显然不一样，因此企业在开始选择商品时，就得考虑客单价的问题。

（4）回头客的比例，即重复购买率。这也是一个从客户创造价值的角度来考核互联网零售经营状况的重要指标。

（5）新客户开发成本。通常的计算公式是每个新客户成本＝（广告费＋推广费）/新增的顾客数。

4.2 微店平台运营

本章以"口袋"微店——"小虫的店"为例来介绍微店平台运营；此店是以新鲜果蔬、干货食品为主的线上线下店，访问网址为http://weidian.com/s/956152565。

1．微店运营实施步骤

本章案例根据此店的建设、运营和推广为主，主要任务有以下几方面。

1）下载并建设微店

（1）到"口袋"微店官方网站（http://www.weidian.com/）下载并安装微店，支持PC版和手机版，主要以手机版为主。安装好的微店页面如图4-11所示。

图4-11 微店页面

（2）用手机号注册，申请一个账号，微店注册页面如图4-12所示。

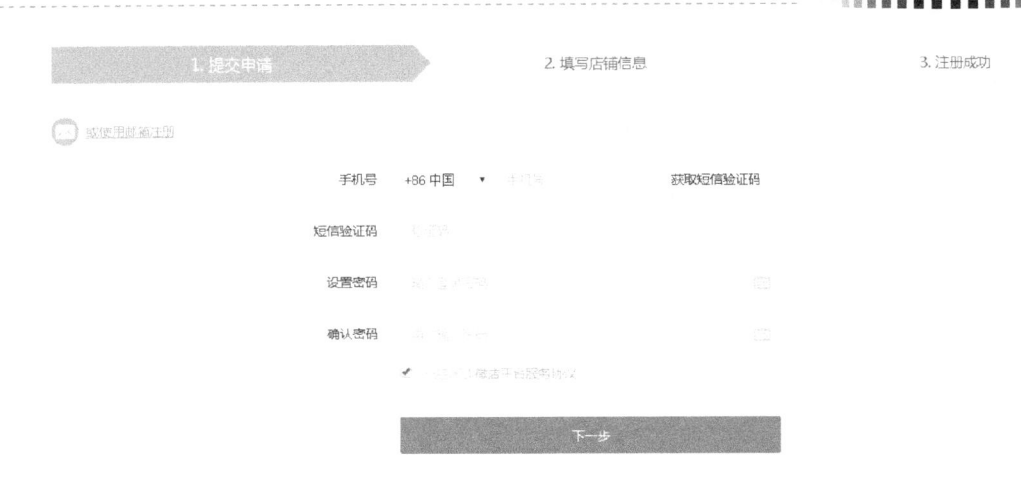

图 4-12 微店注册页面

（3）注册成功后，首先选择一个网店模板进行店铺设置和装修，然后分类产品，最后将事先准备好的商品上传并设置，如图 4-13～图 4-15 所示。

图 4-13 店铺设置

图 4-14 店铺装修

图 4-15　商品分类管理

2）微店产品运营

产品的运营，主要包括商品的添加、商品的上下架管理、商品库存量及商品销量等；随时关注商品的销售情况，保证运营商品和实际商品相符、客户订购有货等。商品管理的首页如图 4-16 所示。

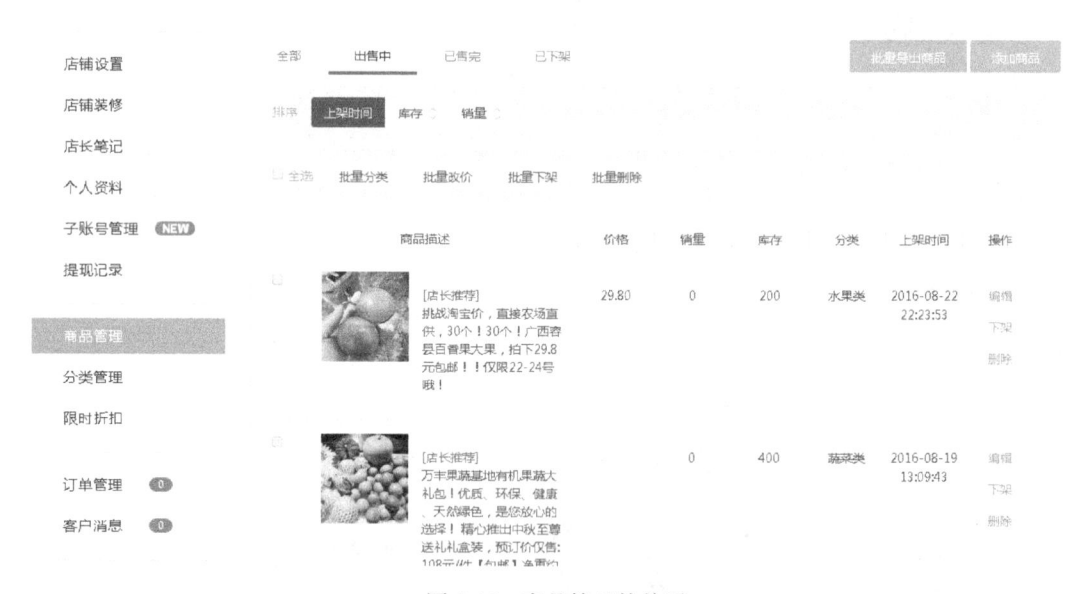

图 4-16　商品管理的首页

（1）商品上传。商品上传即单击如图 4-16 中右上角的"添加商品"按钮，打开商品上传页面，添加设置商品的图片、描述、库存量、价格和分类等选项，如图 4-17 所示。

（2）商品的上下架管理。主要是根据商品库存量的有无进行上下架管理，有批量和单个商品上下架管理两种方式，如图 4-18 所示。

（3）其他功能项。当商品过多时，为了方便操作，还提供了批量分类、批量改价和批量删除等选项，可以根据实际情况具体操作练习。

图 4-17　商品上传

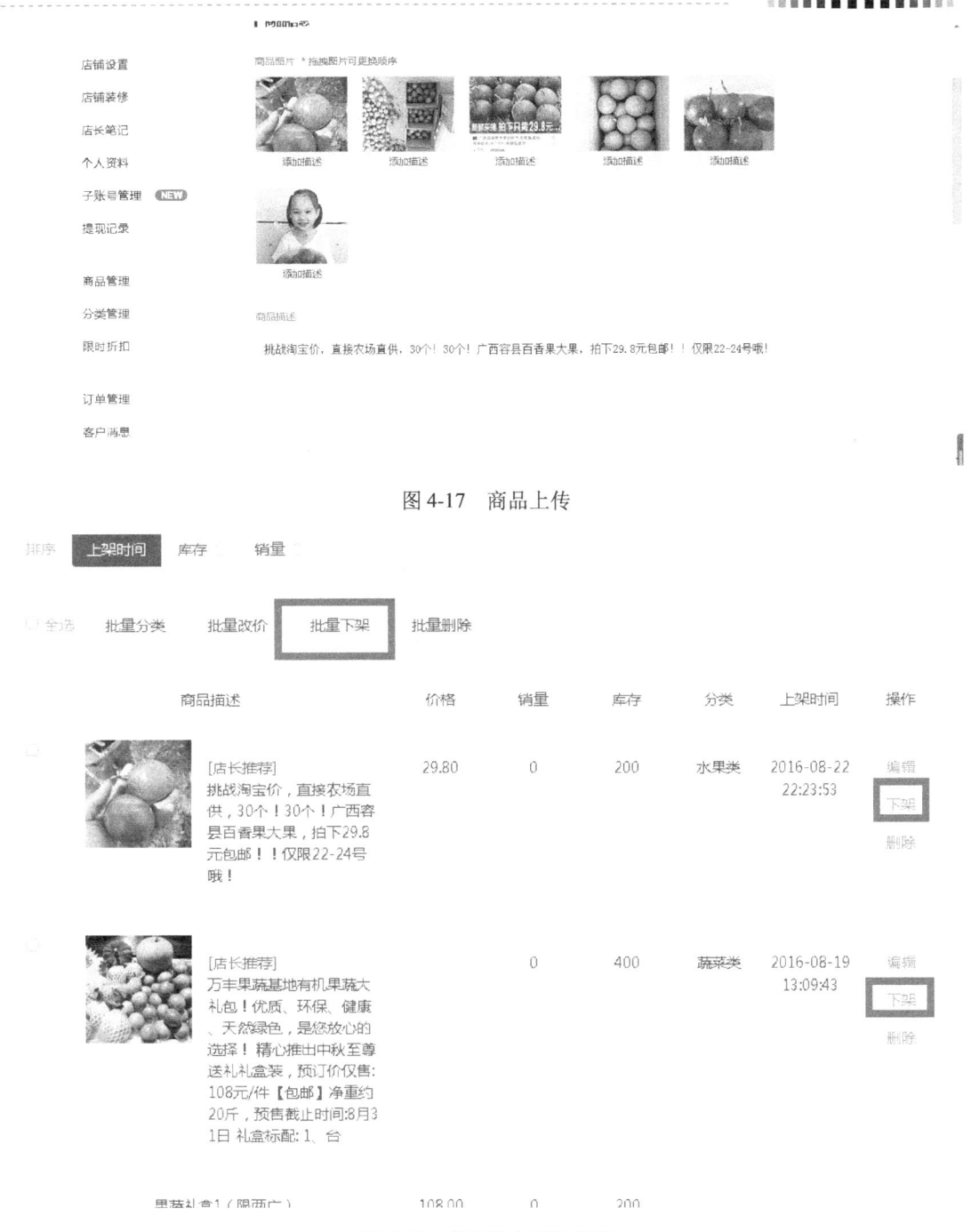

图 4-18　商品的上下架管理

3）微店订单运营

当客户到店里下单时，后台和手机都会收到相应的提示信息，图 4-19 所示为订单界面图，可看到订单信息，并进行订单处理。

从图 4-17 中可以看到整个订单追踪的过程，从待发货→已发货→已完成等各种订单状态；当确认付款后，运营开始发货处理，单击订单的"发货"按钮，进行发货设置，如图 4-20 所示。

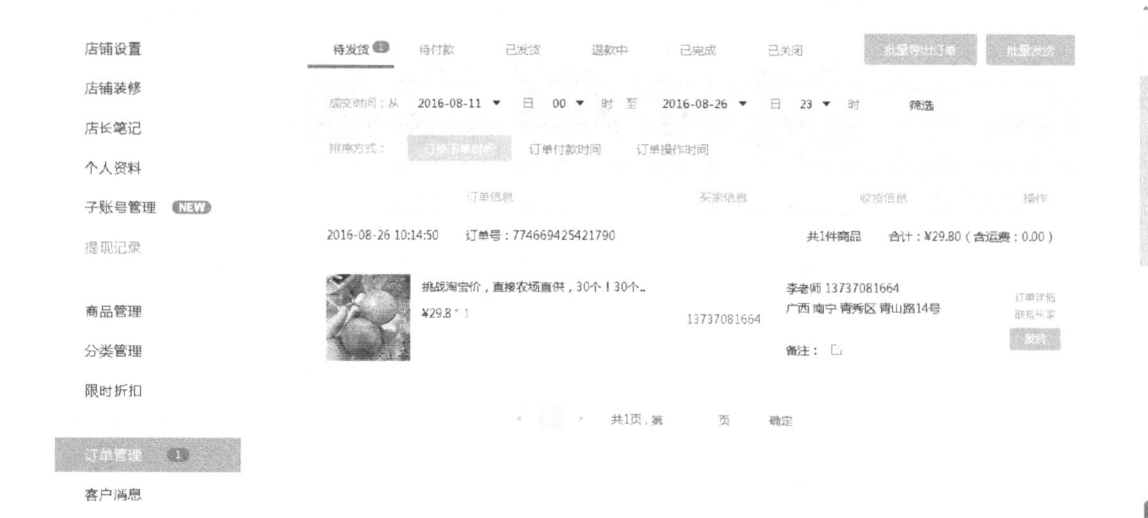

图 4-19 订单界面图

图 4-20 发货设置

发货操作完成后，就可以在"已完成"状态下看到已发货信息，如图 4-21 所示。

图 4-21 发货完成订单状态

同时，客户会收到相应的微信提示，如图4-22所示。

图 4-22　客户收到的微信提示

如遇到未付款发货的，退款售后处理的，也可在相应状态下看到并处理。

4）微店活动运营

微店活动运营主要介绍微店最常用的两个活动形式：限时折扣和拼团。

（1）限时折扣。限时折扣在微店后台即可设置，如图4-23所示。

图 4-23　限时折扣设置界面

设置完成后，首页就会显示相应的活动信息，也可以生成二维码的形式发送出去推广。

（2）拼团。利用手机登录微店系统，单击"推广"按钮，在进入的推广界面中，选择"微团购"选项，进入"拼团"设置界面，单击底部的"添加微团购"按钮，进入商品选择设置界面，进行各项设置，操作流程如图4-24~图4-27所示。

5）微店客户管理

客户是重中之重，我们所做的都是为客户服务。在微店中，有专门的客户管理操作界面，如图4-28和图4-29所示。

6）微店的数据统计分析

与所有网店一样，微店也提供了其特有的数据统计，来帮助分析和查看微店的各类情况，

97

如图 4-30 和图 4-31 所示。

图 4-24　登录微店系统

图 4-25　推广界面

图 4-26　"拼团"设置界面

图 4-27　商品选择设置界面

图 4-28　客户管理操作界面（一）

图 4-29　客户管理操作界面（二）

图 4-30　微店统计界面

图 4-31　微店订单界面

从微店提供的统计项可以了解到每日的微店浏览量、客户的来源、客户的评价及收藏情况，以及订单和金额的统计分析及来源，还有销量排行等各类统计分析，从统计分析上，可以清楚地了解微店的情况，从而对产品、客户等做出正确的分析和决策。

2．微店运营拓展知识

1）微店的认证和审核

微店作为基于朋友圈的网店工具应用十分简单方便，是我们作为有限营销投入情况下相当理想的电商网店工具。但微店也可以建立其独特的实体认证和销售保障，微信提供了以下认证和审核来保障消费者的权益，也是对微店主的监督和督促，大家可以根据自己的商品和微店的实际情况选择各项认证或审核。

（1）实体店认证：如果你有实体店，可以申请开通实体店认证。让周边的消费者通过手机定位更容易发现你的微店。同时还能提高店铺信誉，让消费者购物更放心。

（2）食品经营认证：为配合2015年10月1日生效的新《中华人民共和国食品安全法》中相关规定，需要广大微店食品卖家上传相关资质文件，有农产品认证和"预包装食品及散装食品"认证两项。

（3）出版物经营认证：根据《出版物市场管理规定》，需要微店图书类卖家提交《出版物经营许可证》等证件。

（4）品牌资质认证：根据《微店店铺名称命名规范》，含官方店、专卖店、专营店等关键词的店铺需要进行相应资质的认证。

2）交易担保类

（1）担保交易：微店担保交易是指微店替买卖双方暂时保管货款，直至买家确认收货的安全交易服务。担保交易有助于吸引陌生买家下单，提高销售额。

（2）7天退货：承诺在买家签收后7天内，可以在符合7天退货的条件下退款。如果没有明确签收时间的，以买家确认收货时间为准。

（3）保证金保障：缴纳保证金，有助于提高微店自身竞争力，让客户更加放心关注和采购你的商品。

（4）处罚申诉：客户可以到微店平台客服对交易进行不满意申诉。

3）公众号的申请和与微店绑定

微信公众号与私人微信号存在以下区别。

（1）公众号的图文信息如果内容给力，传播广泛，可带来很多对品牌感兴趣的新用户。私人微信号只能分享内容在朋友圈，传播圈子有限。

（2）公众号的粉丝目前没有上限数量，同时可以给粉丝分组，进行针对性的营销和推广。私人微信号粉丝上限5000，无法针对性的推送内容。

（3）有了公众号，即使你在忙别的事情，粉丝也能通过自动信息回复、菜单栏内容了解商品情况，进入店铺。

（4）最关键的一点，微店会根据广大卖家的使用习惯，对公众号的众多功能进行二次开发，保证让大家能轻松地把微店开在公众号上。

所以，去申请微信公众号，并通过微店后台绑定操作，能更好地推动微店营销。

4.3 淘宝店铺运营

淘宝平台是由阿里巴巴集团打造的综合类 C2C 网络购物平台，随着淘宝网规模的扩大和用户数量的增加，淘宝也从单一的 C2C 网络集市变成了包括 C2C、团购、分销、拍卖等多种电子商务模式在内的综合性零售商圈。目前已经成为世界范围的电子商务交易平台之一。

大家都知道，商业的本质是交易，商业的三要素分别是产品、商家与客户，而淘宝在商业系统中所起到的作用就是将商家与客户连接起来。正因为这样的商业本质，使得商家必须将以下几方面的事情做好。

（1）生产优质产品。
（2）找准目标客户群体。
（3）在淘宝或其他渠道上吸引自己的目标客户群体。
（4）将吸引到的目标客户转化为自己的合作客户。
（5）将与合作客户的关系维护好，从而促使这种合作关系能够长期维持。

总结起来，商家在进行淘宝店铺的运营时应该从产品、流量、转化、复购这 4 个方面去重点把握。在淘宝店铺的运营过程中，运营者应该时刻考虑的是，如何让客户喜欢的产品尽快地出现在他们面前来供其选择。

在明确了这个目标核心后，究竟如何判断哪些产品是客户喜欢的呢？可以通过点击率、转化率、转化增长率、销量、销量增长率、售后指标、好评 DSR、收藏及分享等数据指标进行参考。

结合数据来进行运营分析是非常有效果的，因此在平时的运营工作中，运营者需要充分把握相关数据指标，分析做出判断后不断调整运营方式或策略，是一个动态的过程，而并非照本宣科。淘宝的本质是一个贩卖购物流量的平台，它为了自身流量的稳定则必须保证客户的购物体验，提供客户喜欢的产品供客户挑选。所以对于新手淘宝卖家来说，确定自身的目标客户后，在保证提供优质产品的同时，还需要保证店铺产品的点击率，同时也需要培养一定的销量基础。

4.3.1 淘宝店铺运营六大方向

许多新手卖家在开设和运营自己的淘宝店铺时往往只注重结果而忽视了过程中的细节及相关步骤，因此在后续的运营过程中出现了诸多问题，甚至出现了比较令人失望的结果等。而作为一名新手掌柜，在运营店铺时应该从以下六点思路去经营。

（1）做好市场定位。在店铺的运营中，市场定位应放在前期的筹备阶段来考虑，如果市场定位做得模糊，或者干脆不做，即无法形成一个比较明确的商业方向，这会使日后店铺运营非常曲折，因此要做好淘宝店铺运营的第一步，即是做好自己店铺的市场定位。

（2）寻找好的货源供应商。质量靠谱和稳定的货源是店铺运营的基础，因此寻找质优的货源提供商是店铺是否能够稳定经营和发展的重要因素。

（3）供应商商品综合分析优化。供应商提供的产品有很多，而绝大多数的供应商在提供产品时并没有针对产品做细分，因此哪些产品才是真正适合并符合自己的市场定位的，这就需要店铺掌柜们去好好分析和把握。

（4）详情页购物流程优化提升购物体验。转化率与详情页及相关购物流程紧密相关，在淘宝运营的过程中，宝贝点击率的直接载体就是产品的详情页，而有了点击率为基础才会引申出进一步的转化。

（5）标题关键词优化引爆自然搜索。淘宝产品的关键词搜索与最后的产品展示结果息息相关，相关宝贝的标题优化与关键词优化等内容，应由店铺掌柜去好好规划，使得关键词更加符合客户的搜索习惯。

（6）分销运营上下架时间优化。当转化率、关键词策略、访客等方面都有了一定的积累之后，必要的活动、广告等引流方式则会上线，而产品上下架的时机选择则可以很好地支持活动效果。如何利用产品上下架时间与规则去影响宝贝的展示排名是非常有效果的，但却常常被许多店铺掌柜们忽略。

4.3.2 淘宝店铺运营前期筹划

1. 市场定位

根据直销大师艾德·梅尔给出的概念公式来看：

成功=40%取决于定位（人群）+40%取决于产品和定价+20%取决于营销

但现在的绝大多数掌柜都忽略了市场定位的重要性，更多的掌柜都把更多的注意力放在最后的营销环节。因此，为了店铺的长远发展首先应将市场定位做好，在做市场定位时需要考虑以下问题。

1）寻找目标群体

寻找你的目标群体，如店铺的主要消费群体是哪些人？男性还是女性？年龄区间和消费能力如何？购买偏好和行为有何特点……这些问题都需要掌柜在店铺筹划之初进行充分考虑，形成一个比较具体的目标群体，归纳出相关的特征，这里面可以借助网络调研或某些数据来做分析。需要结合运营者自身的眼光、自身的实际环境来综合分析，并且需要对市场进行充分的把握。可以通过网络报告、百度指数、阿里指数等工具来进行了解。

2）确定具体产品

确定具体产品，也是人们俗称的订货。哪种产品才是掌柜需要的产品，在选择产品时一般需要考虑以下因素。

（1）进货渠道优势。货源的质量和供应货物的稳定性需要重点去考量，在选择货源时还需要结合自身的店铺定位进行品牌及产品特点的归纳，货源的质量与数量，另外包括售后及相应的发货与物流机制，这些都是一个优质的进货渠道所应该包含的因素。

（2）兴趣爱好特点。结合店铺的主目标人群的品牌及产品偏好等因素，另外再综合考虑市场环境因素，挑选销路较广、比较有前景的产品来作为店铺的基础产品。图 4-32 所示为网络购物用户购买商品品类分布图。

（3）地域特点。不同地方的市场受本地化、风俗等影响极为不同，因此在进行产品定位时需要进行充分考虑。例如，回族人民不吃猪肉，若是针对当地进行猪肉脯零食的售卖是否合适，这些都是需要在店铺正式运营之初就考虑清楚的。

（4）预期成本及利润。产品的利润空间与产品的价格定位紧密相关，因此在选择产品时，需要进行相应的成本预算及利润计算，以便于挑选出合适的产品。

（5）自身特点。需要考虑到市场需求的影响，比如，是否是应季产品、反季产品或无季节差异产品常年进行供货呢？同时还需要考虑到自身的运营能力，整个店铺的投入与产出及抗风险的能力等，即结合自身特点与实际情况进行分析选择。

2014年网络购物用户购买商品品类分布

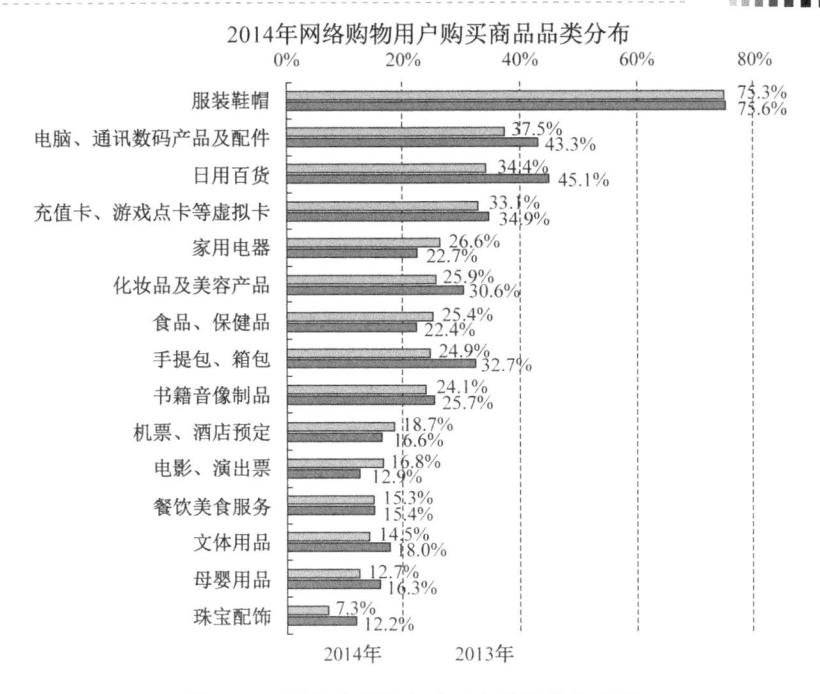

品类	2014年	2013年
服装鞋帽	75.3%	73.6%
电脑、通讯数码产品及配件	37.5%	43.3%
日用百货	34.4%	45.1%
充值卡、游戏点卡等虚拟卡	33.1%	34.9%
家用电器	26.6%	22.7%
化妆品及美容产品	25.9%	30.6%
食品、保健品	25.4%	22.4%
手提包、箱包	24.9%	32.7%
书籍音像制品	24.1%	25.7%
机票、酒店预定	18.7%	16.6%
电影、演出票	16.8%	12.9%
餐饮美食服务	15.3%	15.4%
文体用品	14.5%	18.0%
母婴用品	12.7%	16.3%
珠宝配饰	7.3%	12.2%

图 4-32　网络购物用户购买商品品类分布图

3）产品的定价

产品的定价问题，结合产品利润空间与成本差异来设定，同时需要综合考虑店铺的市场定位来制定一个相对合理的价格区间。

2．选择合格的供货商

如果选择的供应商不靠谱，那么会对淘宝店铺有什么样的影响呢？以下的情况是经常会遇到的情况。

（1）断色、断码、断货、商品突然下架。

（2）尺码不符、描述不符、面料不符、色差严重、售后不行。

（3）发货速度慢。

（4）查单效率低、分销主管牛气冲天、商品无质检。

（5）退货退款周期长、换货慢、产品包装不佳。

（6）发错货、以次充好、吊牌和水洗标不符。

（7）无利润空间、旗舰店比分销价格更低。

拥有以上这些情况的供应商都存在一定的问题，因此掌柜在选择供应商的时候需要谨慎小心。试想店铺好不容易将产品卖出，却在源头的供应环节出现问题，消费者的不满更多的是直接指向店铺，最直观的就是中差评的出现，而对供应商的影响却是极小的。这样店铺就需要对供应商的不靠谱来买单，自然而然也就影响到了店铺的形象和效益。这些情况在实际运营的过程中可谓屡见不鲜，也正因这样才要求掌柜们在挑选供应商的时候需要进行相关的把控。那么如何进行把控呢？可以从以下几方面进行考虑。

（1）选择传统品牌还是淘品牌。如果选择传统品牌，就会有一定的先天优势，如图 4-33 所示。传统品牌在线下经营时已经积累了自己的用户群体和品牌认知度，而针对这类品牌忠诚度较高的人群在网购的过程中更多地是直接搜索相关的品牌关键词来进行选品的，这就使得相应的推广力度可以适当降低，节省一定的成本。但同时也有弊端，就是大部分传统企业在做电商时，都会有供应链不太灵活的问题，所以说有利有弊，当然这个利弊需要掌柜自己去权衡。

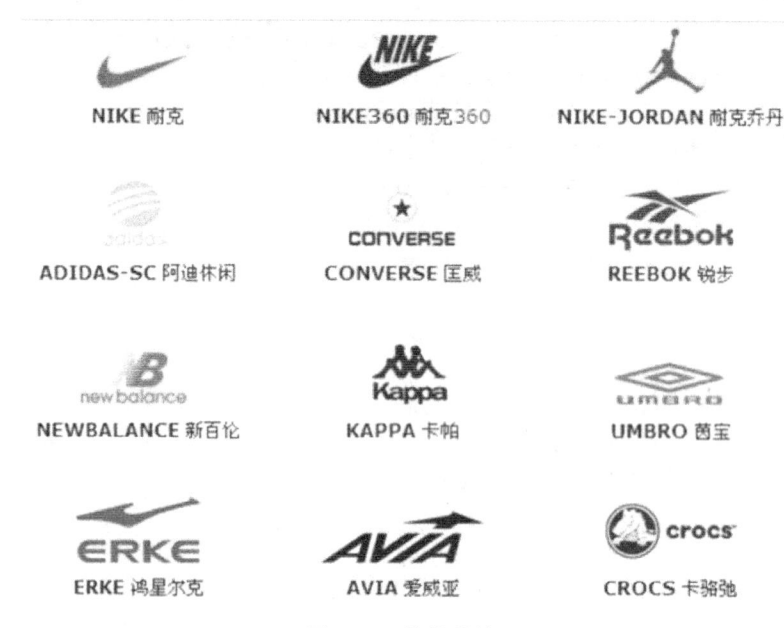

图 4-33　传统品牌

如果选择淘品牌，如图 4-34 所示，淘品牌本身就具有电子商务的相关基因，包括供应链、款式、速度等特质，都明显更符合电子商务的运营节奏。但其不足之处也正是淘品牌没有传统品牌所积累的受众和品牌知名度，这两者是无法两全的。

图 4-34　淘品牌

因此在碰到品牌选择的情况时，店家需要根据自身特点权衡利弊来进行选择，也不需要过于纠结。

（2）品牌的知名度。在这里提到品牌知名度，是因为品牌知名度可以大大加速你的成功与否。选一个有知名度的品牌能够快速地使你促成交易，因为品牌的价值和品牌的知名度摆在那里。例如，同样是手机，"苹果"与"波导"的品牌影响力是完全无法同日而语的，如图 4-35 所示。

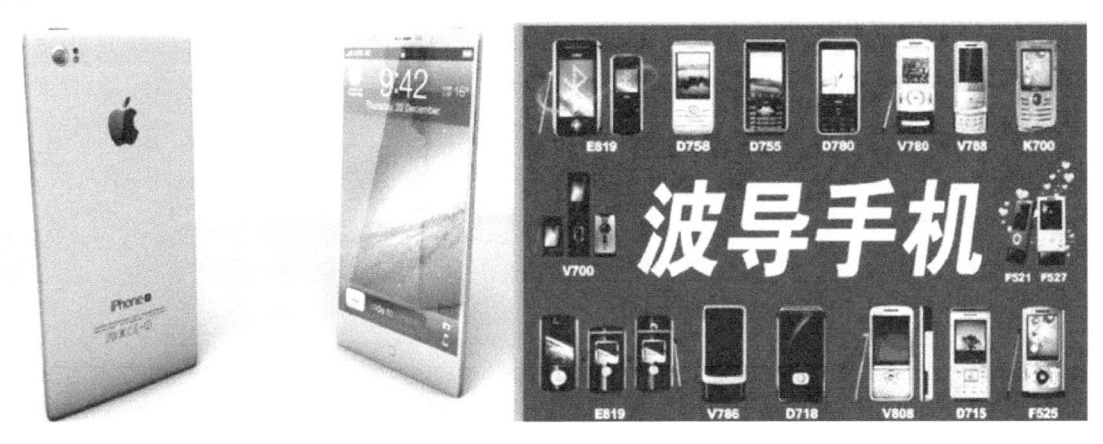

图 4-35　"苹果"手机与波导手机

（3）有无季节性。在选择产品时需要考虑到产品的季节性问题，比如说你选的产品是"粽子"还是"U 盘"，其供应和销售特点是完全不同的，如图 4-36 和图 4-37 所示。可以说一整年每天都可能选择吃粽子，而如果选择 U 盘，这就是具有比较稳定销量的产品。因此如果选择 U 盘，只要优化做得好、销售到位，那么可能这一整年都是订单。因此在选择商品时需要将季节性因素考虑进去。

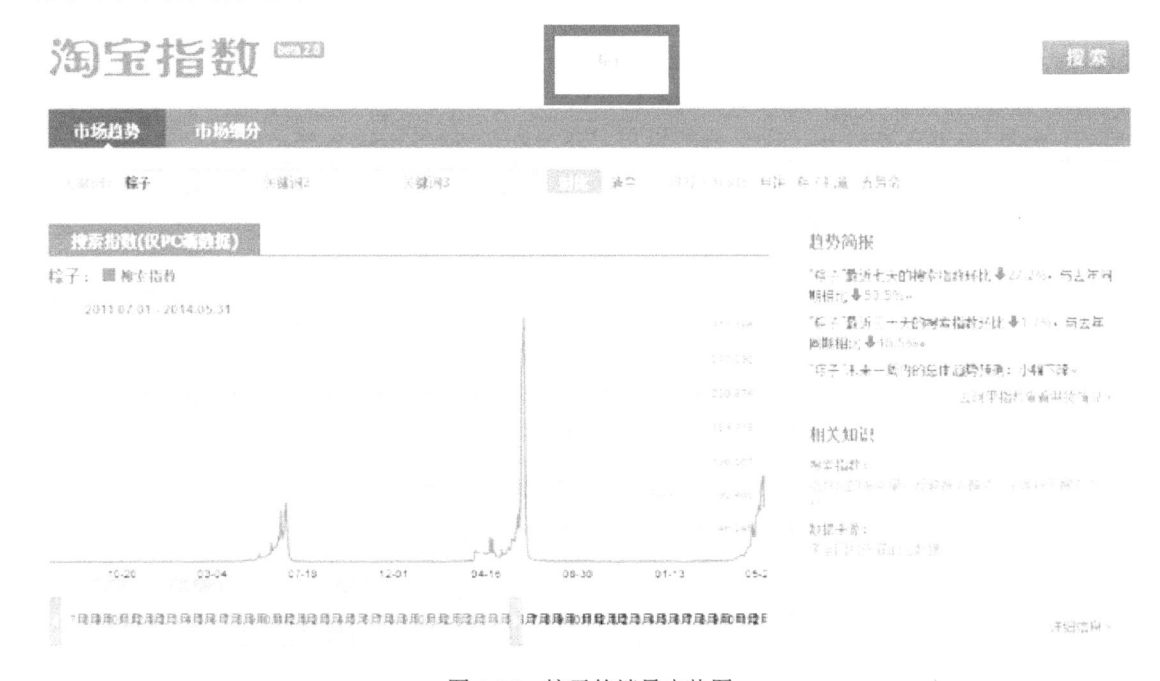

图 4-36　粽子的销量走势图

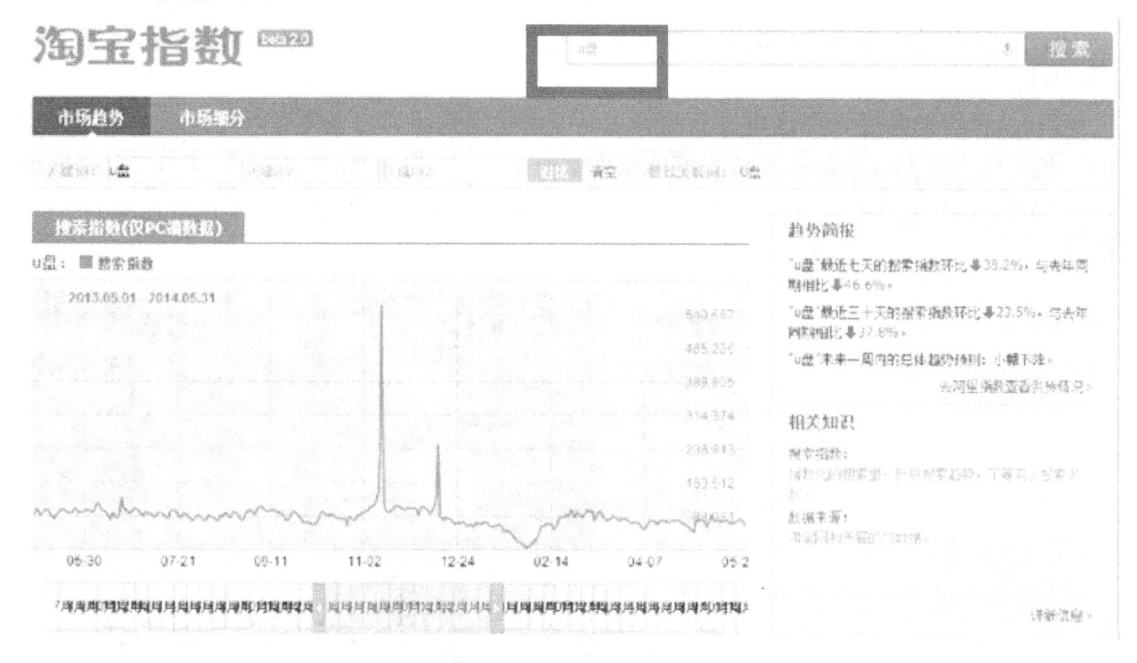

图 4-37　U 盘的销量走势

（4）分销与团队管理。在选择供应商时还要考察供应商的分销团队及管理，了解其供应商的分销团队是一个团队还是一个人。如果供应商的分销团队只有一个人或人数较少，而需要其对接的事情又非常多，那么必然会导致中间的对接出现问题。如果是团队协同作战，事情分配划分都比较合理，相应的管理力度和制度都覆盖得比较全面，这样的供应商才能提供比较好的对接服务，那么这样的供应商才算是质量较高的供应商。因此在考察供应商时应该看其分销团队能给你的店铺运营提供怎样的保障服务等。

（5）商品 SKU 数量。首先商品的 SKU 代表库存量单位，即库存进出计量的单位，可以是以件、盒、托盘等为单位。SKU 是对于大型连锁超市 DC（配送中心）物流管理的一个必要的方法。针对电商而言，SKU 有另外的注解。

① SKU 是指一款商品，每款都会出现一个 SKU，便于电商品牌识别商品，如图 4-38 所示。

② 一款商品多色，则会有多个 SKU，例如，一件衣服，有红色、白色、蓝色，则 SKU 编码也不相同，如果相同则会出现混淆，发错货。

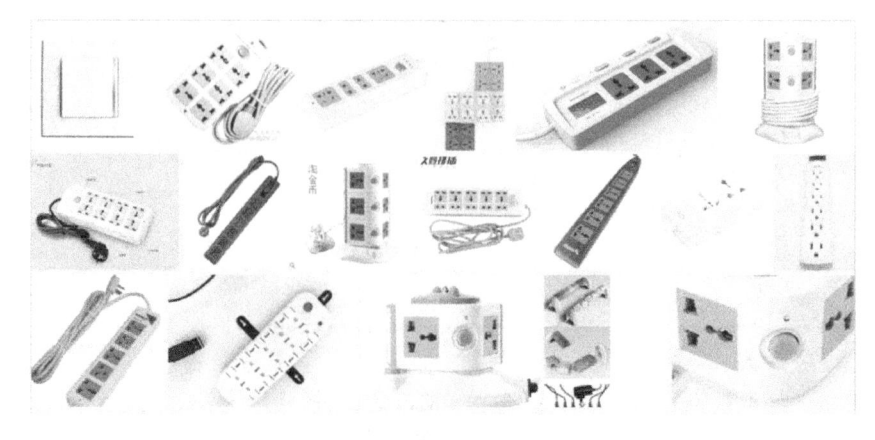

图 4-38　多款商品多个 SKU

商品在淘宝称 item，京东称 product，商品特指与商家有关的商品，每个商品都有一个商家编码，每个商品下面有多个颜色、款式，可以有多个 SKU。也就是说商品的 SKU 数量越多就说明产品数量、规格、款式、颜色等不同的产品越多，即这样的产品能够多元化，能够覆盖到初级、中级、高级、特色定制、DIY 等各种形式。那么我们的选择性越多，这样能够满足到的消费者需求就越多，就会进一步降低店铺的一个跳失率。因此在选择供应商时，供应商所能提供货品的多元化和多样性是需要我们进行考察的。

（6）库存深度。前面讲到断色、断码、断款的问题，其实反映出来的就是供应商库存深度不够的问题，如图 4-39 所示。供应商的库存深度对日后在店铺里的爆款的打造非常重要。假设某一天店铺打算参加聚划算打爆款，核算下来需要跟供应商报 3000 件的量，可这时如果供应商的库存仅能出 1500 件，那么核算下来其实这次活动店铺是亏本的，因此为了避免这样的情况出现，在选择供应商时，需要考察供应商的库存深度是不是符合店铺长远发展的要求。否则在出现问题后掌柜还需要去选其他的供应商来做补位，这就意味着又得重新规划一遍，这样的效率是很低的，同时环节越多也越容易出问题。

图 4-39　库存深度

（7）分销商培训体系。关于选择的供应商有无较为成熟和专业的分销商培训体系，如图 4-40 所示，是可以仅作为参考来使用。因为在现实情况中，能够有实力提供较为专业的分销商培训的供应商企业还是比较少的，应该仅有 20%左右的供应商可以做到。但是如果你选择的供应商能够为你提供相应的分销培训，如商品类目数据、现在的关键词哪些比较好、怎么参与相应的活动等，这些辅助和支持都能够促使店铺的发展更加稳健和快捷。因此如果找一个带有培训体系的供应商，能够对你的分销店铺做相应的数据及市场方面的指导，那么无疑是非常好的。

（8）分销商价格管控。分销商价格管控也就是供应商应该有能力做控价。如果一个供应商没有控价能力，势必会导致其分销渠道的价格变得极其混乱，使同样的产品出现不一样的价格，这样就有"价格战"的现象产生，如图 4-41 所示。有些供应商在面对分销商擅自降价的情况时，供应商团队中的分销商经理会直接将相关产品下架，这样就很大程度地保证了其他分销商的利益，避免价格战的产生。那么如何考察供应商的控价能力呢？最简单的方法就是找相应的货品，使用货号去搜索，然后做货品的价格排序，如果同一件产品的价格基本上一致，那么说明该供应商的控价能力较好,这样的供应商是值得追随的。由于供应商的控价能力直接影响分销商的利益点,因此这点需要运营者们重点考察。

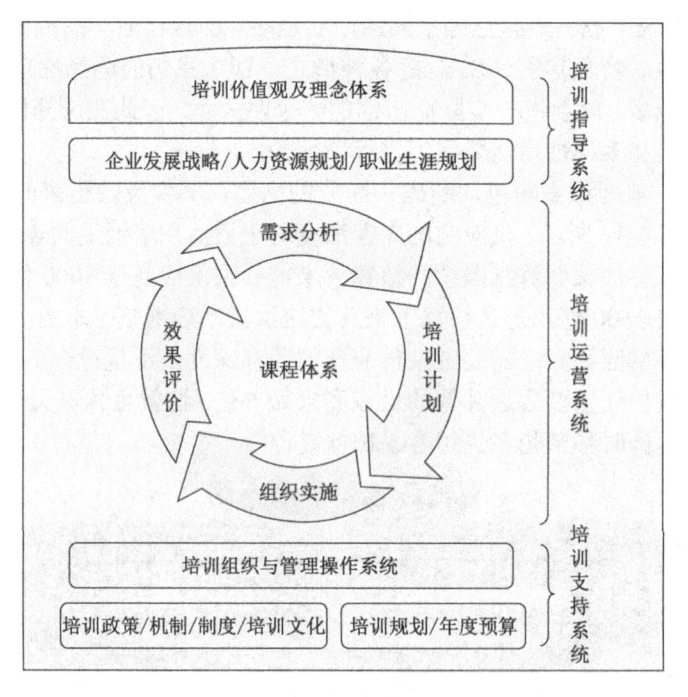

图 4-40　分销商培训体系

图 4-41　价格战

(9) 分销商的活动扶持力度。如果分销商在做活动时,供应商予以相应的活动扶持,如货品支持、采购价支持、赠品支持、活动力度支持等。那么这样的活动倾斜力度是对于分销商非常好的支持。

(10) 分销商机制。分销商机制是指分销商的返点、采购折扣、激励等机制,供应商应该都需要做一个明确的指标划分,如图 4-42 所示。

图 4-42　分销商机制

总之，在选择供应商时，应注意考察以上内容；在选择好货源时，开店前期需要筹划的重点部分必须已经敲定。

4.3.3　淘宝店铺运营实施步骤

1. 如何开设淘宝 C 店

第一步：注册淘宝账号（提示：淘宝企业店使用邮箱注册，本节以个人店铺注册为例），如图 4-43～图 4-45 所示。

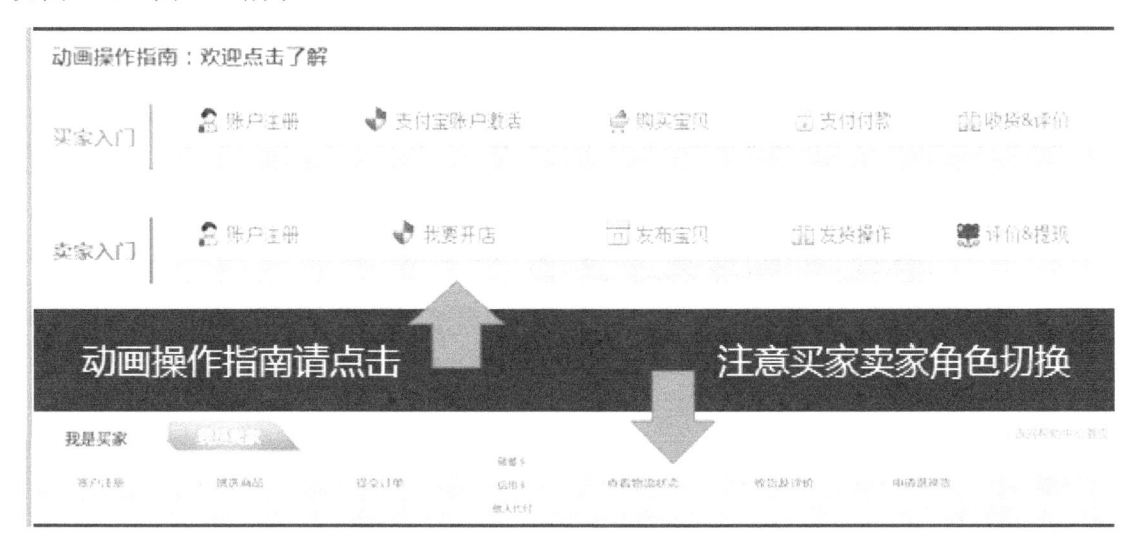

图 4-43　个人店铺注册界面

第二步：开通卖家服务。打开淘宝上方的卖家中心，选择"免费开店"选项，如图 4-46 所示。

图 4-44 手机注册淘宝账号

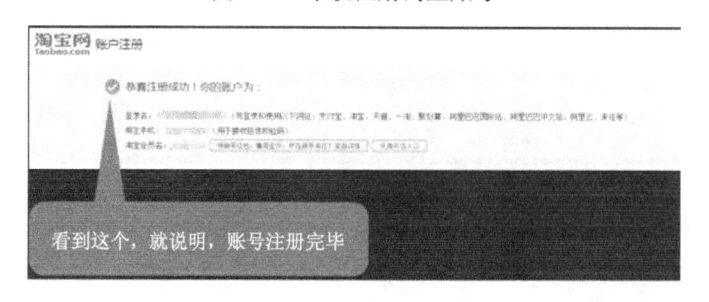

图 4-45 账号注册完毕

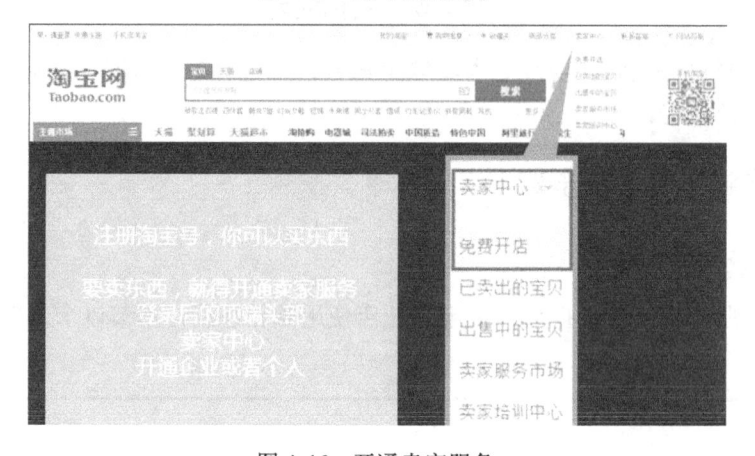

图 4-46 开通卖家服务

（1）如果是开通个人店铺则单击"个人开店"按钮，开通企业店铺则单击"企业开店"按钮，如图 4-47 所示。

图 4-47 选择开通相应的店铺

（2）如果开通的是企业店铺，则需要提供相应的资质材料，如图 4-48 所示。

图 4-48　企业店铺所需资质

第三步：通过支付宝实名验证和淘宝身份资料认证，如图 4-49 和图 4-50 所示。

图 4-49　支付宝实名认证

淘宝身份认证资料（中国大陆地区）

请通过以下方式提交认证：
开店认证支持使用电脑、手机淘宝客户端和阿里钱盾客户端提交认证资料，系统会根据您的网络安全环境做出推荐。

图 4-50　淘宝身份资料认证

（1）淘宝身份认证流程，如图 4-51 所示。

图 4-51　淘宝身份认证流程

当上传照片后，就可以看到正在认证审核的界面，如图 4-52 所示。虽说是 48 小时的认证，但不到 1 个小时就可以认证通过。

图 4-52　认证审核界面

（2）返回卖家中心，选择"免费开店"选项，进入免费开店界面，如图 4-53 所示，可以看到创建店铺的按钮是蓝色的，单击此按钮即可。

图 4-53　免费开店界面

在弹出相关服务协议与条款对话框后，单击"同意"按钮，进行下一步操作，如图 4-54 所示。

（3）店铺完成创建，会有相关提示，如图 4-55 所示。

第四步：保证金的缴纳。

保证金缴纳界面如图 4-56 所示。

2．店铺信息设置

在店铺成功开设之后，需要对店铺进一步设置，如店铺名称、店标设计、店铺简介等，如图 4-57 所示。

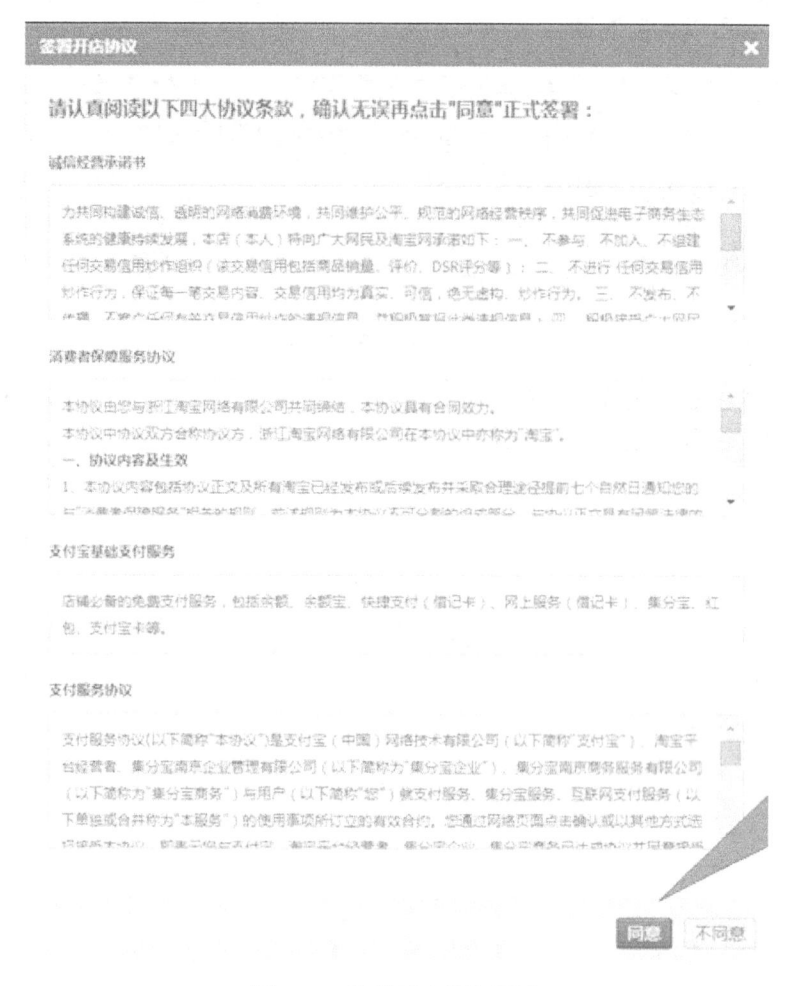

图 4-54　签署开店协议界面

图 4-55　店铺创建完成

必须缴纳消保保证金的商品类目有哪些？

为了更好的保障消费者，提升经营以下类目商品卖家的服务水平和商品质量，淘宝依照《消费者保障服务协议》，规定下述类目必须缴纳消保保证金。

说明：发布以下类目宝贝时，如果没有提交消保保证金只能发布"二手"或"闲置"商品，必须提交消保保证金才可以发布全新商品。（如您已经缴纳完成保证金，可点此发布商品）

提交保证金具体方法：您可以通过"卖家中心"－"客户服务"—"消费者保障服务"申请提交保证金，具体步骤点此查看。

任何保证金问题，点此查看自助服务工具。

类目	保证金金额
度假线路/签证送关/旅游服务	1000
景点门票/实景演出/主题乐园	1000
特价酒店/特色客栈/公寓旅馆	1000
手机号码/套餐/增值业务	1000
网店/网络服务/软件	1000
网游装备/游戏币/帐号/代练	1000
手机	10000
台式机/一体机/服务器	1000
电脑硬件/显示器/电脑周边	1000
MP3/MP4/iPod/录音笔	1000
个人护理/保健/按摩器材	1000
办公设备/耗材/相关服务	1000
厨房电器	1000

图 4-56 保证金缴纳界面

图 4-57 店铺信息设置界面

设置移动端参数,如图4-58所示。

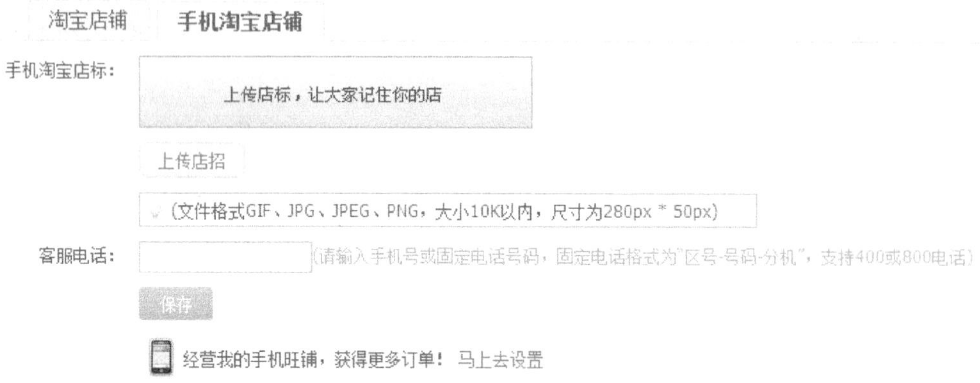

淘宝店铺　　**手机淘宝店铺**

手机淘宝店标：　上传店标,让大家记住你的店

上传店招

（文件格式GIF、JPG、JPEG、PNG,大小10K以内,尺寸为280px * 50px）

客服电话：（请输入手机号或固定电话号码,固定电话格式为"区号-号码-分机",支持400或800电话）

保存

经营我的手机旺铺,获得更多订单！马上去设置

图4-58　设置移动端参数

3. 店铺信息设置的注意事项

（1）店铺名称。店铺名称不仅仅是一家店的代号,更是外观形象的重要组成部分。从一定程度上讲,好的店铺名称能迅速地把店铺的经营理念传递给消费者,增强感染力,从而带来更多的资源。

（2）店铺名称的设计。美术字和书写字要注意大众化,中文和外文美术字的变形不要太花太乱太做作,书写字不要太潦草,否则会不易辨认。同时文字内容必须要与本店所销售的商品相吻合,文字尽可能精简,内容立意既要深,又要顺口,易记易认,使消费者一目了然。店名的字形、大小、色彩和位置上的设置应有助于店招的正常使用。

（3）店标。店标代表着店铺的形象,因此在店铺标志设计的过程中,不仅要在图片中凸显出企业的经营产品,而且要彰显企业的独特性。在上传图标时应注意,文件格式为GIF、JPG、JPEG、PNG,文件大小在80KB以内,建议尺寸为80×80像素。

（4）店铺简介。可以详细地说明店铺的起源、发展、定位等,使大家更好地了解店铺及企业。

由于这里的内容直接影响着店铺的搜索引擎搜索,因此淘宝店主在填写简介的时候一定要内容高度精密,彰显重点。

（5）联系地址。不需要做什么特殊处理,保持真我风采。

（6）主要货源。不需要做什么特殊处理,保持真我风采,选择准确的货源方式。如果还不确定,可以选择"还不确定"选项。

（7）店铺介绍。店铺介绍起到传播和宣传店铺的意义,因此在店铺介绍上企业会利用图片加文字的形式,这样既可以增加阅读传播性,又能够片面地增加店铺的信任度。

4. 淘宝店铺的基本装修

漂亮美观的网店,总是让人愉悦的,愉悦的人总是容易下单。用这一句话来说明做装修的目的足矣,另外这在学术上称为视觉营销,在这里仅仅简要介绍淘宝店铺的装修基础操作。

作为淘宝本身,也在积极为卖家提供更好的装修服务。想要做好,非常复杂。因此通常可以借助PC端模板、无线端模板来做雏形,之后进行优化调整。

（1）店铺框架。首先了解装修店铺的3个模块区域,如图4-59所示。

图 4-59　店铺装修的 3 个模块区域

可以在可用的模板中选择系统提供的模板来设计，如果需要使用其他效果需要到装修市场中寻找，如图 4-60 所示。

图 4-60　可用的模块界面

（2）店招设计。高手可以使用 PS、Fireworks、美图秀秀等工具来完成漂亮、美观的店招制作，更能够应用 html 代码。但无论是高手还是小白，都必须遵循以下原则。

① 页头高度为 150px（已包含导航），建议招牌尺寸为 950×120 px（即加上导航高度，刚好是 150px，可避免发布后导航被挤掉不显示的问题），如图 4-61 所示。

② 注意和页头设计结合使用。

③ 与整个店铺的风格协调，与主营商品的类型契合。

图 4-61　店招设计尺寸

在美图秀秀或 PS 上根据淘宝店铺的店招大小要求新建文件，如图 4-62 所示。

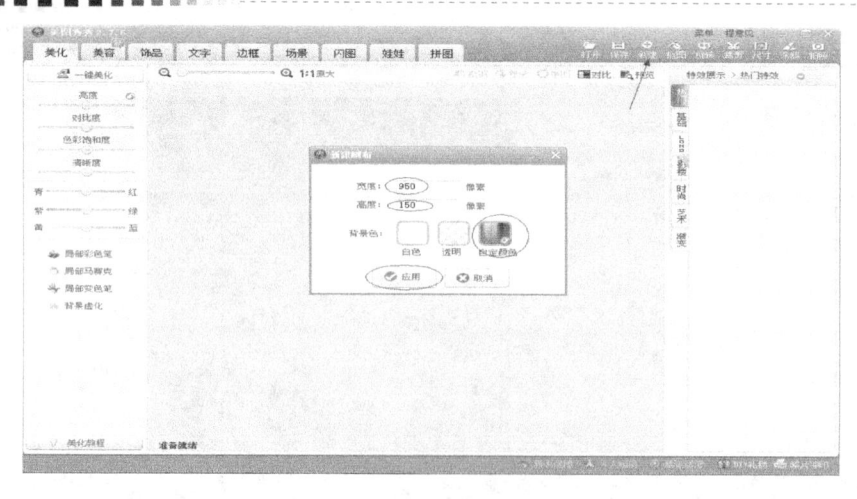

图 4-62 新建文件

店招的初始背景设计，在右侧有一些特效调整，可以选择自己喜欢的特效，如图 4-63 所示。

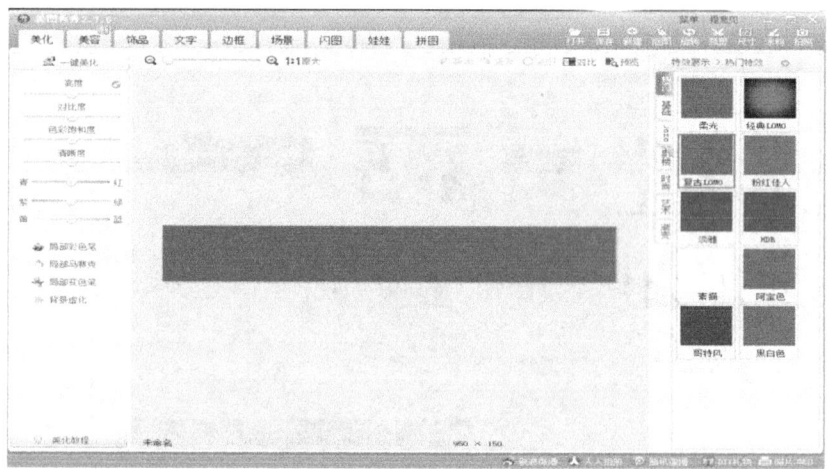

图 4-63 店招初始背景设计

在店招上侧可以添加文字、小饰品等，也可以自己 DIY，如图 4-64 所示。

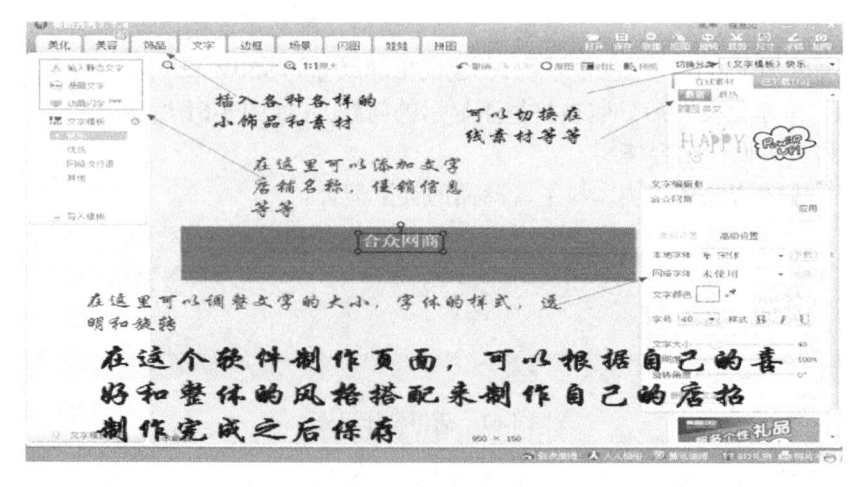

图 4-64 店招上侧加装饰

店招制作完成之后，从店铺后台打开店铺装修，先单击店招上面的"编辑"按钮，然后单击"浏览"按钮，在计算机上找到自己制作的店招，单击"保存"按钮上传就可以了，如图 4-65 所示。

图 4-65　店招制作完成后上传

5. 淘宝店铺淘宝分类设置

在店铺添加宝贝分类模块后，对模块进行编辑。进入分类编辑模块，分类管理。之后，对宝贝进行分类管理，如图 4-66～图 4-68 所示。

图 4-66　宝贝分类模块　　　　　　　　　图 4-67　编辑模块

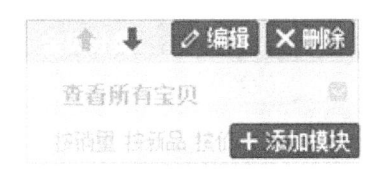

图 4-68　对宝贝进行分类管理

在分类管理中进行设置，添加宝贝分类，如图4-69和图4-70所示。

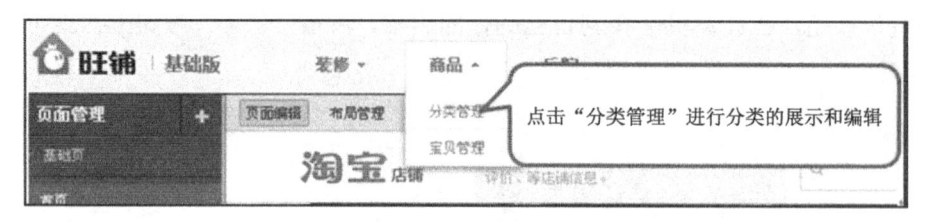

图4-69　添加宝贝分类

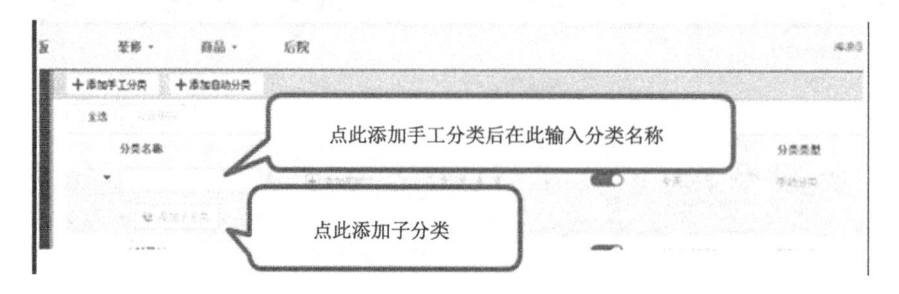

图4-70　添加宝贝子分类

添加宝贝图片设置，增加或删除相关分类，如图4-71所示。

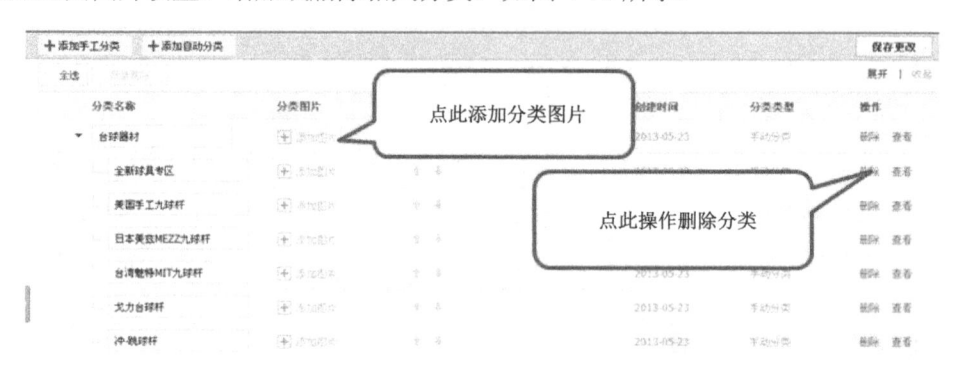

图4-71　添加宝贝图片设置

然后进入宝贝管理菜单下，选中需要设置的宝贝，如图4-72和图4-73所示。

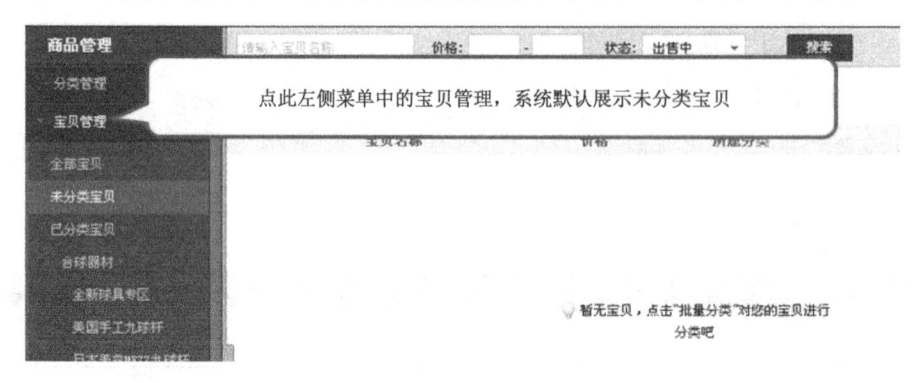

图4-72　展示未分类宝贝

单击"添加自动分类"按钮，在出现的自动分类条件设置界面中进行设置，如图4-74和图4-75所示。

图 4-73　找到需要分类的宝贝

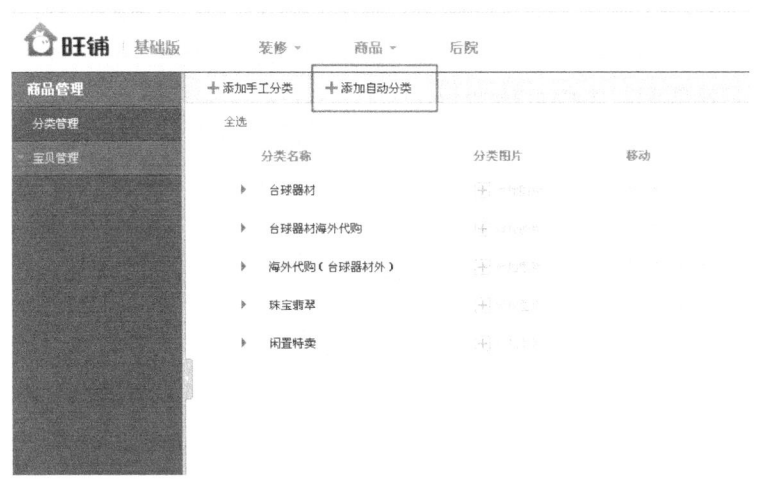

图 4-74　宝贝管理界面

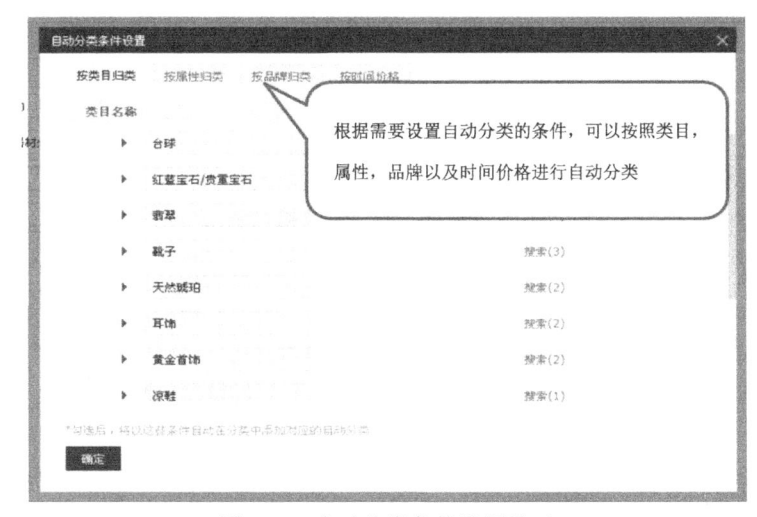

图 4-75　自动分类条件设置界面

设置好后单击"确定"按钮应用即可。

4.4 京东店铺运营

4.4.1 京东商城入驻前准备

京东商城作为典型的 B2B 综合品类网购平台之一，只对企业商家开放入驻，个人卖家是无法入驻的，所以资质审核就非常严格，需要企业提供相关资质内容。因此，对于想要入驻京东平台的商家们需要提前准备好相关的资料信息，能够缩短入驻时间。

1. 商家需提供的基础资质证明

公司需要提供自身基本的资质证明信息，通常包括企业营业执照、组织机构代码证、税务登记证、开户许可证、一般纳税人资格证。

（1）企业营业执照

因为目前京东平台不接受个体工商户的入驻，所以以下的样例中是企业法人营业执照。营业执照需要完成最新的年检章，营业期限不能过期。在京东商城中经营的产品品类要与营业执照中的经营范围相匹配，如图 4-76 所示。

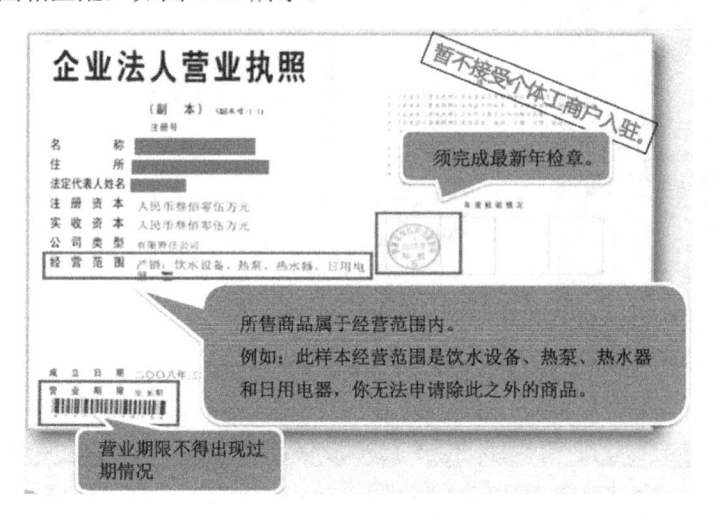

图 4-76 企业法人营业执照

（2）组织机构代码证

在这里需要注意的是，商家入驻名称需要与组织机构代码证名称一致，入驻期间要在证件有效期内，如图 4-77 所示。

（3）税务登记证

证书中纳税人名称要与入驻京东商城时填写的保持一致，税务登记证上需要盖上国税和地税的章，同时在注册时需要税务登记证的电子版材料，如图 4-78 所示。

（4）开户许可证

开户许可证和企业法人营业执照的"法定代表人"必须一致，如果商家的开户许可证正在办理变更手续，那么商家需要给京东提供银行的变更回执。同时只有开户许可证上有发证机关的盖章才有效，如图 4-79 所示。

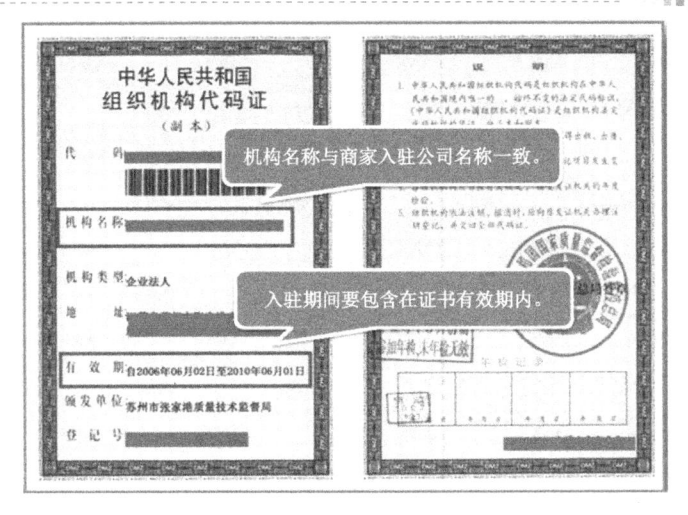

图 4-77　组织机构代码证

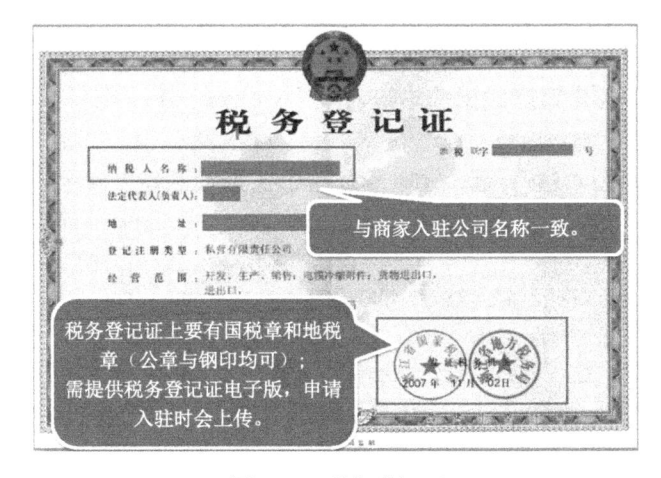

图 4-78　税务登记证

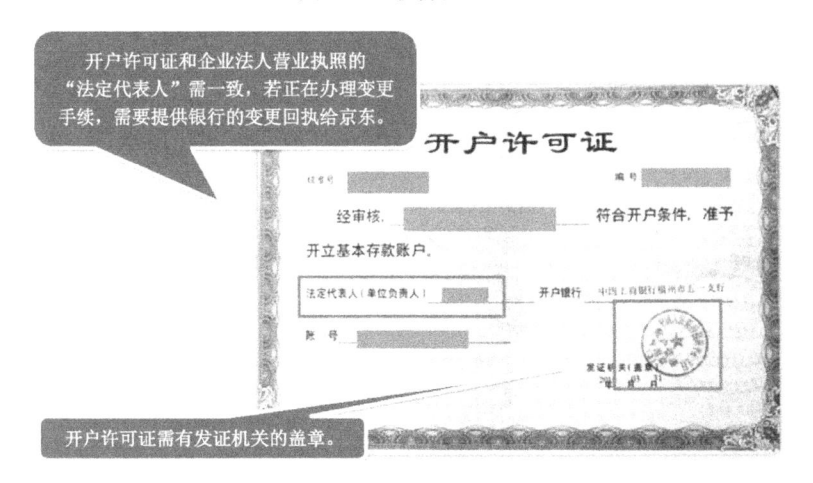

图 4-79　开户许可证

（5）一般纳税人资格证

因为在京东上，入驻的商家会遇到需要开具增值税发票的问题，所以入驻以后商家需要提供一般纳税人资格证，如图 4-80 所示。

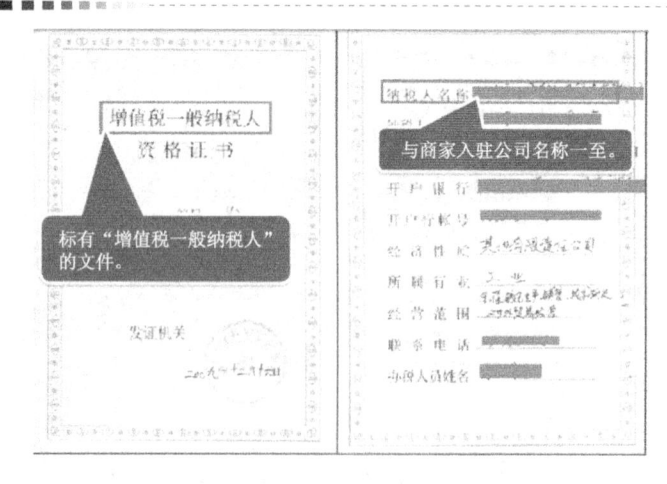

图 4-80　一般纳税人资格证

2. 商家需提供品质类资质证明

公司需提供自有品牌或授权品牌的证明信息，通常包括商标注册证或商标受理通知书、品牌授权书、质检报告、进口产品报关单等。

1）商标注册证

企业商标注册证如图 4-81 所示。针对商标注册证有以下几点问题需要强调。

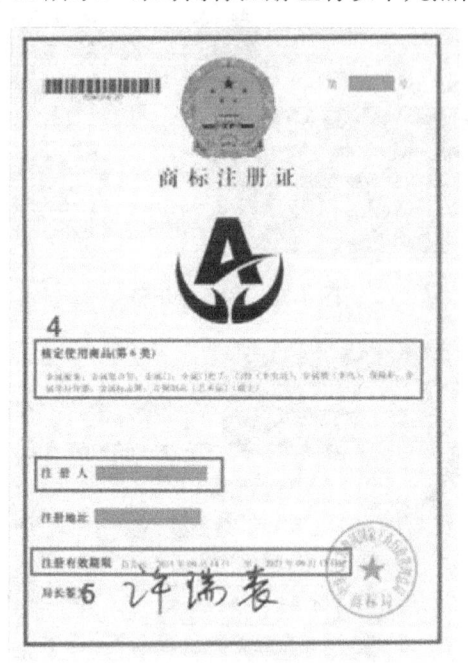

图 4-81　企业商标注册证

（1）商家提供的商标注册证要与中国商标网中的信息一致。

（2）商家如果提交的是英文版的商标注册证，则需要提供相应的中、英双版商标注册证。

（3）商家入驻京东商城时申请填写的品牌名称要与商标注册证中的品牌名称相对应。

（4）证书的商标申请类别需要包含在京东销售对应的类目中。

（5）商标注册证如果已超出有效期，商家应提供相关证明续展文件给京东。

（6）如果商标所有权发生变更或转让，商家应该提供相关的证明文件。

2）品牌授权书

当商标所有人与入驻商家公司名称不一致时，需要提供品牌授权书。这类情况常见于经销商公司入驻京东商城开店。例如，母婴经销商公司开京东店，店铺中销售多个品牌的婴幼儿奶粉，就需要这些奶粉品牌的品牌授权证明。

在提交品牌授权书时需要注意以下几点。

（1）授权书上需要加盖授权方及被授权方的公章或合同章。

（2）授权链的完整性，即自商标授权人开始依次授权至商家，特别注意企业名称与加盖公章名称必须一致。

（3）整个授权链，要在授权书授权期限范围内。

（4）入驻京东商城的商家（被授权方）获得的权利。

（5）授权文件中必须含有京东电商渠道授权，否则就是超出授权范围，如果授权范围为天猫、当当网，但没有京东，就属于超出授权范围。

3）质检报告

部分行业入驻京东需要提供相关的质检报告，如鞋类、包类、家居家纺等行业，如图 4-82 所示。

提供质检报告时需要注意以下几点。

（1）企业需要提供近一年内或相对应批次产品的质检报告。

（2）检测产品品名、生产企业、送检企业与实际进入京东的商品标识要对应。

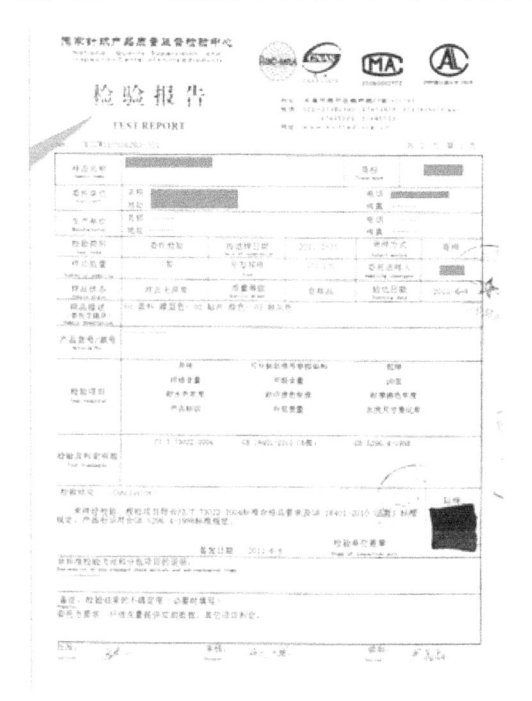

图 4-82　质检报告

4）进口产品报关单

针对一些进口商品来说，需要商家提供相关进口产品的报关单，如图 4-83 所示。在提供报关单时需要注意以下几点。

中华人民共和国海关进口货物报关单

进口口岸		备案号		出口日期		申报日期	
经营单位		运输方式		运输工具名称		提运单号	
发货单位		贸易方式		征免性质		征税方式	
许可证号		起抵国（地区）		装货港		境内目的地	
批准文号		成交方式		运费		保费	杂费
合同协议号		件数		包装种类		毛重（千克）	净重（千克）
集装箱号		随附单据				用途	
标记唛码及备注							

项号	商品编码	商品名称、规格型号	数量及单位	最终目的国（地区）	单价	总价	币制	征免

税费征收情况

录入员　录入单位	兹声明以上申报无讹并承担法律责任	海关审单批注放行日期（签章）
报关员		审单　　　审价
单位地址	申报单位（签章）	征税　　　统计
邮编　　　电话	填制日期	查验　　　放行

预录入编码：　　　　　　　　　　　　　　　　　　　海关编码：

图 4-83　进口产品报关单

（1）申报日期：报关单的申报日期应为近期，最长不得超过 1 年。

（2）收货单位/经营单位信息：要求与授权企业信息一致，如果不一致，商家要提供授权企业和收货单位/经营单位有效的关系证明。

（3）产品信息：应与商家入驻京东商城经营的产品信息对应。

针对入驻商家的资料准备，由于商家申请的店铺形式、合作模式、入驻行业等实际情况不同，提交的资质证明会略有不同，对应类目的招商经理会根据实际情况告知，以上就是在入驻京东商城之前企业需要做得准备工作。

4.4.2　京东商城入驻实施流程

在申请入驻京东商城之前，需要各企业商家先准备好入驻资质等材料。在准备好相关材料后，即可申请入驻开店，流程如下。

第一步：登录京东首页（www.jd.com）注册个人账号，获得"我要入驻"权限，如图 4-84

所示。

　　登录注册的个人账号,验证手机及邮箱,如图 4-85 所示。登录账号,单击"我的京东"按钮,在打开的界面中单击"设置"菜单项,选择"账户安全"选项,进行安全设置和验证。

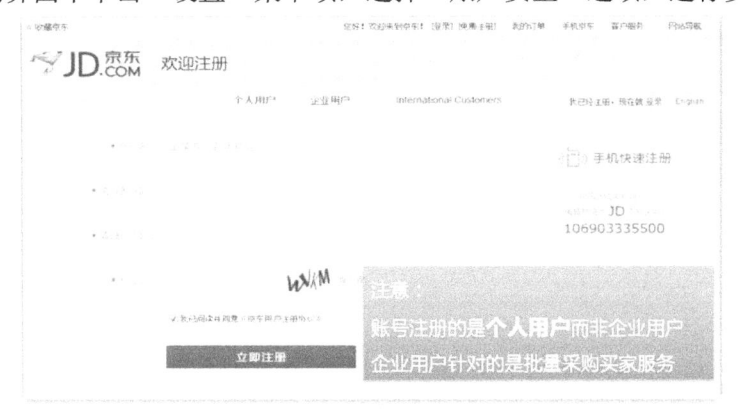

图 4-84　注册个人账号

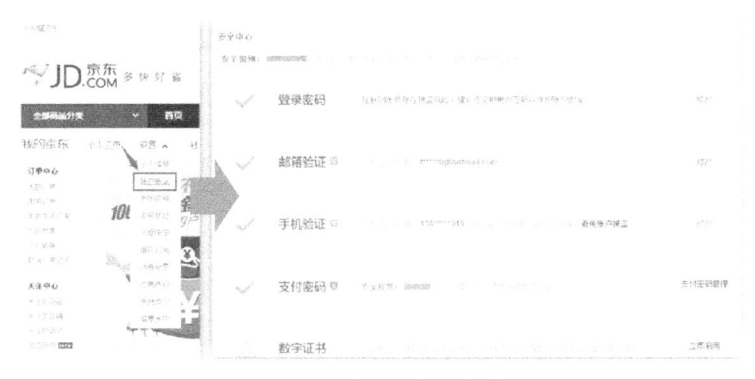

图 4-85　验证手机及邮箱

　　第二步:进入"商家入驻"页面,完善审核材料,如图 4-86 所示。在账号登录状态下,单击京东商城首页底部"卖家入驻"按钮,进入入驻申请页面,单击"我要入驻"按钮。

图 4-86　"商家入驻"申请页面

（1）查看入驻须知，同意协议条款，如图4-87所示。

图4-87　查看入驻须知

（2）在公司信息提交页面完善信息，即提交商家（卖家）入驻联系人信息，如图4-88所示。

图4-88　卖家入驻联系人信息

（3）填写并完善公司信息，如图4-89所示。

图4-89　完善公司信息

（4）按要求上传公司资质信息，如图 4-90 所示。

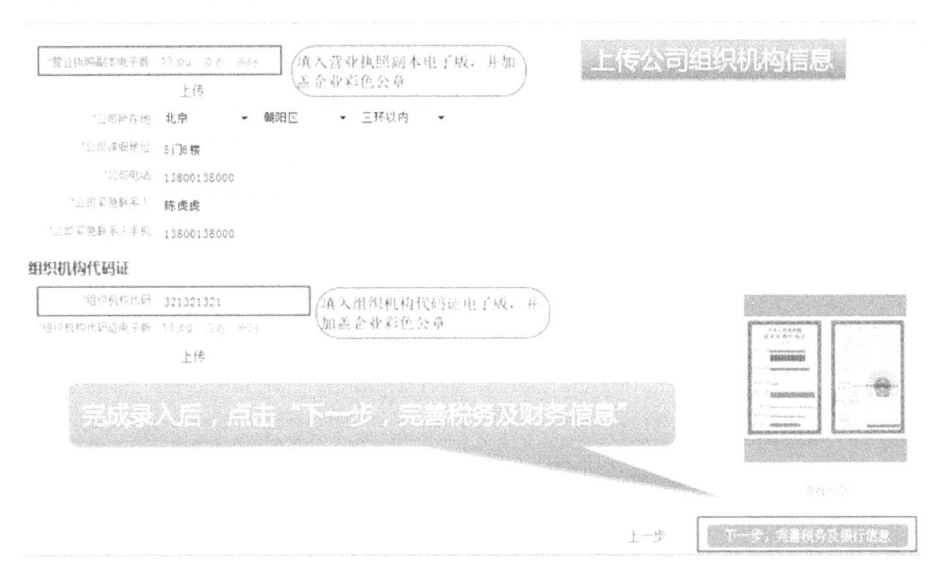

图 4-90　上传公司资质信息

（5）完善公司税务及财务信息，如图 4-91 和图 4-92 所示。

图 4-91　完善公司税务信息

图 4-92　完善公司财务信息

(6)完善卖家店铺经营信息,如图4-93所示。

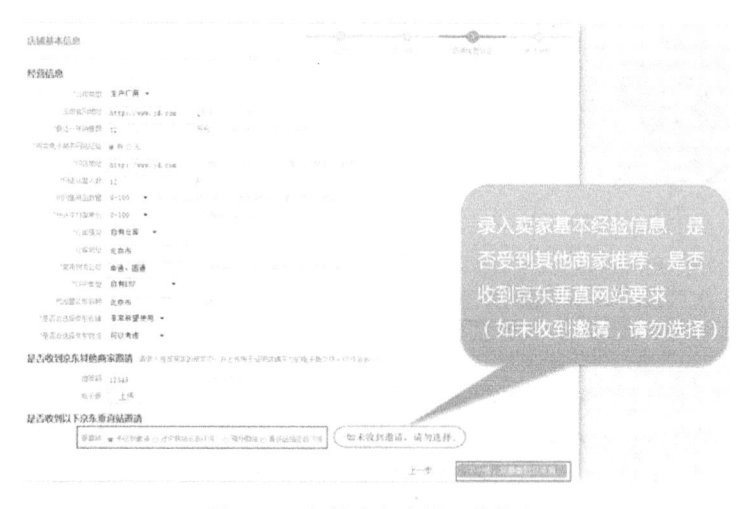

图4-93　完善卖家店铺经营信息

(7)完善店铺类目及资质信息,如图4-94所示。

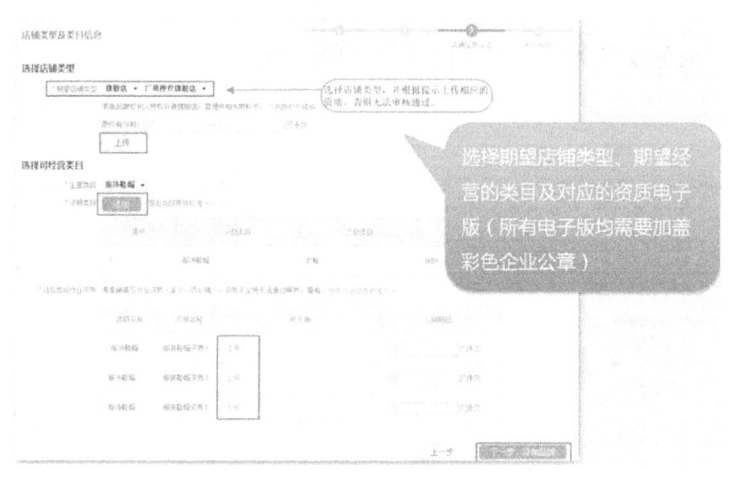

图4-94　完善店铺类目及资质信息

(8)添加品牌信息,如图4-95所示。

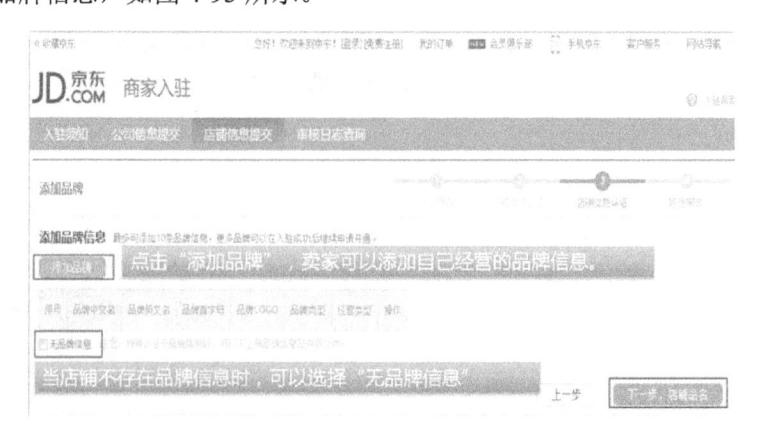

图4-95　添加品牌信息

（9）为店铺命名，如图 4-96 所示。

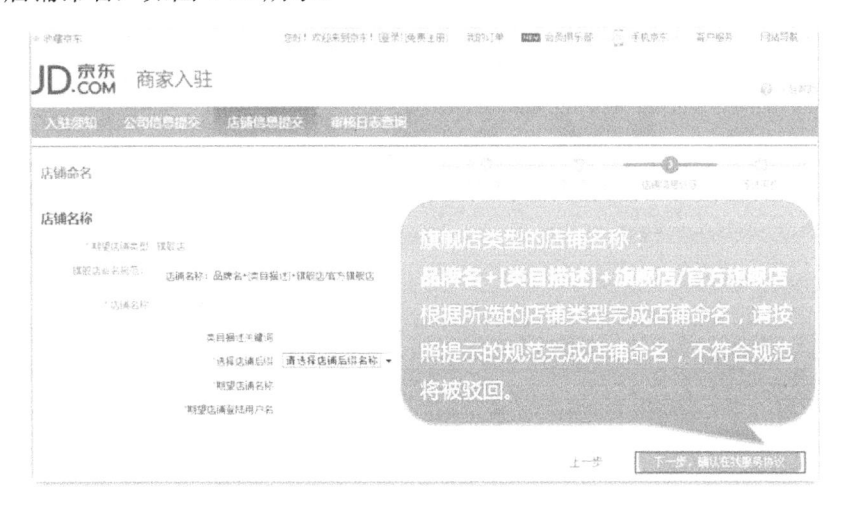

图 4-96　为店铺命名

（10）确认完在线服务协议之后即完成了整个信息完善步骤，如图 4-97 所示。

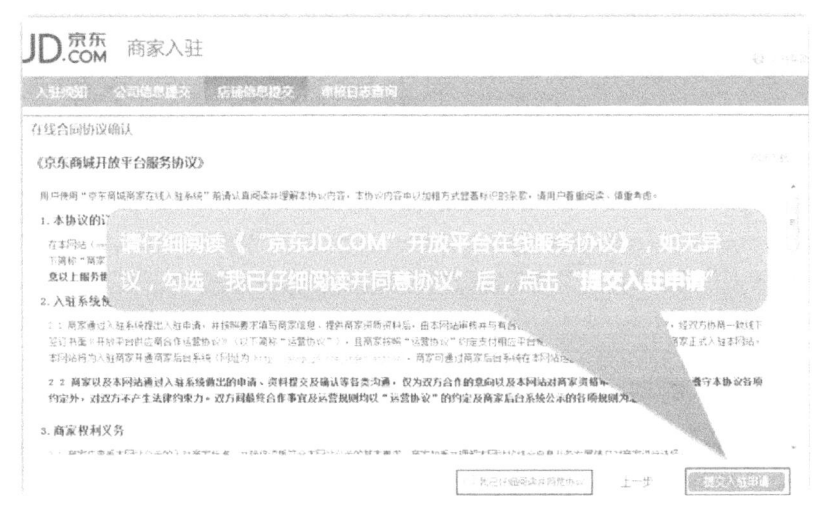

图 4-97　完成信息完善步骤

第三步：京东平台审核资质。成功提交入驻申请后，京东平台会有 7 个工作日的审核时间，在此期间内，京东会邮件告知商家审核结果，同时商家也可自行查询审核进度，如图 4-98 所示。

第四步：通过审核后，签订合同，商家进行缴费。开店审核通过后，京东平台招商人员会与商家联系，确认合作细节，包括保证金、平台使用费、类目扣点等，如图 4-99 所示。确认细节后，京东会进行合同拟定，先将电子版发给商家，打印后通过邮寄方式进行签订。同时商家需随合同寄回京东所要求的各类纸质资质文件，纸质资质文件要求加盖企业公章、内容清晰可辨等。

第五步：开通店铺。缴费验证完毕后，店铺开通，相关信息会通过邮件方式告知商家，商家可以通过"shop.jd.com"登录店铺进行后续相关运营操作，如发布商品、店铺装修等，如图 4-100 所示。

图 4-98　查询审核进度

图 4-99　上传缴费回执单电子版

图 4-100　商家首页页面

京东商城入驻审核期限是人为可控的，因此入驻商家需要与京东对接类目招商经理保持密切沟通，招商经理会协助推进开店进程。

4.5 网店的推广

4.5.1 网店推广的基础知识

1. 网络推广的分类

1）按范围分

（1）对外推广：是指针对站外潜在用户的推广。主要是通过一系列手段针对潜在用户进行营销推广，以达到增加网站 PV、IP、会员数或收入的目的。

（2）对内推广：与对外推广相反，对内推广是专门针对网站内部的推广，如如何增加用户浏览频率、如何激活流失用户、如何增加频道之间的互动等。很多人忽略了对内推广的重要性，其实如果对内推广使用得当，效果不比对外推广差。毕竟在现有用户基础上进行二次开发，要比开发新用户容易得多，投入也会少很多。

2）按投入分

（1）付费推广：是指需要付费才能进行的推广，如各种网络付费广告、竞价排名、杂志广告、CPM、CPC、CPS 广告等。做付费推广，一定要考虑性价比，即使有钱也不能乱花，要让钱花出效果。

（2）免费推广：这里说的免费推广是指在不用额外付费的情况下就能进行的推广。这样的方法很多，如贴吧推广、软文推广、论坛推广、资源互换。

2. 网络推广和电商推广的概念及区别

网络推广是指利用互联网宣传推广，通过互联网上该类的推广最终达到提高转化率的目的。电商推广只有通过结合各种网络营销方式来进行电子商务推广，才能起到更好、更长久的作用。它们的区别有以下五点。

（1）目标客户定位：站长做电商的基本都是从几个属性去定位客户，如年龄、层次、消费水平、地域。按照消费者的产品属性把目标定位好，然后进行媒介的选择，看到底是门户好还是社区好，或者是框架传媒好。

（2）推广渠道选择：网络推广渠道有很多种，包括搜索引擎、网址导航、邮件营销、线下活动和团购等网络推广方式。

（3）核定推广预算：很多企业和网络推广的领导在做网络推广计划的时候不知道该要多少预算。其实想说，做网络推广完全可以把钱花到点上。也就 1~3 个月的时间，然后把整体的思路盘活，就能开始做总体的预算规划了。每分钱都应该精打细算。

（4）效果监控：数据监测和分析是网络推广中的一项重要工作，如果技术能跟进，每个推广渠道都应该挂代码，要把每个渠道的推广数据分析到各个节点，每种推广方式各带来多少流量，流量的各种转化率是多少。

（5）推广优化：后一个部分就是推广优化的事情，每项工作都应该有记录和分析。一是为了分析渠道的可用性，二是为了分析渠道的持续发展能力。尤其是在付费的渠道上更加应该注重渠道优化的工作。网络推广从推广方式和思维方式上都和电商推广有些区别,两者推广的重要性还是要根据具体的实际情况,才能达到更好推广作用的效果。

3. 网络推广的常用方法

本章以微店为例,重点介绍微信推广的方法和思路,当然,一般的网络推广方法也是适用的。网络推广的方式网络上太多,这里就不做赘述。以下介绍10种微信营销的方法和技巧(来源于网络整理)。

(1)助力思维。助力思维是通过朋友间的不断转发支持,实现快速传播和全民关注的目的。通常的方式是,技术公司在制作活动微网页时,添加助力一栏。用户参加活动时,在活动页面上输入姓名、手机号码等信息后,单击"报名"按钮,进入具体活动页面参与。用户如果想赢取奖品,就要转发至朋友圈并邀请好友助力,获得的好友助力越多,获奖的几率也就越大。运用微信助力思维,不但可以在后台清晰地掌握到报名者的基本数据和信息,如名字、性别和手机号码等,还在最大程度上发掘了他的朋友圈资源,让更多的人关注甚至参与此项活动。这种经济学上的乘数效应,使得活动消息得以成倍扩散,企业品牌得以迅速传播。

(2)抢红包思维。为用户提供一些具有实际价值的红包,通过抢红包的方式吸引用户积极参与,引起强烈关注,找到潜在客户,并实施针对性营销。抢红包的思维方式比较适合电商企业,客户得到红包后即可在网店中消费,这样一来,既起到了品牌推广作用,又拉动了商城销售。

(3)流量思维。痛点营销,快速传播。互联网时代,流量为王,网站如果没有流量,那简直就是"无源之水,无本之木"。而对手机上网族而言,流量就像"人之于水,车之于油"。因此,抓住消费者的痛点,也就抓住了营销的根本。流量思维的基本思想是转发送流量,用户只要转发某家公司或某个产品的微网页,就可以得到一定的流量。

(4)游戏思维。游戏思维就是通过游戏的转发传播,来认识某个品牌。在微信的战略发展方向中,游戏与社交是其重点,足见游戏在移动互联网上的地位。微信小游戏的特点不仅设计新颖,而且呆萌,规则简单却不单调,可以在短短几分钟内吸引到大量用户。

(5)节日思维。传递的是温情,传播的是品牌。逢年过节,互致问候是中国人的良好传统。在经历了书信、电话和短信互送祝福后,今年开始流行微信祝福,一段语音、几句文字、一个视频,简单却温暖。节日思维,就是利用节假日人们相互送祝福的机会,在微信文字或视频中植入品牌形象,恰到好处地进行传播推广。

(6)大奖思维。高转发率,广参与性。自古以来,"重赏之下,必有勇夫",奖与赏是很多人难以拒绝的诱惑。借用互联网的说法,设奖促销,是搔到了用户的痒点。在当下的微信营销中,给奖甚至给大奖,是媒体和企业用得最多的招数,实力雄厚的,用房子或车子作为大奖;实力稍弱的,也常常用年轻人最爱的iPhone6、iPad等通信工具,或者门票、电影票和旅游券等作为奖品,而且效果良好。

(7)众筹思维。聚沙成塔,集腋成裘。众筹是指用团购或预购的形式,向用户募集项目资金的模式。相对于传统的融资方式,众筹更为开放,更为灵活。对圈子的精准把握,是微信适合众筹最核心的竞争力。

(8)生活思维。生活思维是指把人们所关心的日常生活知识,发布到微信平台上,通过这些信息的转发,起到良好的传播作用。如今,人们对生活质量的要求越来越高,对生活知识的需求也越来越大，有关生活类的知识在网络上的转发率相当高，如冬病夏治、节假日旅游、十大美食去处、最美民宿等，凡是与生活、旅游、美食、教育等相关的信息，都会引起人们的关注。而这些信息不但适合转发，而且很多人还会收藏，这样一来，即是对信息进行了二次传播。因此，在这些生活类信息中植入产品图片、文字或做链接进行传播，是个不错的思维方式。

（9）新闻思维。新闻思维是指借助突发性新闻或关注度较大的新闻夹带图片进行传播。移动互联网时代，新闻的传播速度已经是以秒计算，地球上任何一个地方发生的重大新闻，都能在瞬间传递到地球的角角落落。而它在微信圈的阅读量，往往是以十万甚至百万计。因此，如果在转发率如此高的新闻中植入广告，其传播影响力自是不可估量的。

（10）测试思维。测试思维是指通过一些小测试，如智商测试、情商测试、心理测试等来对一些品牌进行传播。今天的微信圈内，各类测试甚是风靡，这些测试情商、智商的题目，抓人眼球，很容易让人点进去测试。而这些测试的最后，往往都会跳出"分享到朋友圈，分享后测试答案会自动弹出"页面，这样一来，无疑进行了二次传播，而藏在这些题目开篇或结尾的网站或咨询机构，也在再传播中宣传了自己。

4.5.2 微店推广实施

根据建立好的微店——"小虫的店"，通过常用的免费推广方式来推广此店，同时熟悉常用的推广技巧和推广软件。

1．巧用朋友圈和QQ空间

发朋友圈和QQ空间是最常见和基础的推广方法。但是发朋友圈也有很多的误区（此篇内容来源于口袋微店商学院营销文章整理）。

（1）误区一：朋友圈顾名思义就是朋友之间的圈子，是需要维护和建立关系的圈子。很多人认为，只要将陌生人添加到微信通讯录中，他就成了你的朋友。面对朋友圈疯狂的广告轰炸行为，最终的结果只有一个——被拉黑。

（2）误区二：现在有的卖家喜欢发心灵鸡汤、搞笑视频和图片、奇异事件等。但我建议这些内容最好不要发，朋友圈不是垃圾信息接收站。这些内容无论是对于塑造自己的个人形象还是产品品牌都是没有优势的。最后导致产品没有销售，好友却流失。

所以要正确的利用好朋友圈，有以下几种方法。

（1）利用微信标签将好友分类。尽量少在朋友圈直接发布产品的内容。首先找出微信好友里面的人群是哪一类人群,他们关心的是什么？站在用户的角度来思考他们最想知道的是什么？微信里有个添加标签的功能，可借助这个工具将微信里面的好友进行分类。这样根据不同标签来制定不同内容的朋友圈，如图4-101所示。譬如"小虫的店"卖的是新鲜果蔬、干货等。对于妈妈们，他们更关心家庭成员所需要的营养，那么就可以发一些关于平时超市难买到的新鲜和成熟度高的果蔬产品。

（2）让好友了解你的产品，发布产品的种植环境、产品的详细营养成分、产品的吃法等，如图4-102所示。不然就算你的产品再好，如果你不告诉大家，别人永远不会知道你的产品好在哪里。

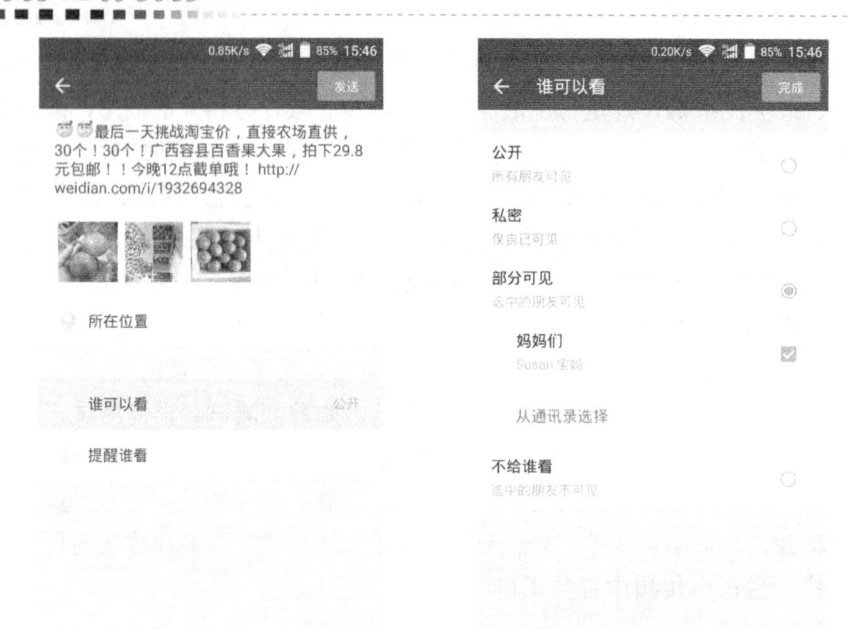

图 4-101 利用标签分组给特定客户人群发布针对信息

图 4-102 让好友了解你的产品

2. 巧用活动

在 4.4 节运营中，给出了限时折扣和拼团两个活动，微店还有以下活动均可积极推广产品。

1）设置满减

（1）消费金额可设置为商品单价的倍数，促使买家凑单，提升客单价。

（2）设置不同梯度的满减规则，刺激买家多买，如满 50 减 5，满 100 减 15 等。

设置满减活动流程如图 4-103 所示。

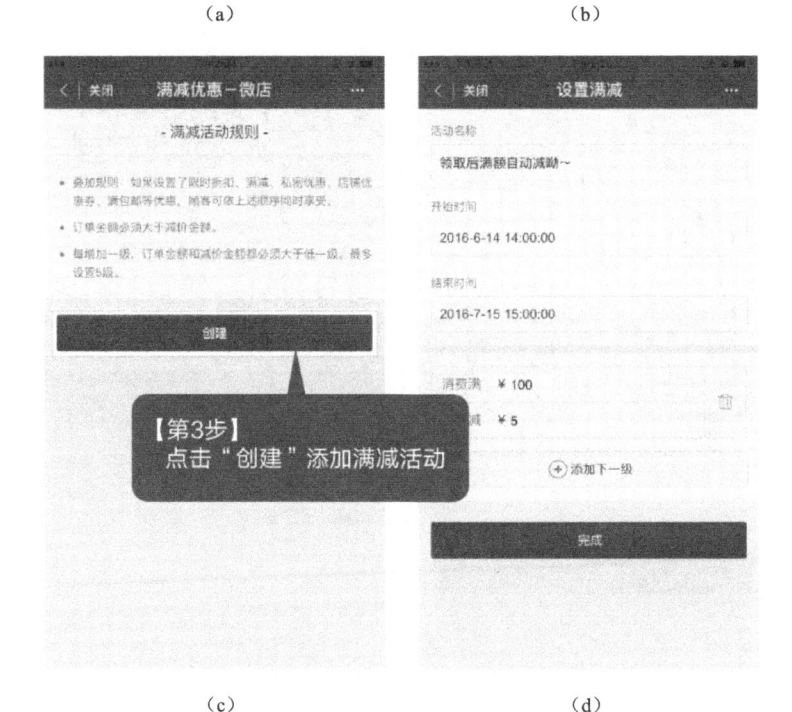

(a)　　　　　　　(b)

(c)　　　　　　　(d)

图 4-103　设置满减活动

2）设置店铺优惠券
（1）优惠券的有效期不宜过长或过短，一般 3~8 天较合适。
（2）可设置多梯度优惠券促使买家购买多个商品。
（3）优惠券的数量不宜太多。

设置店铺优惠券活动流程如图 4-104 所示。

（a）　　　　　　　　　　（b）

（c）　　　　　　　　　　（d）

图 4-104　设置店铺优惠券活动

3）私密优惠

设置完毕后，只有收到活动链接的买家才能享受相应的优惠，可针对老客户做回馈活动。私密优惠券设置如图 4-105 所示。

4）设置满包邮活动

设置后显示在店铺首页，利用买家省邮费的心理，促使买家凑单提升客单价，如图 4-106 所示。

　　　　　　　　　(a)　　　　　　　　　　　　　(b)

图4-105　设置私密优惠活动

　　　　　　　　　(a)　　　　　　　　　　　　　(b)

图4-106　设置满包邮活动

5）设置分成推广活动

设置分成推广活动如图4-107所示。

图 4-107　设置分成推广活动

3. 巧用群发工具

一般常用的群发工具和应用有短信群发、邮件群发、微信群发和 QQ 消息群发。

前 3 种群发都是自带功能，这里不再赘述，重点讲解 QQ 消息群发。这里采用豪迪 qq 群发软件，下载地址为 http://www.haodisoft.com/download/，网址有详细的使用方法和视频介绍，这里不再介绍。

4. 付费推广

付费推广是一种成本营销，也是常见的营销推广手段，本章节只介绍一些付费推广方法，不介绍具体操作。

1）口袋微店有两种付费推广方式

（1）微客多。

（2）直通车：https：//sell.koudai.com/。

2）平台以外付费推广方法

（1）百度推广：http://e.baidu.com/，其中最常用的是百度竞价排名。

（2）腾讯社交平台：http://www.haodisoft.com/download/。

（3）搜狐汇算：http://hui.sohu.com/huisuan/sem.html。

（4）搜狗推广服务：http://fuwu.sogou.com/。

（5）360有钱联盟：http://youqian.360.cn/。

（6）投放者广告联盟：http://www.toufangzhe.cn/。

（7）网址导航推广：www.hao123.com。

5．微店拓展知识

（1）上口袋微店商学院，学习熟悉口袋微店操作方式和营销推广方式，如图4-108所示。

图4-108　微店商学院网页

（2）上口袋微店分销平台网页，熟悉了解分销模式，如图4-109所示。

图4-109　微店分销平台网页

4.5.3 淘宝店铺推广实施

爆款是可以给店铺带来最大效益的明星产品，也称为明星款、引流款，是店铺的支撑点。因此爆款相当于店铺产品的代言人，是店铺的活招牌，具有以下特点。

（1）符合店铺产品的定位，与店铺其他产品具有可关联性或可搭配性，带来的客户能够为其他产品提供流量。

（2）质量过硬，供应链稳定，能够给店铺带来好的评价和客户体验，能够保持稳定引流，积累客户。

（3）对于店铺来说，能否成功打造出爆款，关系到店铺能否生存下去，尽快进入稳定期。爆款的作用有以下两点。

（1）成为人气宝贝——免费流量增加。

（2）点击率高、质量得分高——降低付费流量的推广成本。

1．确定主推宝贝

在许多产品中，如何选择主推宝贝是推广效果好坏与否的关键环节，以下将以羽绒服产品为例进行讲解。

（1）通过淘宝指数或阿里指数对产品的总体市场表现进行了解，对羽绒服的搜索节点和热销节点进行了解，如图4-110所示。

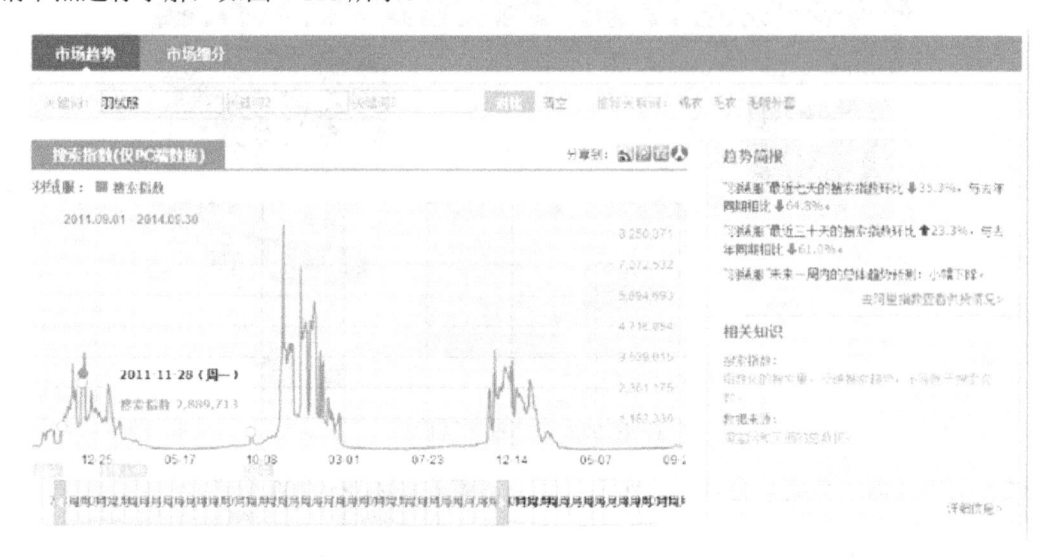

图4-110 产品的总体市场表现

（2）在了解了羽绒服这一产品在市场中的整体趋势之后，可以利用"生e经"在时间节点上不断前推去查看相关内容。推到上一年羽绒服的热销季节，查看相关的爆款、热销颜色、款式等属性信息，如图4-111所示。

从数据表现可以看到，上一年羽绒服类目中，热销的羽绒服颜色分别是黑色、红色和军绿色。同样的方法向上倒两年，将前两年羽绒服类目热销的产品颜色属性找出来，观察一下，找出里面的共性，最后得出该品类中最热销的产品是什么颜色的，最后再对比一下自家的羽绒服产品，看看颜色是否对得上，如图4-112所示。这样的数据参考是有数据支撑的，那么在挑选主推款产品时将更有针对性。

网店运营与推广 | 第4章

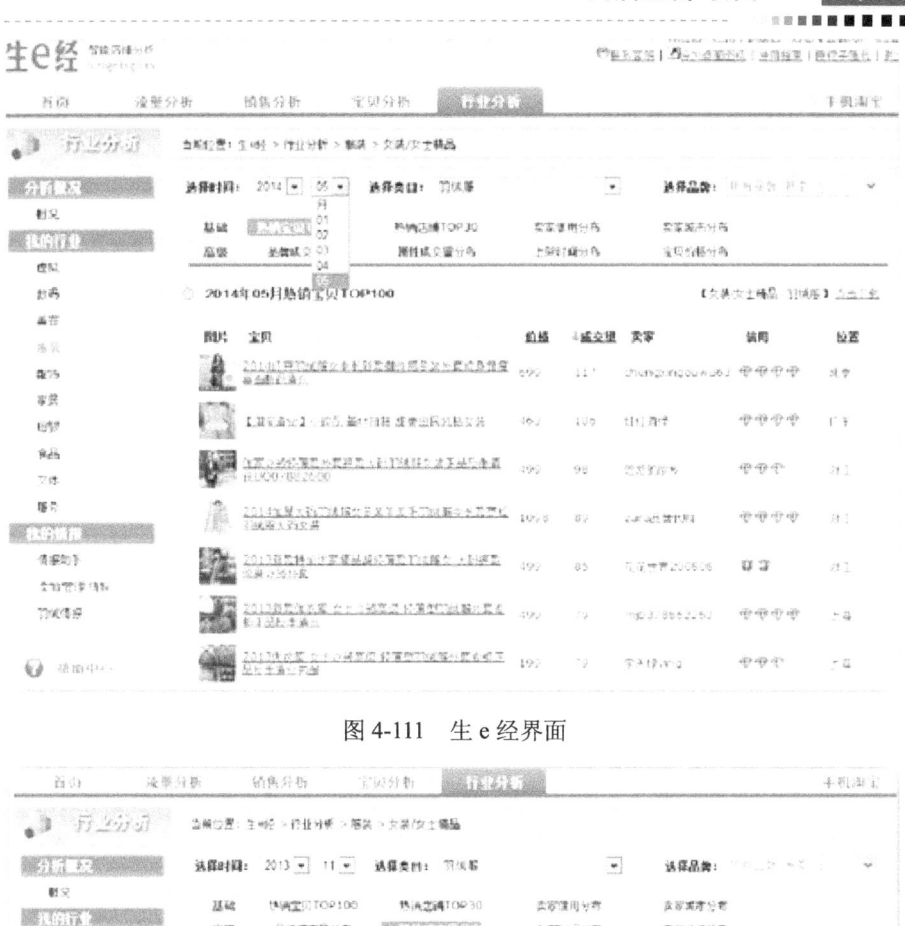

图 4-111　生 e 经界面

图 4-112　行业分析界面

同时可以通过生 e 经查询到购买羽绒服的人群的年龄排行，具体的人群特征可以由这里年龄区间推测出来，相应的消费能力、追求、需求、社会地位、购买偏好、行为特征等都可以推测出来，如图 4-113 所示。在这种情况下，店主在甄选主推款中就更有数据依据。

另外针对羽绒服品类的码数问题，也可以在生 e 经中查看，可以看到羽绒服品类中，在 25～29 岁的年龄层次中，卖的比较好的尺码是比较偏小的尺码，如图 4-114 所示。那么在挑选主推款时，相应的码数的羽绒服的库存深度是否足够就成为店主需要考虑的一个问题。

143

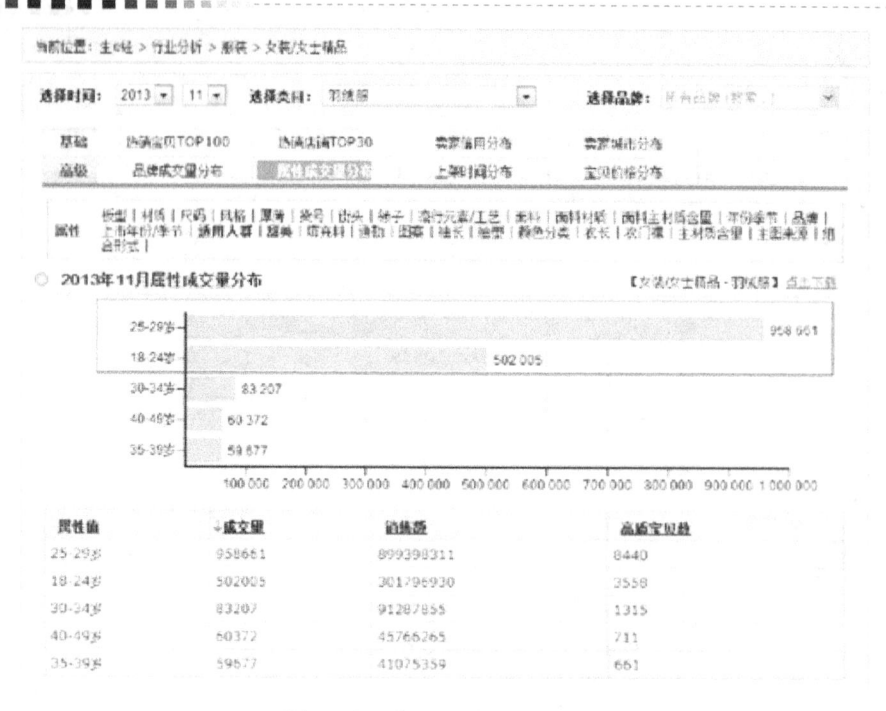

图 4-113　购买人群的年龄排行

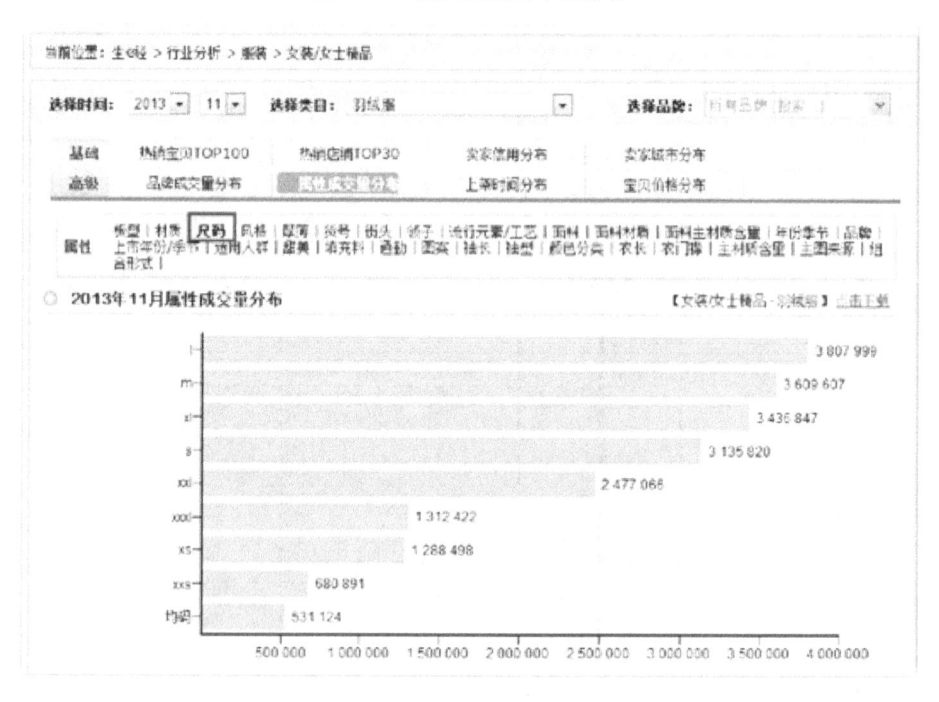

图 4-114　购买年龄与尺码的对比

将相关的产品属性综合在一起来评定，根据行业数据来进行参考和推敲，一定要做到投其所好。

2．数据提取与分析

在根据相关源头数据总结出主推宝贝的雏形之后，就需要根据自身产品进行匹配，在匹配出结果后，可以整理到相应的表格中。将款式的货号、面料、色号、款式介绍等相应的信息都总结出来。根据生e经当中的热门属性在表格中进行排序，挑选具有热门属性的产品来重点提取相应的卖点，做卖点的归纳，如图 4-115 所示。主推的卖点不需要多，1～2 个即可。

(a)

(b)

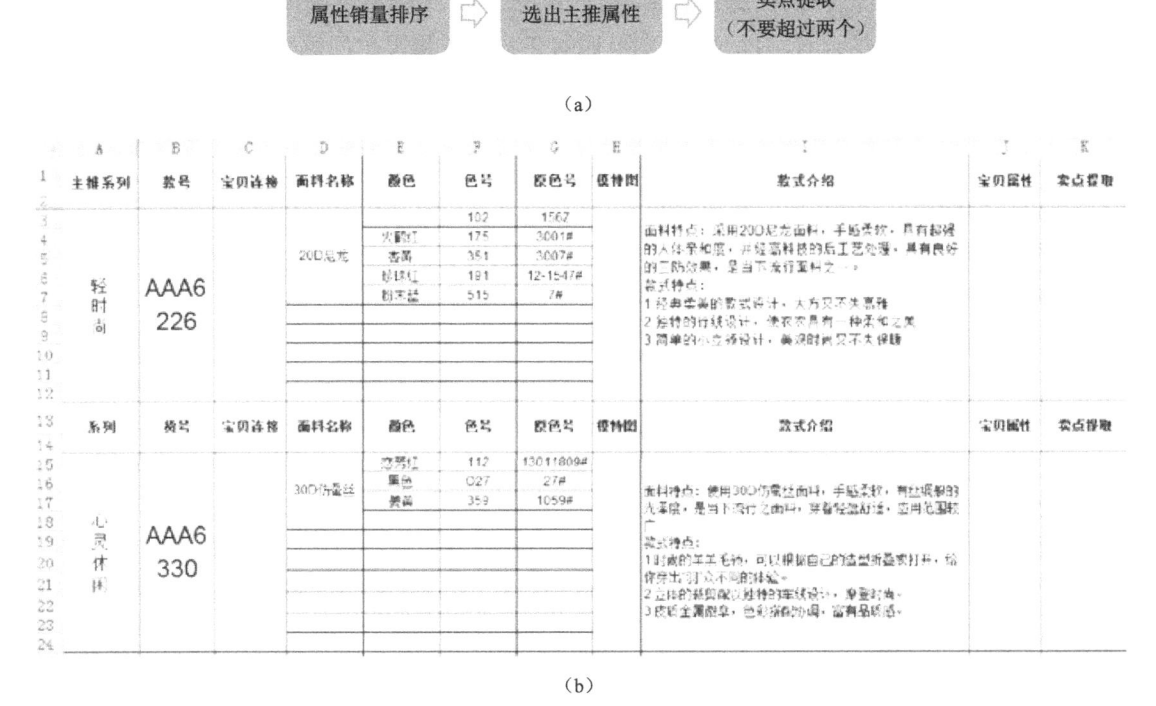

图 4-115　数据提取与分析

在确定好主推款之后，主推款的相关信息可以根据图 4-116 中的信息点进行归纳和提取，相关的资料素材可以向供应商索要，没有提供或提供不全的可以自己制作。

图 4-116　对相关的资料素材进行归纳和提取

3．利润核算

在选定主推款后需要进行利润核算，凡是不考虑利润的商业活动都是不可取的，爆款势必也是引爆利润的产品，因此在设置好主推款之后应该好好核算利润。每卖一件主推宝贝能获得多少利润，卖多少单可以达到怎样的利润目标，这些都应该把控清楚。

4．优化产品详情页

市场营销中引发消费者购买欲望的一种销售手段或技巧，也是企业为展示自己产品的特点、优点而提炼的语言和演示。

亮点是产品所具有的，销售人员所阐述的，与客户需求联系最紧密的，对客户的购买决定最具影响力的因素。结合上文提到的，掌柜们的任务就是将客户们需要的产品以最快的速度呈现到客户面前，也就会以最快的速度抓住客户的眼球。落实到具体的网店运营中，就是需要对产品详情页进行优化，优化客户网上购物路径，最主要的目的是为了提升购物体验，从而得到客户的认可。这就要求在做产品详情页时要具备多元的元素和思路，但根本目的就是要吸引用户，让用户选择自己的产品而非别家的。

详情页设计得好坏与否将会影响到访问深度、停留时间、静默转化率、成交转化率、收藏量、跳失率等指标。在日常的运营中，经常有店家在抱怨自己的店铺转化率很差、静默转化率很低、用户的访问深度很低、停留时间短等问题，这些都是一个信号，在提醒你的产品详情页出现了一定的问题。试想一下，如果你的产品详情页能够提供给客户足够有用的信息，能够解决客户关心的问题，打消他们购物的疑虑，那么客户自然会停留在你的店铺中选择商品。因此在运营推广中，通过详情页的优化来改善店铺表现非常有效果，具体的实施内容如下。

1）多元化的元素展示

在制作或优化详情页的过程中，如果采用多种思维去设计，将产品展示的形式变得丰满丰富，那么将使得你的产品详情页别具一格，也使得产品在你的"精心包装"下变得更加"立体"，更能打动消费者的心。同时，一些必备要素和模块的增添，也可以为产品的详情页增色不少，以下是具体的操作要点。

（1）视觉营销。如果你的产品详情页中有一个视频，那么在成交转化和促成成交转化方面将会有很大的优势。许多销量高的女装店铺或网红经常在详情页上放了模特产品的试穿视频，并且有较好表达能力的还会在视频中一边展示一边解说产品的优点。相比于图片，视频的形式能将产品更加立体和详尽地展示出来，能更直观地去影响消费者并且形成一种心理上的引导，是非常新颖的一种表现形式，如图4-117所示。

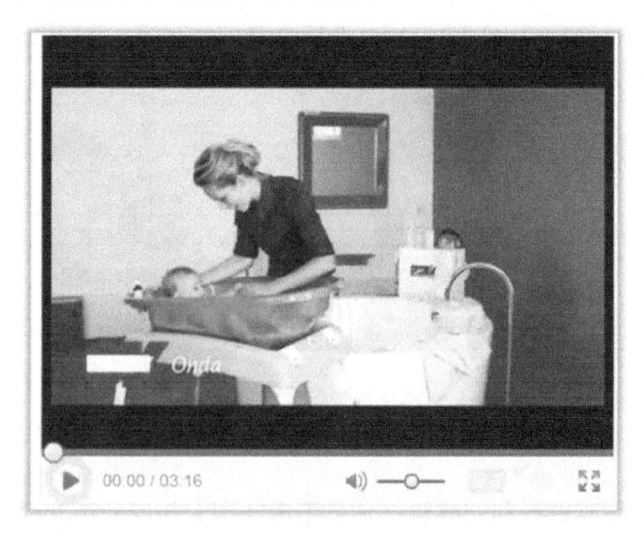

图4-117　视觉营销

（2）活动预告。在日常的运营中，通过活动来冲销量屡见不鲜，比如在淘宝上"聚划算"

的活动给顾客们最直接的心理暗示就是便宜、低价。因此在冲销量和聚人气的时候，是否可以组织参与"聚划算"或其他活动来吸引用户是很好的推广手段，如果活动体验足够好，客户是会将你的产品或店铺收藏起来的。因此，如果产品能够做一次有意义的活动，那么在相应的详情页上，最黄金的展示位置可以提前做活动的宣传和预告，为要促销的活动做预热，如图4-118所示。

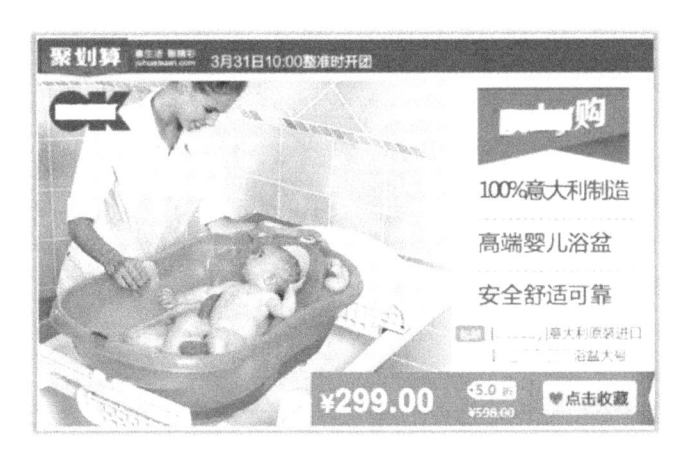

图 4-118　活动预告

（3）限时特惠。套餐营销，如"三月特惠套餐"，这里需要注意的是通常可以加上一个"截止日期"，即掌柜们自己营造出来一种时效性的压力，与"限时抢购"的思路是一致的，这样的操作方式能在一定程度上加快某些消费者的下单效率，对于成交是非常有力的。另外就是套餐营销也就是产品的关联营销，采用主产品+附加的周边产品的思路是非常正确的，但是在产品详情页的设计方面就需要非常注重主次关系的一个呈现，一定要突出主产品而弱化附加产品，如图4-119所示。

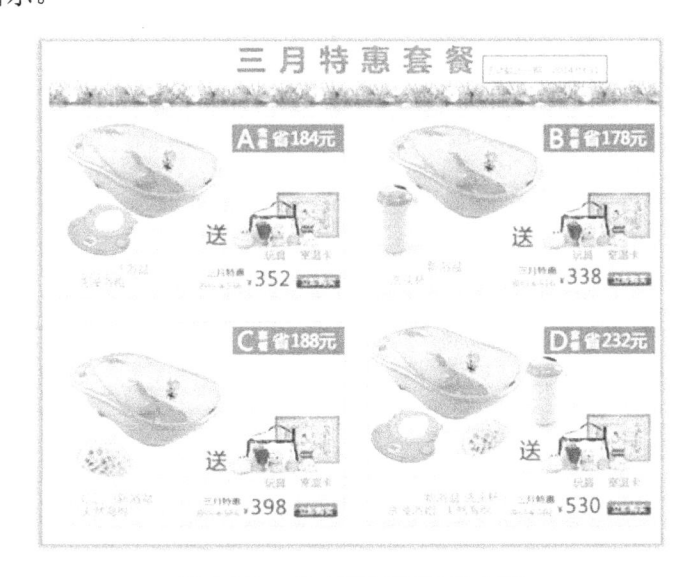

图 4-119　"三月特惠套餐"案例

（4）海报。海报是产品宣传的重要环节，也是最能吸引客户眼球的手段之一，因此海报的设计非常有讲究。同样的产品由于图片的设计不同，呈现在消费者面前的质感就会有差异。例如，图4-120所示为一张母婴用品的产品海报设计，除了用"赠品"来吸睛以外，还暗含了一个设计的小细节——海报的背景,将场景化的思维融入了设计中。也就是说将这个"婴儿浴盆"融入了具体的生活场景中,即背景上所显示的妈妈帮孩子沐浴的这么一个具体的场景融合进海报设计当中。场景化能够使买家在看到商品时快速地进行联想,能让他们马上想象到购买产品之后自己使用的情况是怎样的,在消费者自己的脑海中形成一个场景,这样就大大提高了销售的成功率。

图 4-120　母婴用品的产品海报设计

（5）彰显实力。由于网购的特殊性,来自平台的认证和消费者的认可以增加店铺的可靠性,也就是信任度建立的一个基石。因此在页面的优化上,需要将店铺的信任系统建立并体现出来,如行业排名、购买记录和购买评价的呈现等,如图 4-121 所示。

图 4-121　店铺的信任系统

（6）高价值展现。通过详情页的设计将我们的态度、实力、高价值的效用进行展现，与同质的产品形成差异，如图 4-122 所示。

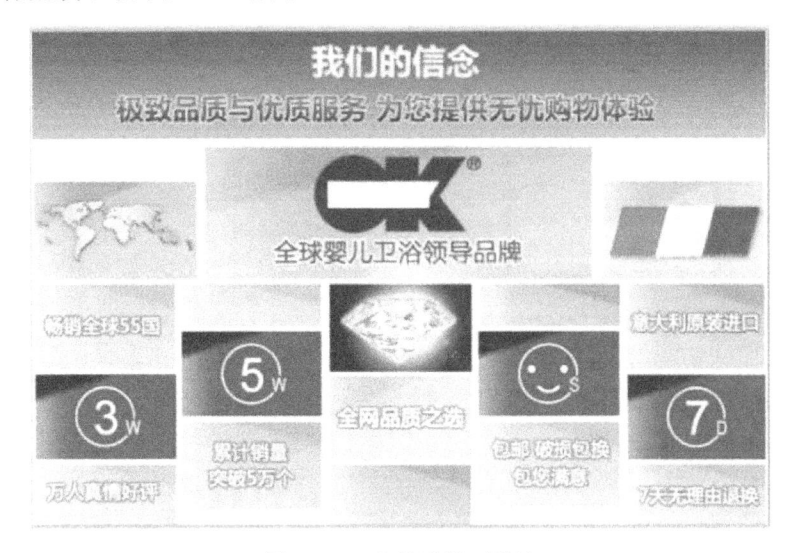

图 4-122　产品详情页设计

（7）选择理由的呈现。用文案将卖点提炼并展示出来，给出消费者选择自己产品的足够的理由，因此在详情页的文案撰写上需要进行一定的设计，将卖点也就是选择理由展示出来，如图 4-123 所示。

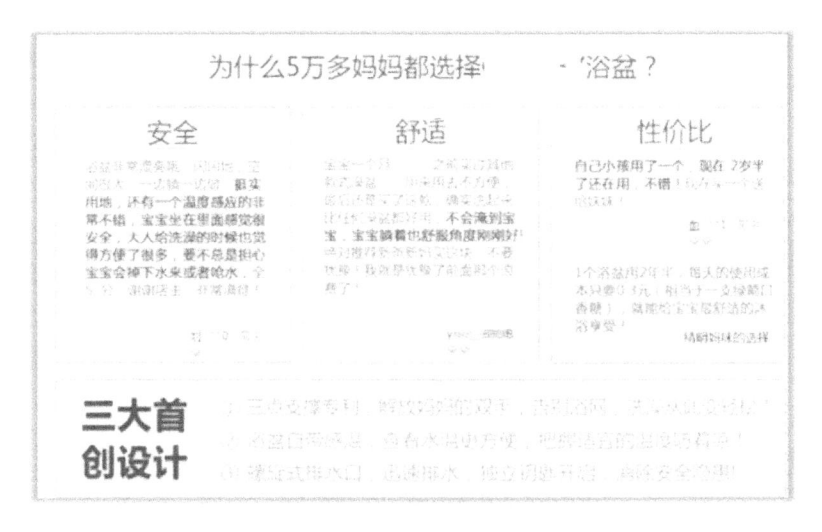

图 4-123　选择理由的呈现

（8）产品图文。产品详情页中的产品图文，即通过图片和文案相结合，将产品的卖点和特色加以突显和宣传，如图 4-124 所示。在文案的设计方面可以下一些工夫，用简练的话语将特点表达出来。结合下面的例子来看，在表达产品材质时商家用了"食品级"这样的概念描述，消费者也许根本不了解具体的材质，但是看到"食品"这样的概念第一反应就是这是可食用的，因此也是安全的，这样的概念投射可以让消费者将专业性较强的东西有一个比较清晰的了解。同样的，来自"欧洲的专业质量安全认证"这样的文案描述则增加了产品的使用安全性。针对母婴产品来说，安全性就是产品的核心要素，也是消费者在购买该类产品时最大的痛点，因此如何将产品详情制作得更有针对性,就需要从消费者关心的角度出发,对"症"下药才能更有"疗效"。

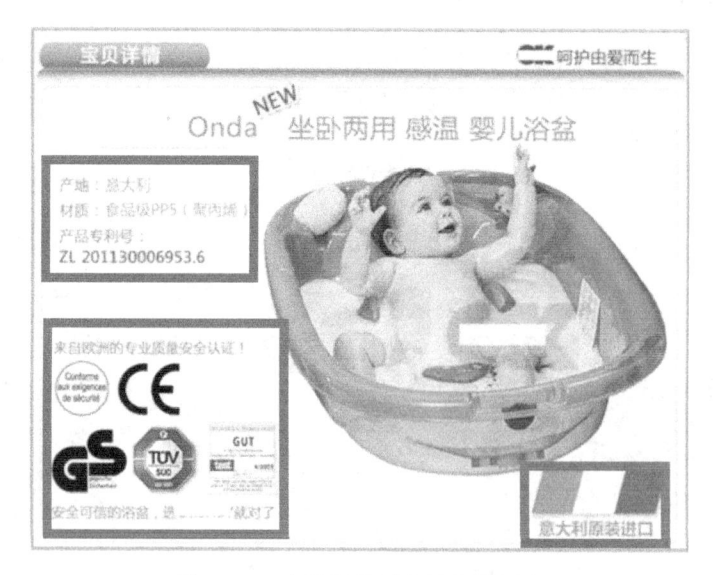

图 4-124 产品详情页中的产品图文

(9)引导买家构建实物轮廓大小。对于产品的平面展示图,可以参考图 4-125 中的案例,同样是浴盆的平面展示,卖家将具体的长宽高及内里深度在产品中标示出来,将商品的立体感呈现出来,同时给到客户一个具体的概念性和框架性,即大概知道这个产品的规格是怎样的。

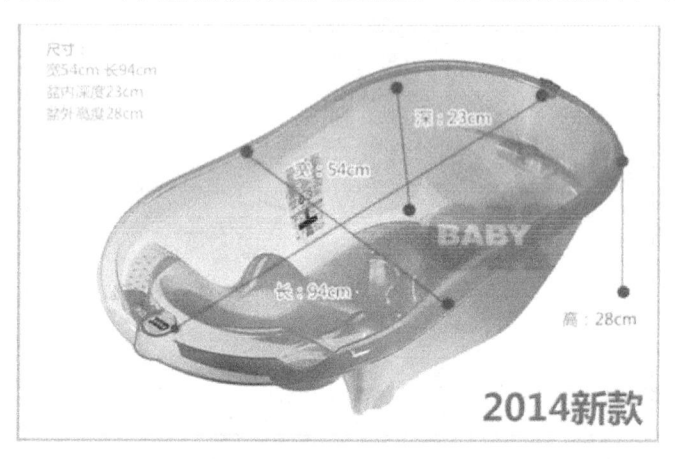

图 4-125 引导买家构建实物轮廓大小

(10)目标客户群心声渲染。从目标客户群体的视角出发,设计文案。结合图 4-126 中的案例来看,通过宝宝父母的视角来设计文案,把他们想要的产品效用体现出来,本质上还是痛点和卖点的提升,增强产品的使用代入感。

(11)卖点特写,痛点加强。关于宝贝细节的描述,如果是同质产品中普遍存在的卖点,可以不提炼到文案上或对这部分进行弱化处理。但是针对别人没有的、特殊的功能或属性突出加强,如特殊的工艺、材质、设计方式等方面。这就需要卖家把握好自家产品的卖点及用户痛点来进一步进行卖点挖掘,如图 4-127 所示的案例,目的就是将差异性继续加强、给消费者制造高大上、专业的产品印象。

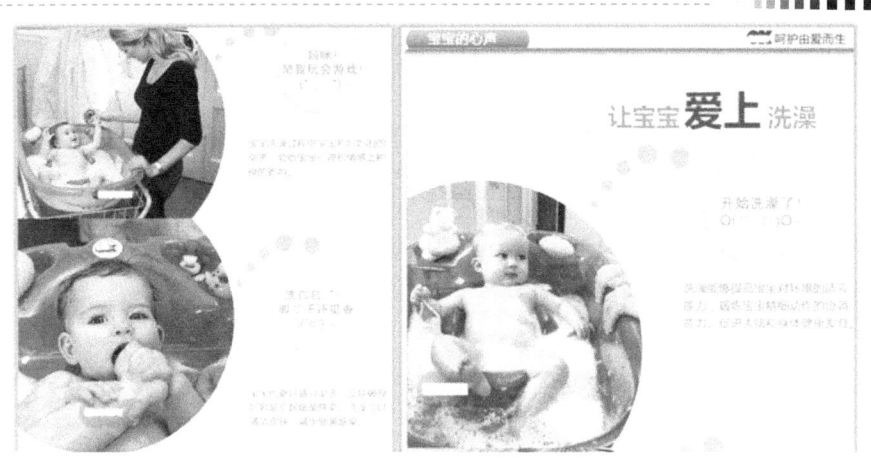

图 4-126 目标客户群心声渲染

(a)

(b)

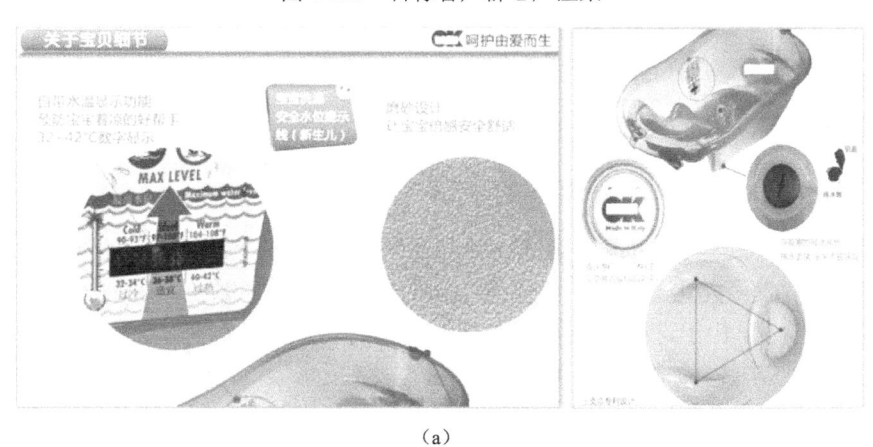

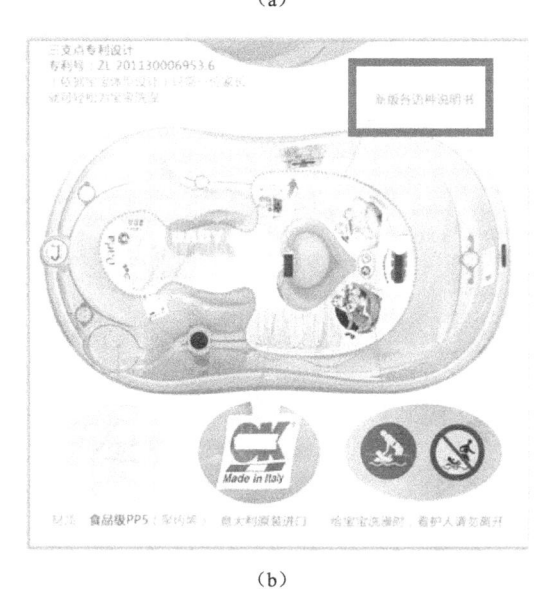

图 4-127 卖点特写、痛点加强

（12）多角度展示。对产品进行全视角的图片展示，即对产品进行多角度的拍摄和展示，使得产品概念更清晰、无盲区，如图 4-128 所示。

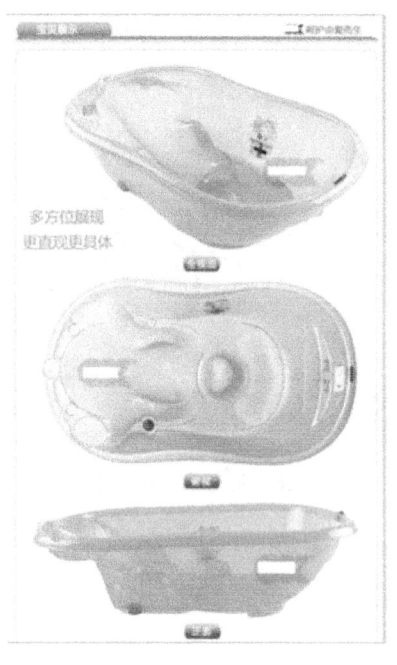

图 4-128　产品多角度展示

（13）色彩多，颜色多。在很多店铺中都存在这样的问题，就是同一款产品有多种颜色，这是为了满足消费者多元化的需求。但值得注意的是，当多款多颜色出现的时候，一定会出现一个选择困难的情况，由于选择困难则极有可能会阻碍客户实现购买，也就是我们常说的造成跳失。那么如何规避这样的情况呢？可以参考图 4-129 所示案例的思路，同样是多种颜色的宝宝浴盆，为了规避消费者的选择困难商家进行了一个巧妙的设计，就是采用星座使买家对号入座。即每个星座有一款对应的"幸运色"，父母可以按照宝宝的星座来对应选择颜色，这样卖家其实在无形之中给出了一个解决方案，既可以帮助消费者做出选择，同时还赋予了产品"幸运"的美好寓意，除此之外还覆盖了所有的目标受众，从而巧妙地规避了因为难以下决定而丢单的风险。

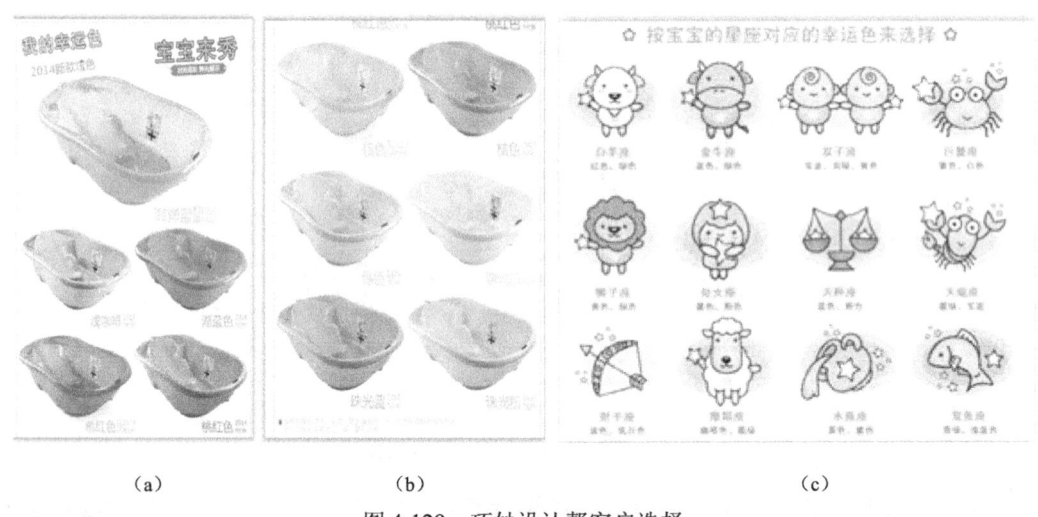

(a)　　　　　　　(b)　　　　　　　(c)

图 4-129　巧妙设计帮客户选择

（14）文案攻心。将产品进行定位的提升，如将产品包装为礼物，或者针对不同的人群从多角度进行文案描述。结合图 4-130 所示的案例来看,首先文案从"妈妈""爸爸"的角度出发,诠释了购买该产品是对孩子无微不至的"爱意"的体现。最后将产品升华到礼品阶层,即对产品做了高大上的"包装",又使整个产品的定位得到了提升。因为在消费者的思想中,礼品一定是高品质的,这样才能拿得出手,所以这个心理投射是非常有效果的。因此说该文案设计的精巧之处就在于这里。

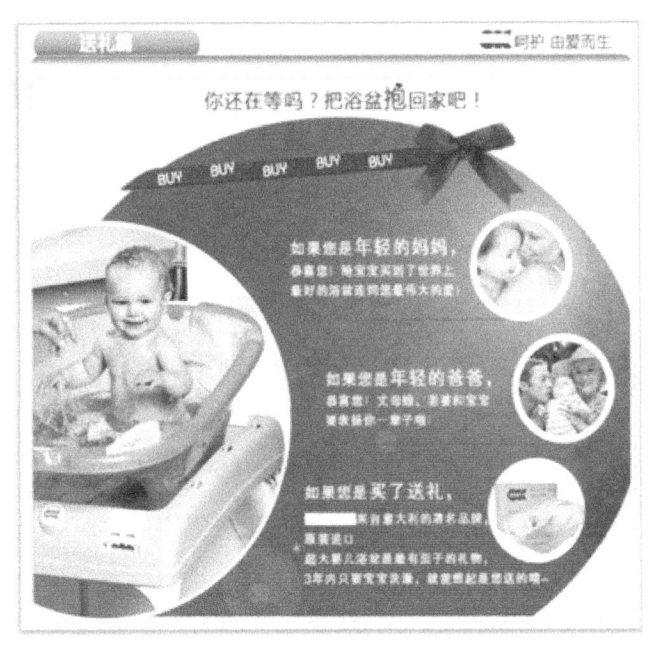

图 4-130 "文案攻心"案例

(15)影响力渲染。通过多种宣传渠道进行宣传,如上杂志、上报纸、上电视等,即增添自己的产品是有影响力的一个佐证,如图 4-131 所示。

图 4-131 产品在杂志上的宣传

(16) 粉丝体验。利用粉丝群体的效应来侧面宣传产品,在图 4-132 所示的案例中,卖家做了消费者关于产品的试用活动,然后请粉丝填写一份简单的试用报告,最后将这些粉丝的试用感受在详情页中发布出来,利用口碑营销的思路来宣传产品,为产品的口碑多添加了一份保障证明。

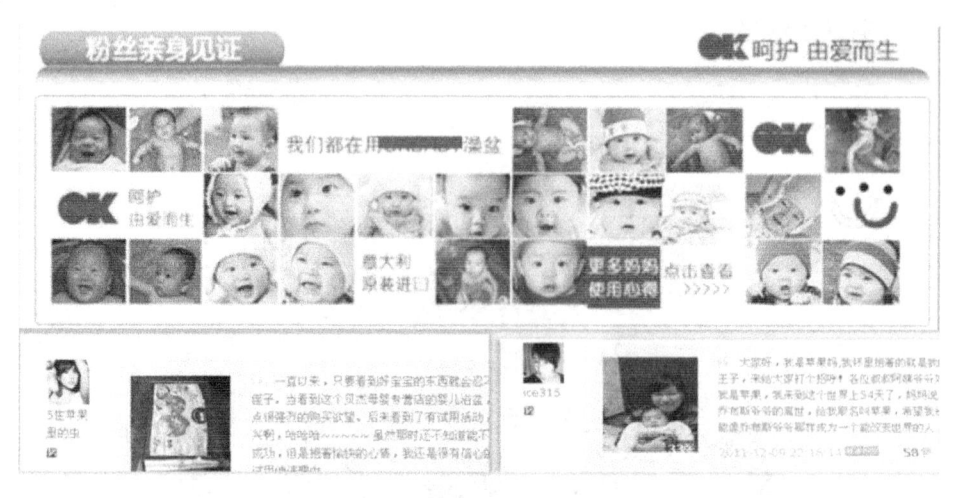

图 4-132 粉丝体验案例

(17) 物流及专业打包。产品打包及物流的相关信息说明,体现专业和优质的服务品质,如图 4-133 所示。

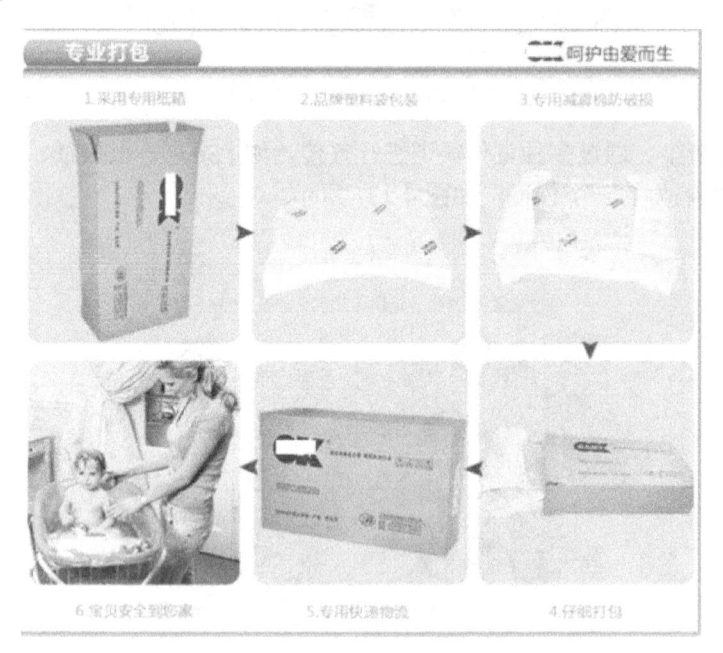

图 4-133 产品打包及物流相关信息

(18) 公司简介。如果是实力较强的公司或供应商的产品,那么公司的简介可以详细地附在详情页上,包括公司和品牌的发展历史、各种权威级的认证材料等,包装出专业和高大上的感觉,增加消费者购买的产品的安全感,如图 4-134 所示。

(19) 产品研发基地。相关的厂房、研发中心、展厅及具体商场的展柜场景展示,如图 4-135 所示。

图 4-134　详情页上附公司简介

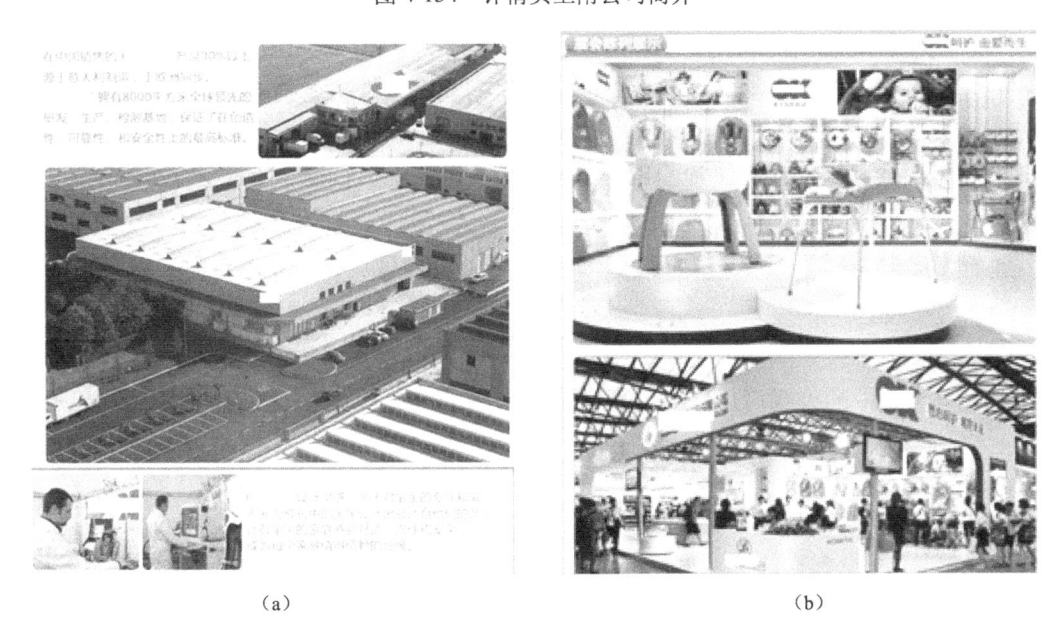

(a)　　　　　　　　　　　　　　　(b)

图 4-135　产品研发基地展示

（20）自助购物细节须知。将一些买家购物流程中关心的或经常遇到的问题详细地列在详情页上，以防止由于客服的工作疏漏而产生的订单流失，同时也是尊重消费者产品和服务知情权的体现，如图 4-136 所示。

以上是产品详情页设计会涉及的具体内容模块和相应的优化思路，掌柜们在做详情页优化及相关的推广工作时。可以参考以上的内容来进一步做优化，整套流程思路由确定详情页优化的意义开始，进而到具体的设计及文案的处理，最后利用创意来吸引眼球，整个流程下来，根本目的就是提高详情页质量和店铺的运营质量。

图 4-136　自助购物细节须知

2）推广关键词的选择和打造

在日常的淘宝运营中，关键词的搜索结果对于产品展示非常具有杀伤力。从图 4-137 所示的健康运营公式中可以清晰地看到流量（访客数）是位于实现销售额的第一步的。通过各种推广方式来进行引流其实就是为了流量的增加。因此衡量推广效果的一个重要指标就是流量的变动情况。

销售额 = 访客数 × 全店成交转化率 × 客单价

图 4-137　健康运营公式

对应图 4-137 中的公式可以看到，解决相关环节的具体操作方式如图 4-138 所示。

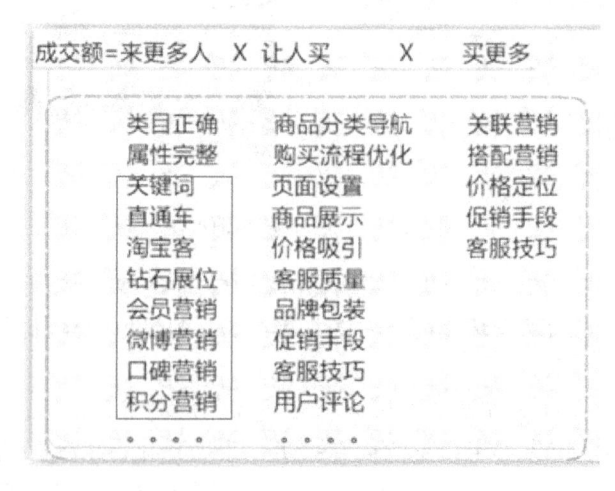

成交额=来更多人 × 让人买 × 买更多

类目正确	商品分类导航	关联营销
属性完整	购买流程优化	搭配营销
关键词	页面设置	价格定位
直通车	商品展示	促销手段
淘宝客	价格吸引	客服技巧
钻石展位	客服质量	
会员营销	品牌包装	
微博营销	促销手段	
口碑营销	客服技巧	
积分营销	用户评论	

图 4-138　具体操作方式

在解决流量这一前提性问题时，通常可以通过关键词优化、直通车、淘宝客，以及其他渠道（微信、微博等）综合来进行推广。在这里主要针对自然流量来做分析，因为自然流量是免费的，对于刚起步或实力比较弱的卖家，将自然流量做大是比较节省成本的方式，标题是搜索流量的关键，因此对于宝贝标题进行有针对性的优化是可以影响搜索流量的。在宝贝标题的选词与优化中，首先需要明白关键词的筛选原则。宝贝标题选词优化。具体操作有以下几方面。

（1）类目不搭不用。类目词与宝贝不相关的千万不能乱用，胡乱使用关键词有可能会面临滥用关键词收到相应的扣分处罚或降权的情况，得不偿失。

举例分析：在图 4-139 所示宝贝的标题描述中，可以看到"棉服"与"羽绒服"两种类目的关键词同时出现，那么你的宝贝究竟是属于棉服还是属于羽绒服呢？完全弄不清楚，这就涉及乱用关键词的情况。因此在做关键词选词时，与产品类目不搭的词就不要出现在宝贝的标题中了。

图 4-139　产品类目不搭

（2）属性不搭不用。产品的的属性与标题中的关键词必须契合，图 4-140 所示的案例中可以看到，在商品的属性当中对于填充物的描述是"灰鸭绒 71%～80%"，衣长为"中长款"。但是在相应的宝贝标题中却出现了"90 绒"及"短款"的关键词，很明显与产品属性有出入，因此属于违规使用关键词的情况，宝贝会受到降权处罚。因此在宝贝标题关键词选用时，需要与产品属性对应来筛选使用。

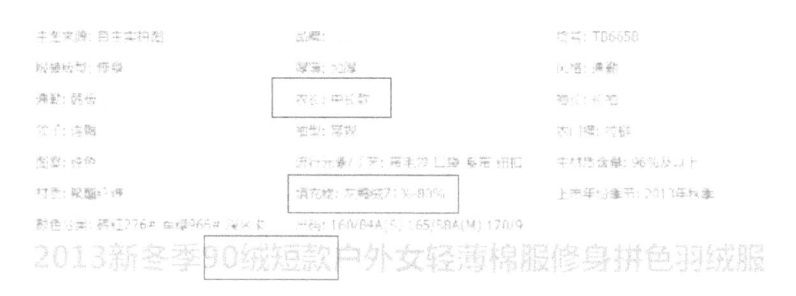

图 4-140　产品属性与标题中的关键词不搭

（3）宝贝标题常用词优化。

对于高流量宝贝的打造常用的营销词有 XX 年新款、XXX 正品、热卖、冲钻、冲皇冠、反季特卖等。标题优化需要谨慎使用的营销词有包邮、清仓、秒杀、促销、新品等。

在这里做出相关解释：针对"包邮"这个关键词，淘宝在系统中做了细分，如果你将宝贝的后台邮费模板设置为"免邮费"，那么消费者在搜索"包邮"关键词的时候，你的宝贝才能展示在"值得买"或"免运费"的频道页面里进行匹配和展示，反之则无法获得展示，如图 4-141 和图 4-142 所示。

针对"清仓"关键词，当使用"清仓"关键词时，你的产品将会被默认展示到"值得买"频道的"清仓"页面下，另外，"清仓"关键词要想成功使用必须报名参加"淘宝清仓"活动，只有成功参加清仓活动的宝贝才能在相关的搜索页面呈现出来，如图 4-143 和图 4-144 所示。

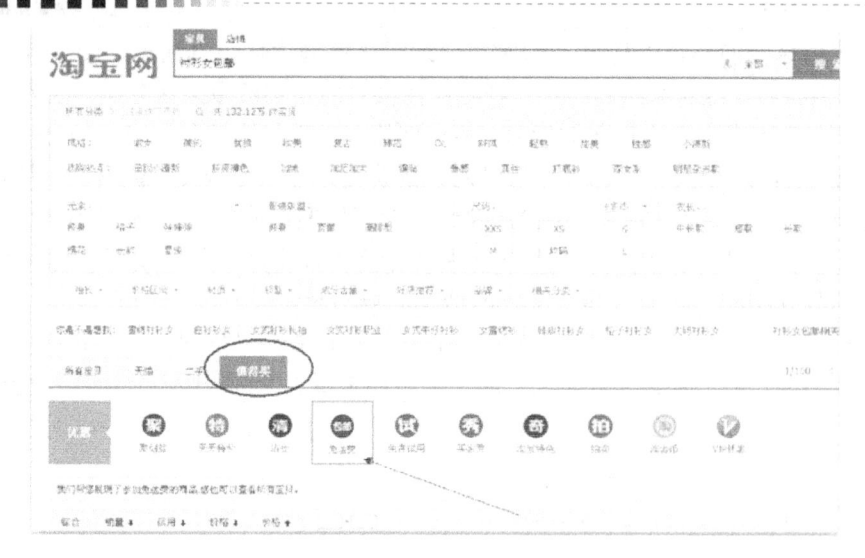

图 4-141　包邮产品后台设置

图 4-142　包邮宝贝展示区

图 4-143　清仓产品后台设置

图 4-144　清仓宝贝展示区

关于宝贝标题的打造思路：营销词+行业类目词+属性词+卖点词

在实际操作中需要注意以下几点。

(1) 借助搜索指数工具测试关键词。在关键词的筛选及打造时，可以借助搜索指数工具来进行切词的测试。如图 4-145 所示，对于"纯棉（空格键）女衬衫"和"纯棉女衬衫"两个关键词，乍一看两者的区别仅仅在于有无空格键，但是将两个关键词放到搜索指数工具中去进行测试就可以明显看出差别。

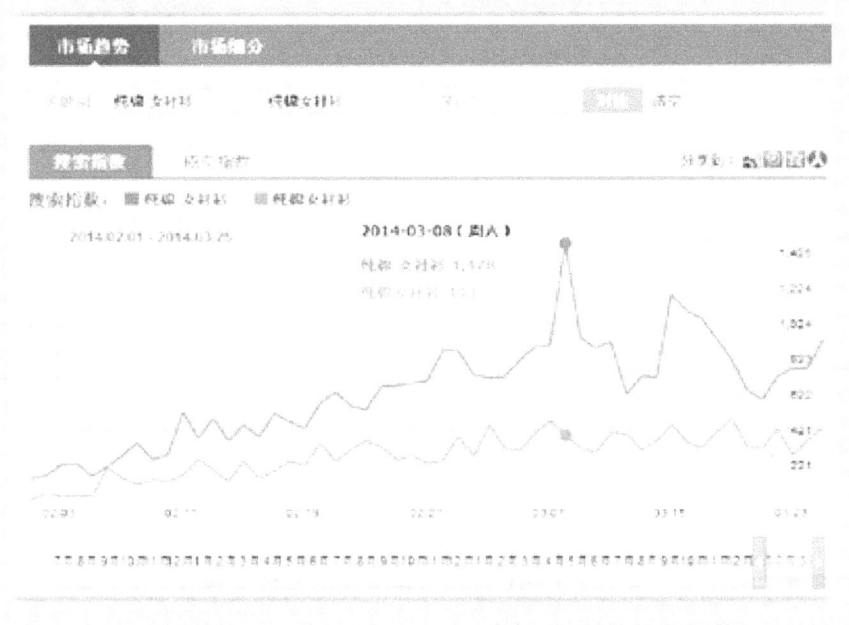

图 4-145　带空格与不带空格关键词呈现不同的规律

由图 4-145 中的统计图表可以看出，"纯棉（空格键）女衬衫"的关键词搜索指数远高于"纯棉女衬衫"的关键词，其实，这并没有什么既定因素可言，完全是由消费者的搜索情况总结出来的。但也并不是说所有带空格的关键词都呈现同样的规律，如"三星（空格键）i9300"与"三星 i9300"两个关键词的市场表现是一致的，如图 4-146 所示。因此在进行关键词选择的时候可以借助统计工具来进行切词测试。

(2) 关键词结构变化要小心。在构建关键词时，主谓宾的顺序不要随意变动。依照用户的搜索习惯，结合搜索指数工具去测试。如图 4-147 所示案例中的关键词"连衣裙 夏 韩版"与"韩版 连衣裙 夏"仅仅是主谓宾的顺序不同，结合指数工具测试出来的搜索量却有着很大

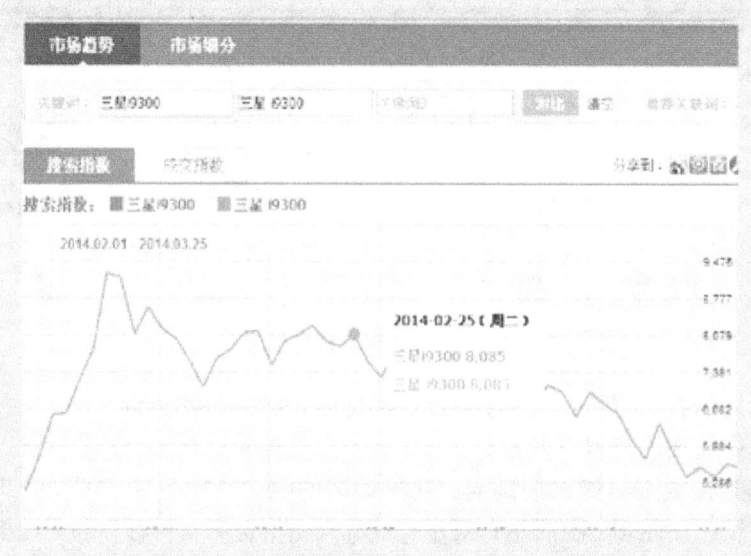

差别。因此在构建关键词时需要谨慎调整,结合数据来选用搜索流量高的关键词。

图 4-146　带空格与不带空格关键词呈现同样规律

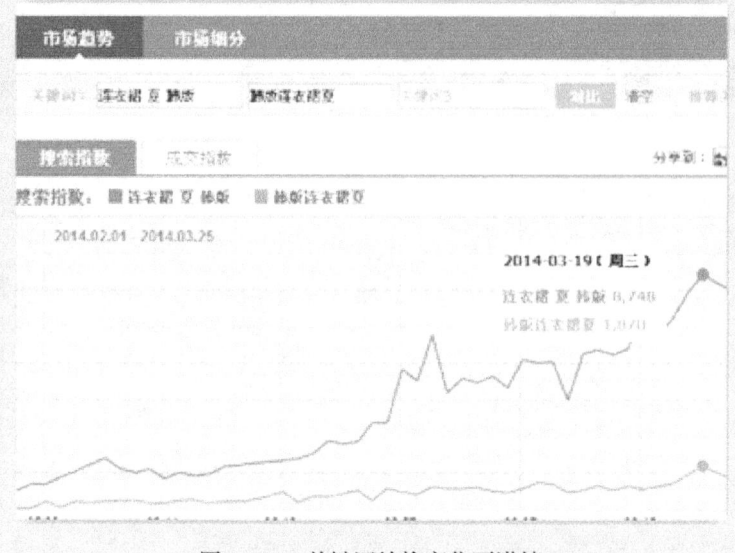

图 4-147　关键词结构变化要谨慎

（4）巧用上下架时间。对中小卖家而言,上下架时间决定着店铺能否引进更多的免费流量。掌柜们都知道,淘宝对每个店铺的宝贝都会有一个 7 天为周期的上下架时间。越靠近下架时间,宝贝获得流量和展现的机会越大。但是,如何才能把控上下架时间,找到最适合店铺宝贝的上下架时间呢?

上下架时间对宝贝的影响有以下几方面。

① 临近下架时间,优先加权排序。

例如,某一店铺宝贝今天下午 18 点下架,在 7 天之后 18 点宝贝会自动上下架,不需要手动操作,在临近下架的时间段,是获取流量最容易的时间段（20 分钟～1 小时内）。

② 热搜关键词和非热搜关键词（温性关键词、冷门关键词）对下架时间的影响不同。如图 4-148 所示。

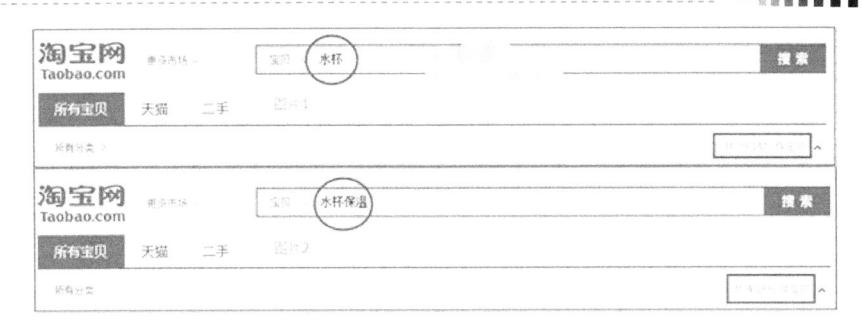

图 4-148　热搜与非热搜关键词

首先看淘宝网搜索热门关键词"水杯",淘宝展示出来的宝贝共有 59.14 万件,因此在自然搜索豆腐块中展现的宝贝,就是从 59.14 万件宝贝中挑选出的 4000 多个。59.14 万件的宝贝数量是一个非常庞大的竞争市场,因此,虽然面临下架的宝贝获取流量非常好,但竞争力非常大,中小卖家要争抢首页或前 3 页非常不容易。

再来看淘宝网搜索温性关键词"水杯保温",淘宝展示出来的宝贝共有 4.38 万件,自然搜索时,豆腐块中展现的宝贝很多并不是临近下架,却可以排名排到首页或前 3 页。

关于淘宝规则

淘宝从 59.14 万和 4.38 万件宝贝中索引出 4000 多个相关宝贝后,相同宝贝展现于首页的几率不一样,竞争力也会有差异。从 4.38 万件宝贝中脱颖而出的竞争明显较小,首页排名几率较大,稳定性偏高。从 59.14 万件宝贝中脱颖而出的竞争力较大,而且排名要排于首页需要多方面审核,如宝贝人气分数、宝贝转化率、宝贝收藏量、宝贝销量等综合因素。

因此,建议中小卖家做关键词优化、标题优化、属性编辑时尽量使用非热门关键词,避免多次使用热门关键词,可以减少竞争力,提升上下架搜索排名。

③ 产品人气较大的宝贝受下架时间影响较弱。店铺基础较高的宝贝、人气量较大的宝贝非上下架时间获取的流量也会比较大(排名于前 3 页),临近下架时间则会获取更多流量,非下架时间流量不会减少太多。

这类宝贝普遍为大卖家店铺宝贝、宝贝基础较高宝贝、宝贝关键词多使用"热门关键词"。因此,中小卖家并不适合用热门关键词争抢上下架时间流量。那么如何安排上下架的时间呢?

做法 1:基础做法。将宝贝平均分配在每天的流量高峰期内,如图 4-149 所示。

适合店铺:刚起步卖家、宝贝数量较多的卖家。

使用工具:数据魔方—产品详情—买家信息分析—来访高峰时段。

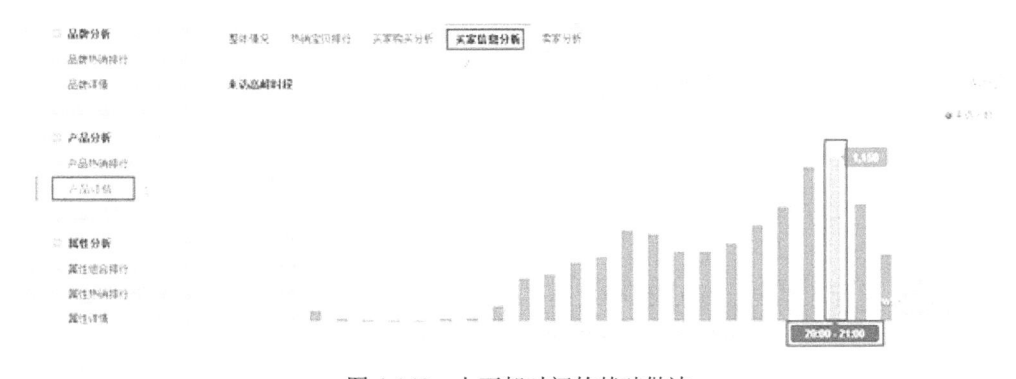

图 4-149　上下架时间的基础做法

设置目的：此时间段为淘宝网买家人数最高峰，卖家此时间段设置店铺主打款可以让买家更多地看到自家店铺宝贝的曝光和展现，引流几率较大。把其余宝贝分配于其他访客高峰时间段，多宝贝进行多次高峰时间段展示，更大效率地提升店铺宝贝曝光量。

做法 2：精准做法，有选择性的将宝贝分配在每天的成交高峰期内，如图 4-150 所示。

适合店铺：有一定基础的卖家，宝贝数量不多。

使用工具：生 e 经—行业分析—选择类目—上下架时间分布。

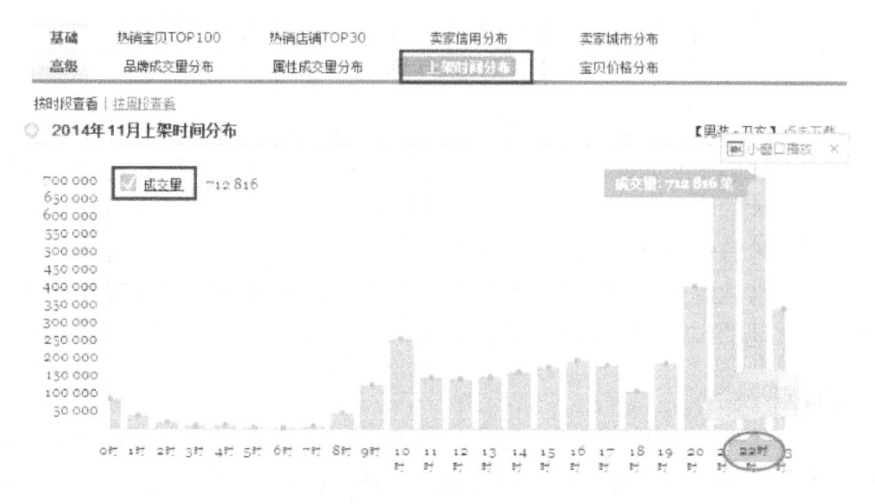

图 4-150　上下架时间的精准做法

设置目的：此时间段为淘宝网成交量高峰期，成交最高、转化率最高、销量最高。买家此时间段购买宝贝的几率最大，适用店铺宝贝数量不多的卖家，把店铺宝贝每间隔 15 分钟以上进行分段上下架设置，进而精准的让每一款宝贝都会产生曝光和转化。

做法 3：参考法，参考排名较好的中小卖家宝贝，如图 4-151 所示。

适合店铺：方法 1、方法 2 不适用，急需流量提升的店铺。

使用工具：淘诊断—宝贝分析—输入宝贝链接—基本信息。

图 4-151　查询并参考排名较好同行店铺

查询原则：同行店铺与自家店铺相差不多但宝贝相同的上下架时间（包括销量、信誉、DSR 等且排名于前 3 页）。

设置目的：店铺基础相差不多、宝贝相同，同行店铺宝贝下架时间可以排名于首页，自家店铺设置相同时间上下架,可更有效地提升自家宝贝的上下架排名。若自家店铺比同行具有优势,上下架时间排名会高于同行店铺。

搜索关键词:以中心词+属性词搜索为主(温性关键词、冷门关键词),不可用主要中心词,主要中心词竞争力大,属于热门关键词。

关于宝贝上下架的两点规则

(1)淘宝搜索同一个页面最多展示同一店铺的两个宝贝。买家搜索一个关键词后,自然搜索豆腐块中最多展现同一店铺的两个宝贝,因此,店铺同一段时间尽量不要堆积多个同款宝贝或相似宝贝,至少间隔15分钟以上,进而让多个宝贝更大几率展现于前3页来获取更大流量。

(2)淘宝搜索同一个页面最多展示同款产品4个宝贝。多家店铺出售同一款产品,但是同款一页最多展示4个宝贝(竞争度小的产品除外,会有多个展现),因此,需要针对店铺上下架宝贝在不同成交时间段或不同访客时间段进行宝贝分布,进而提升自家店铺宝贝在前3页的展示机会。

4.5.4 京东店铺推广实施

1. 多维度认识京东平台推广规则

入驻了京东商城以后,常会有商家抱怨没销量、没活动、规则问题等,但为什么同样的产品与价位,其他品牌就可以享有更多的资源呢?除了运气,更重要的是遵循了商城内的规则与玩法。商刻认为,遵循游戏规则,并利用这些规则尽量做到利益最大化,才是在京东日常的运营工作做好的前提。

关于京东开放平台的游戏规则

京东的游戏规则可以分为两种:显性规则与隐性规则。

(1)显性规则,即合同规则(合同与附属文件纸面上所规定的),商家必须遵循的规则。熟知这些规则并尽量避免违规,是身为京东运营最基本的要求。当然合同上面所规定的各项指标,一般不用全部做到。例如,全网最低价,有几款商品价格偏高一般京东也不会追究;又如,删单率超过了1%,一般京东方面也不会追究具体数值。但是以下几条规则,可以说是高压线,必须认真对待。

① 订单发货时限要求。
② 商品发布规则。
③ 客服用语规范。
④ 工单处理时效。

不管销量好与坏,首先一个商家京东运营必须保证的是,不违反规则。如果说显性规则保证店铺不会关闭,那么隐性规则就是运营好京东店铺必须要做的无形原则。

(2)隐性规则,又称对接入规则。

类目运营经理是京东的运营人员,京东店铺的商家也有自己的运营岗人员。互利共赢中,商家只能选择京东类目经理,但京东类目经理并不只有一个商家选择。

作为京东运营岗从业人员,应该都有一点很深的感触:京东类目负责人在运营QQ群内的地位近商家。类目经理要求卖家提报的时候,卖家反应速度一定要快(小活动3分钟,表格5~

10分钟，图片半小时，团购半小时）。商家提报的正确率一定要高（提报表格，提报规则，图片大小，文件命名），配合态度一定要好（满减满送活动都要参加，要有适当的亏本魄力）。不然就基本与这个资源无缘了。换位思考，类目负责人现在临时有一个资源，很紧急，他会选择怎样的商家来报这个资源呢？当然是给最熟悉最了解的商家了！

如何与类目经理打好交道？

（1）你要拿出自己的魄力，月初需要给类目经理主动提供自己京东店的销售额。

（2）在京东类目运营QQ群里常出现，如图4-152所示，主动协助类目经理做一些支持性的工作。

（3）你对京东每个位置的流量一定要有所了解，整个行业的转化率，自有产品的市场均价。

（4）经常打电话与类目经理沟通，尽管他很忙，但常出现你的身影，他会记住你。

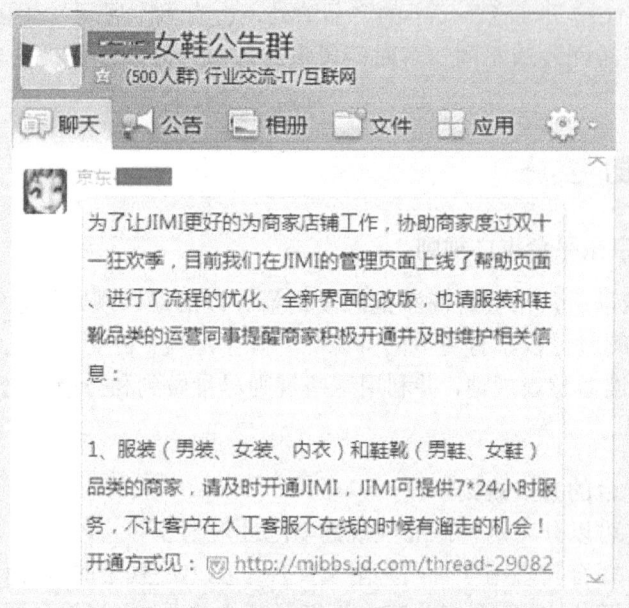

图4-152　京东类目运营QQ群

在京东开放平台，除了与类目运营经理搞好关系之外，运营岗还要了解平台的流量资源。下面是商刻对京东的流量资源及注意事项的几点说明。

1）团购

提报格式：团购款式截图+团购价格+团购产品链接+店铺链接，这个直接给类目运营经理的QQ或发他们的工作邮箱。

一般的选款要求如下。

（1）应季产品和热卖产品。

（2）库存在800～2000，看款式和季节而定。

（3）价格必须是全网最低价，且没有在聚划算等平台做过。

（4）卖家们要记录每天自己产品类目的团购销量情况、合理定价和款式。

类目运营经理也是有自己的考核指标的，所以商家提报的选品一方面要卖得好，另一方面要有预估销售额，被选中的优先级更高。这也是为什么部分商家会选择交易包装的方法来争取团购名额了。无论是在哪个平台，交易包装都不是正当的营销手段，因此还是建议大家在营销推广工作方面正确、合理的稳步前进。

报名团购需要提供资料如下。

（1）表格和图片，表格请各位严格按照表头里的要求做，如果有错误就不再给机会了。

（2）图片大小为 440×293 像素，且小于 50KB。

（3）图片制作要求：左上角是品牌 Logo，剩下的区域放产品，可以有模特背景，但是主要突出产品特点，不要有太多的文字。

图 4-153 所示为提交资料图片的样本。

图 4-153　提交资料图片的样本

需要注意的事项如下。

（1）一旦确定了京东团购这项计划，尽快把相关的团购资料交给类目运营经理，最长时间不超过一天。

（2）在确定团购排期之后，商家做好前期和当天的宣传（配合给予一定的外投资源），宣传方式如短信、邮件、微博等，同时，优化团购商品描述页，并且店铺首页要做一定的推广。

（3）团购上线前一天，找类目运营经理处获取已编辑好的团购链接进行检查，并且设置促销并截图给类目运营经理。

（4）团购期间与类目运营经理保持电话沟通。

（5）尽量做好关联销售及商家之间的友情互联。

（6）团购商品发货时效与普通订单一样也是 24 小时（预定团除外）。

2）首页单品

提报格式：款式截图+价格+商品链接。

需要提供资料：产品详情表格（类目运营经理处获取表格模板）。

需要注意事项如下。

（1）及时关注所在京东类目运营 QQ 群内的共享和消息，提报的表格必须是最新的表格。

（2）表格按照要求仔细填写，提报商品的价格不同类目有不同的限制，具体询问类目运营经理。

（3）活动开始前 3 天，严格按照活动时间设置好促销，并截图给类目运营经理。

（4）提报商品必须有库存，一旦缺货页面将不显示商品，并且以后可能会失去更多这样的机会。

（5）合理利用首页显示名称及广告语：可使用促销语，如仅此一天等。

3）服装城资源及平台活动

提报格式：等待类目运营经理主动分配，无法自行提报。

需要提供资料：图片+店铺链接。

需要注意事项如下。

（1）图片及命名严格按照要求提报。

（2）活动期间店铺要设置好相应的店铺活动。

（3）店铺商品链接设置成新窗口打开，商品价格要与页面相符，无货商品必须替换掉或在页面标明售罄。

4）二三级资源

提报格式：截图+SKU 编码+价格+链接。

邮件提报需要提供资料：图片+店铺链接+原价+促销价。

邮件提报需要注意事项如下。

（1）促销设置日期要一致。

（2）上资源位的商品必须添加广告语。

（3）在活动期间商品不能无货。

5）引流工具

京东平台上的流量可以分为付费流量和免费流量两种。付费流量的引流工具主要有硬广、首页单品、京东商务舱等，商刻简单介绍如下。

（1）硬广：京东页面上各处的 Banner 位置，可以和运营经理联系购买。

（2）首页单品：首页各位置的单品位置，可月初的时候联系类目负责人提报购买。

（3）京东商务舱：在商品搜索页及三级列表页顶部、左侧及底部的单品广告位，也有 EDM 营销、京东站外广告位直投等服务，可以通过后台进行充值竞价投放。

图 4-154 所示为搜索推广页面。

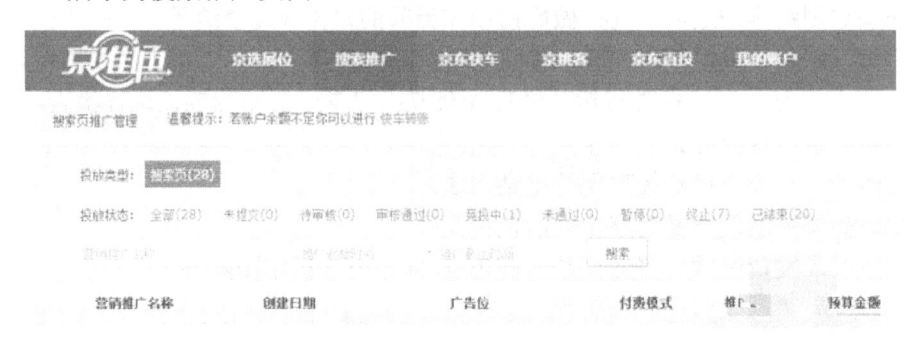

图 4-154　搜索推广页面

以上就是作为京东运营岗的人员需要知道的显性规则与隐性规则，每个平台的运营方式与流程习惯都不一样，所以需要根据平台操作方式来区别对待。

2. 京东 SEO 优化及推广技巧

京东关键词排序的相关性，关键词所占的权重为 10%，产品方面的为 40%，店铺反馈方面的为 50%。这里不要小看关键词所占的 10%的权重，没有这 10%，就没有后面的 90%，用户的需求及店铺的自然流量就无法提高，那么如何优化京东产品的标题，获得免费的搜索流量呢？

不管是网页优化，还是垂直购物网站优化，关键词反应的是用户的需求，而且越长位的关键词越精准，越能带来更高的免费的竞争流量。那么对于卖家而言，如何优化产品的标题，获得免费的自然流量呢？

1）标题尽量简洁，最好控制在 45 个字符以内

据京东官方的搜索优化白皮书表明：京东关键词排名的权重与字数有一定的关系，越长的标题不仅影响用户体验，而且会稀释关键词的权重。标题控制在 45 个字符以内，能发挥广告语促销的优势。

规范的命名格式，京东搜索白皮书的格式：中文品牌（英文品牌）+商品名称/型号（系列）+规格、材质类型、用途+颜色+货号。

而京东搜索白皮书的正反面例子分别如下。

正面例子：衣研堂 创意书柜 收纳储物柜 LF-W-1030 细条棕橡。

反面例子：广博窄书柜 抽屉门板随意增减门厅柜 可延长隔断 不靠墙也稳定 正反面通用 创意组合书柜 5×4 列橡木色。

总而言之，京东关键词命名规则是：中文品牌（英文品牌）+热搜词+产品特点（属性、功能）+类目+货号，并且避免空格、特殊符号、堆砌关键词，如图 4-155 所示。

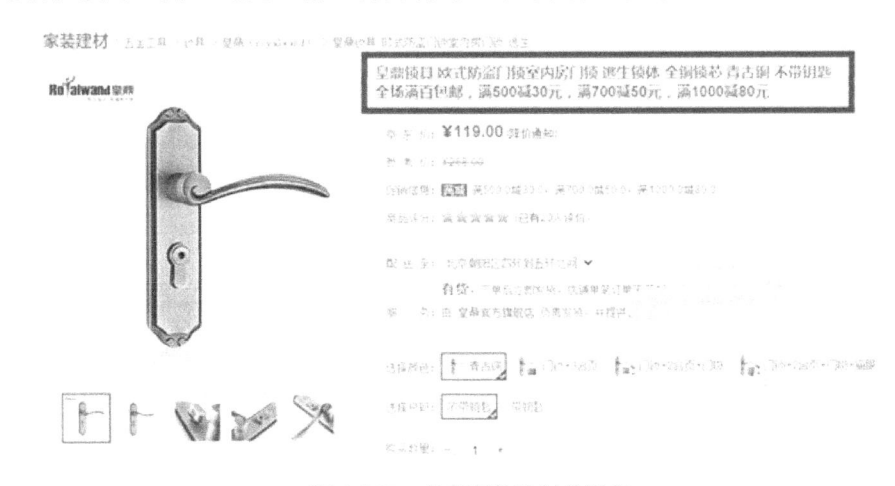

图 4-155　京东家装建材关键词

2）如何寻找要优化的关键词

（1）利用京东的下拉框搜索，如图 4-156 所示。

数据来源：用户搜索词，搜索日志。

排序：按照点击量、搜索量、商品数等综合排序。

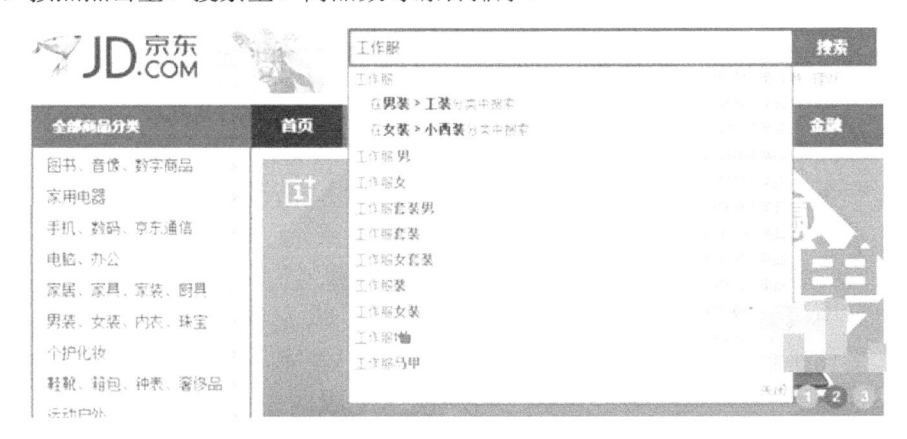

图 4-156　京东的下拉搜索框

（2）利用京东的相关搜索，如图4-157所示。

数据来源：用户搜索词，搜索日志。

排序：按照相关性、搜索量进行排序，同时也有智能化推荐。

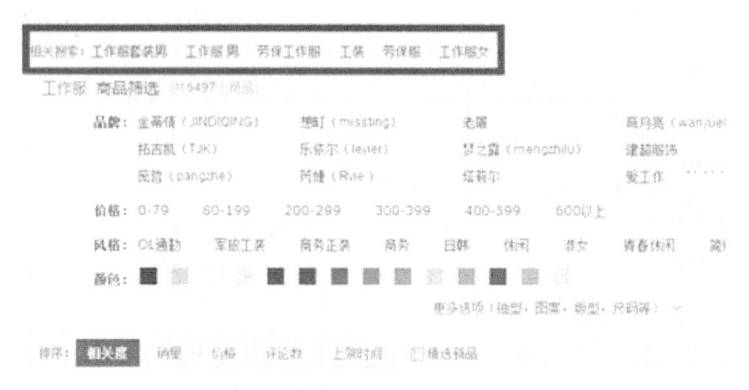

图4-157 京东的相关搜索

（3）三级类目属性和热门搜索。

① 当用户输入三级类目词时，直接展示属性筛选页。

例如，用户输入类目词"键盘"，直接出现属性筛选结果页进行筛选。

② 当用户输入其他词时，直接展示类目筛选页，用户单击具体类目按钮进入该产品属性进行筛选。

例如，用户输入类目词"诺基亚"，直接展示所有类目，用户单击"手机"类目按钮，则直接进入该类目下手机的产品属性进行筛选。

③ 用户搜索"诺基亚"时，单击"手机"类目按钮，进入属性筛选页进行属性筛选。

（4）京东快车关键词整理。根据数据罗盘里面的京东快车整理出一份关键词，然后对现有的关键词进行微调，对那些转化率比较高的词，进行相应的优化。

结合上面3个关键词来源，再按照中文品牌（英文品牌）+热搜词+产品特点（功能、材质）+类目+货号根据自身产品特点发布产品，即是不错的关键词优化了！

3）京东关键词优化的后续工作

前面说来，关键词优化所占的权重只有10%，产品和店铺方面的占比为90%，仅做好了关键词优化的10%，不一定就能在京东搜索排序中有一个好位置。

（1）优化好5个维度。京东的相关性排序有"价格、评论数、销量、上架时间、相关性"，这里的相关性排序是一种综合算法，与价格、销量、评论数、上架时间有关。而上架时间，京东不能像天猫、淘宝那样，频繁的上下架会被京东识别为作弊，而且产品的评论也会没有了，实在得不偿失；而产品的价格，作为大部分卖家，你肯定不是最有优势的，因此这个维度可以忽略不计。因此唯一能优化的就是评论数（好评率）和销量了。

建议掌柜要记住京东的销量以7日为一个排名周期，而销量的排序，往往是某个关键词流量所产生的转化率。销量与产品的价格和销售额有关系。因此优化销售额就要从销量入手！优化时，一定要借助外力，如京东快车，或者做好会员营销等。这里要记住，产品标题里面的高频关键词、中频关键词、低频关键词，一定都要进入前36名（为节省成本和时间，建议先优化中频关键词和低频关键词），优化的时候，把握二八原则，以及关键词进来的流量所产生的销量要不间断，不要一天过高，而某几天没有一点销量。

（2）做好京东关键词优化的数据统计。做好京东关键词优化的数据统计，离不开运营京东的五大报表，这五大报表里面的关键词报表，记录了关键词排序不同时刻的位置，以及排名给你带来的流量变化，如图 4-158 所示。

图 4-158　京东关键词优化的数据统计

京东关键词优化的数据统计，还有一点，就是页面的二次优化，二次优化的数据，可以利用京东的数据罗盘，京东的数据罗盘初级版能导出某个产品每天每月的流量、访客数、转化率及销售额等，进而能分析你的产品哪些是金牛产品，哪些是明日之星，而对于那些流量大转化率低的产品，就可以进行相应的优化。

众所周知，京东关键词标题的权重就是产品权重，它是由综合销量、相关度、产品质量反馈、店铺综合评分及其他未知因素来决定的，而这些因素都是相辅相成的，就像现在的团购虽然不计入产品的销量，但团购所带来的巨大的销量、拉升的转化率，只要关联销售匹配做得好，团购绝对对你的团购款、关联款的排名有不错的提升（大量的团购里面，总有不少人给你评论的）。

3．京东店铺 6.18 大促活动推广及运营

6.18 大促来了，天猫、京东的很多商家都想在活动期间营业额爆升，任何东西都是先有投入才会有回报的。那么首先应该对自身店铺有一个清晰的认识，然后确定一个合理的目标，制定的目标如何去分解并逐一完成，需要对运营有清晰的规划和把控。图 4-159 所示为促销活动页面，具体做法如下。

图 4-159　促销活动页面

1) 制定 6.18 大促目标

（1）制定目标。6.18 大促来了肯定都是要去做的，但是你做的目的是什么很重要，首先明确了目标，才有接下来的一二三，去围绕目标完成，活动目标有以下几种。

① 做规模：业绩、权重——未来的钱。

② 打基础：销量、评价——未来的钱。

③ 无所谓：不知怎么做——对自己没信心。

④ 要赚钱：利润、成本——赚快钱。

无论你确定哪个目标，都要先做一个目标营业额，目标营业额的确定建议根据 5 月份的一个营业额来确定。给到的目标参考：日均营业额千元以下的店铺，大促当天可以翻 1～5 倍；日均营业额千元～万元的店铺，大促当天可以翻 3～7 倍；日均营业额 1 万元～8 万元的店铺，大促当天可以翻 5～10 倍；日均营业额 8 万元以上的店铺，大促当天可以翻 20 倍；这里之所以有跨度就是还要考虑店铺的基础，是否是应季产品，是否有小爆款，活动促销力度是否给力等因素。店铺 2016 年 6.18 大促目标如图 4-160 所示。

图 4-160　店铺 2016 年 6.18 大促目标

（2）分解目标。无论目标是什么，完成目标的核心是营业额，营业额的三要素是客单价、转化率和访客数。那么就可以根据这三要素来分解目标，大促流量预估参考值如图 4-161 所示。

访客数和转化率：一般可以分解为免费流量、自主访问流量、付费流量三部分。给到一个参考值，这个是一个平均水平，同时大家也适当参考一下其他渠道，如达人、站外流量等。

大促流量预估参考值			
渠道		流量	转化率
自助访问	收藏/购物车	30%入店率	15%-40%
	优惠券	发送量*20%使用率	5%-20%
	直接访问	1年会员数*20%回访率	10%-50%
免费流量	会场	2-3倍	低于主搜
	搜索	2-3倍	2-3倍
付费	直通车	根据需求进行调控	1-3倍
	钻展	官方会占据大部分展位，竞争激烈	2倍
	淘宝客	2倍	2倍

图 4-161　大促流量预估参考值

客单价：建议参考当前基础、大促打折力度、满送力度、主打款力度 4 个指标。在大促时可以多玩一些多件购买的活动，有利于提高客单价。

2) 6.18 大促活动策划

确定了目标，就要想办法去完成目标。我们分蓄水期、预热期、高潮期和延续期 4 个阶段去完成目标。

（1）蓄水期的活动策划。蓄水期店铺的目的是老会员唤醒、新会员拓展、店铺印象植入、潜在人群圈定。那么为此制定的活动方案如图 4-162 所示。

① 夏季新品驾到，17 日折上 9 折——目的是新品积累销量，为后面的大促转化做准备。

② 实付满 1000 元赠送 6.18 大促当天无门槛优惠券 50 元——目的是提前把大促优惠券发出去，而且额度是要能足够吸引消费者的，不然距离大促还有这么远，客户不一定记得住你的店铺。

③ 优惠券——额度是为了满足 6.1～6.17 日的正常店铺营业额，不要因受到大促营销过于低迷，建议还可以做提前购，把货品分一批出来大促前进行打折，保证大促前的营业额。

例如，50 元满 600 元使用，100 元满 1200 元使用，200 元满 2000 元使用。领券使用时间为 6.1～6.17 日。

日常运营中植入 6.18 大促概念和信息、问卷调查（款式和营销手段等）、日常满赠 6.18 大促当天优惠券、赠品寻找和确定等。

蓄水期店内活动方案	
计划内容	店铺
活动时间节点	6.1-6.17
活动目的	老会员唤醒 新会员拓展 店铺印象植入 潜在人群圈定
活动主题	XX会员尊享日
活动促销方式	1、夏季新品驾到，17日折上9折 2、实付满1000元赠送6.18大促当天无门槛优惠券50元 3、优惠券： 50元满600使用 100元满1200使用 200元满2000使用 领券使用时间：6.1-6.17
美工配合	6.18大促新品二级页制作（PC和无线）
运营配合	日常运营植入6.18大促概念和信息 问卷调查（款式和营销手段等） 日常满赠6.18大促当天优惠券 赠品寻找和确定
客服配合	产品导购 回复6.18大促相关信息
推广配合	日常推广优化，打造爆款和尽量拓展店铺新会员 蓄势爆发
货品配合	赠品寻找和确定 6.18大促专供款

图 4-162　蓄水期店内活动方案

（2）预热期的活动策划。预热期店铺的目的是活动预热、新款预热、最大限度唤醒会员和加深店铺记忆、最大范围发送优惠券和 6.18 大促当天活动信息。那么为此制定的活动方案如图 4-163 所示。

① 6.18 大促新品预览和测款——可以通过页面收藏和加购来确定 6.18 的新品主推款式和库存备货。

② 优惠券提前领取——临近大促，可以发当天的优惠券了，这一次是完全发放当天的优惠券，如 50 元满 499 使用、100 元满 899 使用、200 元满 1599 使用、300 元满 2499 使用、500 元满 3499 使用。

③ 实付满 1000 元赠送 6.18 大促当天 50 元优惠券满 400 使用——目的都是为了大促设置

的优惠券提前领取。

图 4-163 预热期店内活动方案

④ 每日签到活动，积分兑换礼品、优惠券等——增加客户黏度，提高客户大促期间返回店铺的回购率。

⑤ 加满 5 个购物车晒图客服领取优惠券——增加客户黏度，提高客户大促期间返回店铺的回购率。

⑥ 6.18 大促新品投票销售王，猜中 6.18 大促新品第一名的微淘粉丝将会获得神秘礼物一份——增加客户黏度，提高客户大促期间返回店铺的回购率，同时也是进一步测大促主推新款。

⑦ 6.18 大促互动话题——增加客户黏度，提高客户大促期间返回店铺的回购率。

⑧ 预热期间每天推出两款秒杀单品——增加客户黏度，提高客户大促期间返回店铺的回购率。例如，每天 9：00 到 24：00，每天两款超值单品秒杀。

（3）高潮期的活动策划。高潮期店铺的目的是打造 6.18 大促购物狂欢日，冲刺销售目标，提升店铺排名，为夏款打下基础和测试秋款。那么为此制定的活动方案如下。

① 夏款货品设置 6.18 大促价，全场 6 折封顶——提高大促的转化率。

② 优惠券——提高大促的转化率。

例如，50 元满 499 使用，100 元满 899 使用，200 元满 1599 使用，300 元满 2499 使用，500 元满 3499 使用。

③ 全场包邮——提高大促的转化率。

④ 秒杀区白天场和晚上场，性价比高，产品限量秒杀，每场各 20 款——提高大促的转化率。

⑤ 6.18 大促专供秋季新品，活动后涨价——提高大促的转化率，同时测试秋款。

⑥ 豪礼狂送——提高大促的转化率。

例如，在活动当天 0～2 时下单的顾客可获赠精美百搭腰带或毛衣链（随机赠送），期间前 10 名客户加送收纳包一个；8 时、12 时、20 时第一名付款买家获得支付宝红包 100 元；当天成交金额最高的 5 名客户获得真皮背包一个等。

（4）延续期的活动策划。延续期店铺的目的是活动后维护阶段余热利用和后期维护，为此制定的活动方案如图 4-164 所示。

① 夏款货品设置 6.18 大促价，全场 6 折封顶。

② 优惠券：50 元满 499 使用，100 元满 899 使用，200 元满 1599 使用，300 元满 2499 使用，500 元满 3499 使用。

③ 6.18 大促专供秋季新品，活动后涨价一折。

保留以上 3 个活动，即活动延续两天。例如，秒杀和礼物取消。

计划内容	店铺
活动时间节点	6.26-6.28
活动目的	活动后维护阶段 余热利用和后期维护
活动主题	狂欢返场
活动促销方式	1、春夏款货品设置6.18大促价，全场6折封顶 2、优惠券： 50元满499使用 100元满899使用 200元满1599使用 300元满2499使用 500元满3499使用 3、6.18大促专供新品，活动后涨价一折
美工配合	海报更换 撤掉秒杀区、礼品区等等
客服配合	利用余热最大化产生订单 日常运营 折扣设置等等
美工客服推广如何配合	产品导购 回复产品、活动相关信息
推广配合	调低投放比例，降低无效 精准推广引流
货品配合	

图 4-164 延续期店内活动方案

3）6.18 大促活动工作安排

制定详细的活动工作时间表，责任到人，落实到每个时间节点。分别从活动、设计、直通车、钻展、无线端、CRM 管理、客服等岗位去分解。

4）6.18 大促活动效果

经过上述的努力，去年的天猫女装大促是 6.23～6.25 日，活动期间店铺营业额最高达 6 万元，活动 3 天累计营业额达 16 万元以上。较平时翻了 5～6 倍，对于一个知名度不高的品牌店铺来说，这次大促算是一次成功的营销。6.18 大促活动前后销售指标和走势如图 4-165 所示。

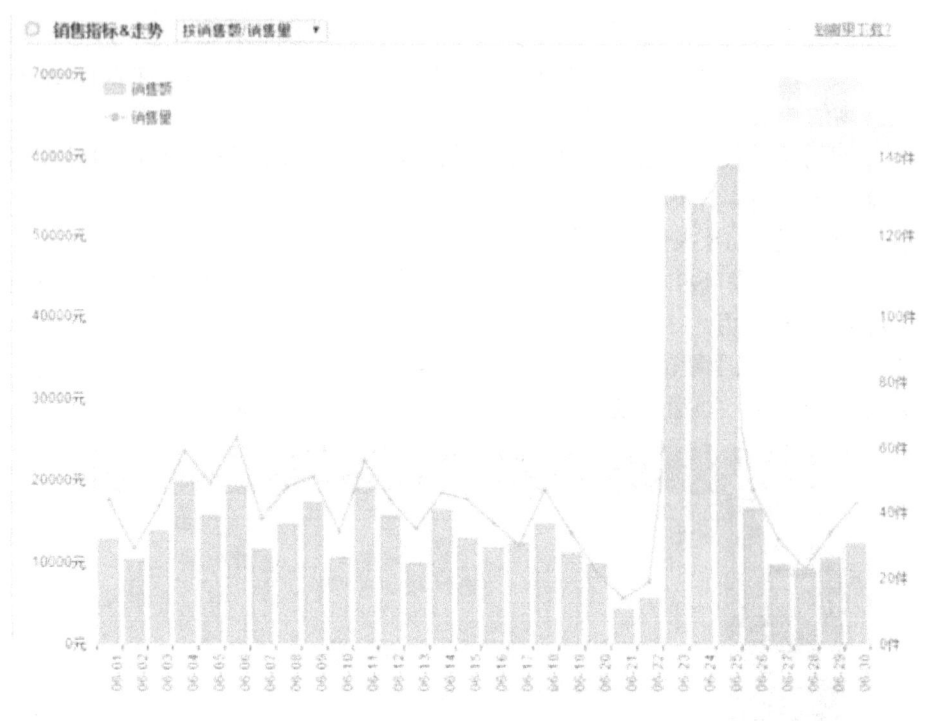

图 4-165　销售指标和走势

5）总结

（1）明确自己的目标，制订完成目标的方案，分解目标一个阶段一个阶段的完成。

（2）明确各岗位的工作，落实到具体的时间节点，确保方案按照预期完成。

（3）大促最大的意义是刺激消费者的购买欲望，在大促期间超出预期的爆发，所以要合理利用这个消费原理，去设置店铺的阶段营销。

4.6　电子商务运营常用工具盘点

现在电子商务的竞争越来越激烈，商家们必须借助一些外部的工具将运营做得更好。这里推荐一些常用的电商运营工具，希望在今后的运营工作和学习中能够起到一定的帮助作用。

1．淘宝、天猫官方数据分析工具

（1）生意参谋（http://sycm.taobao.com/login.htm）如图 4-166 所示。

图 4-166　生意参谋页面

（2）淘宝情报（http://i.data.taobao.com）如图 4-167 所示。

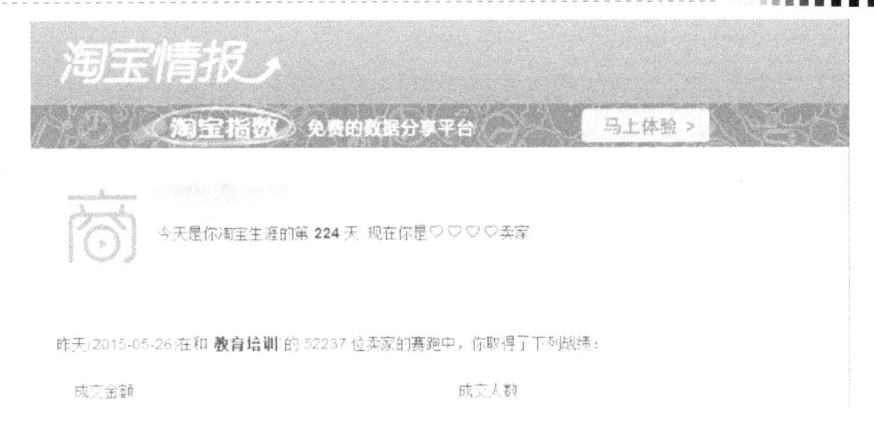

图 4-167　淘宝情报页面

（3）淘宝商学院（https：//daxue.taobao.com/），了解淘宝的推广模式，如图 4-168 所示。

图 4-168　淘宝商学院页面

（4）淘宝排行榜（http://top.taobao.com）如图 4-169 所示。

图 4-169　淘宝排行榜页面

（5）数据市场（http://home.shuju.taobao.com）如图 4-170 所示。

2．淘宝/天猫非官方的数据分析工具

（1）卖家网（http://www.maijia.com/）如图 4-171 所示。

图 4-170　数据市场页面

图 4-171　卖家网页面

（2）生 e 经（付费），请从淘宝入口登录到生 e 经，如图 4-172 所示。

图 4-172　生 e 经页面

（3）数据雷达（http://ibbd.net）如图 4-173 所示。

图 4-173　数据雷达页面

(4) 情报通 (付费) (http://qbtchina.com) 如图 4-174 所示。

图 4-174　情报通页面

(5) 运营一点通 (类似生 e 经) (http://www.kaitao.cn/) 如图 4-175 所示。

图 4-175　运营一点通页面

(6) 店铺透视 (酷宝数据) (http://www.koolbao.com/) 如图 4-176 所示。

图 4-176　酷宝数据页面

(7) 爽 YY (http://ironman.taosem.com/) 如图 4-177 所示。

图 4-177　爽丫丫页面

3. 其他平台的电商数据分析工具

（1）阿里指数（免费）（http://index.1688.com/alizs/home.htm）如图 4-178 所示。

图 4-178　阿里指数页面

（2）百度指数（http://index.baidu.com/）如图 4-179 所示。

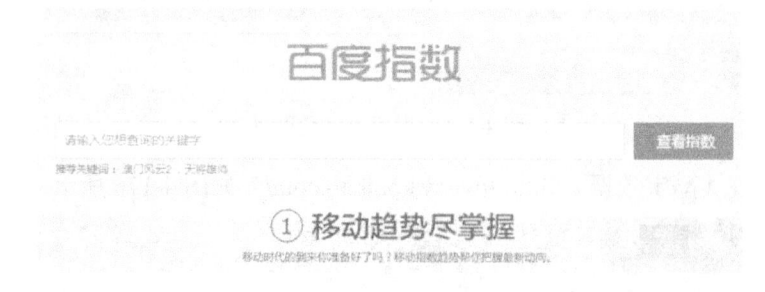

图 4-179　百度指数页面

（3）百度搜索风云榜（http://top.baidu.com/）如图 4-180 所示。

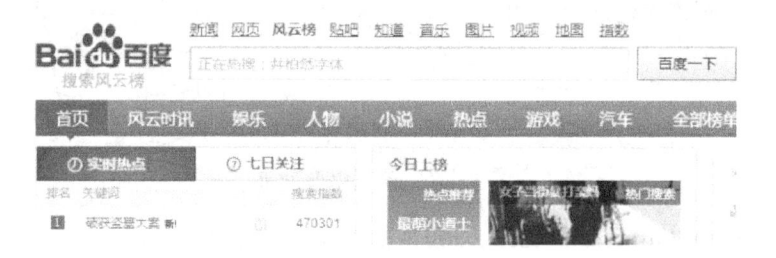

图 4-180　百度搜索风云榜页面

（4）新浪微博微指数（http://data.weibo.com/index）如图 4-181 所示。

图 4-181　新浪微博微指数页面

4．淘宝/天猫商品搜索排名查询软件

（1）淘诊断（http://www.taozhenduan.com/）如图 4-182 所示。

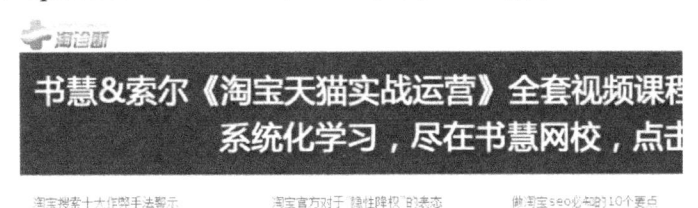

图 4-182　淘诊断页面

（2）升业绩查询工具（http://shengyeji.com/gong/）如图 4-183 所示。

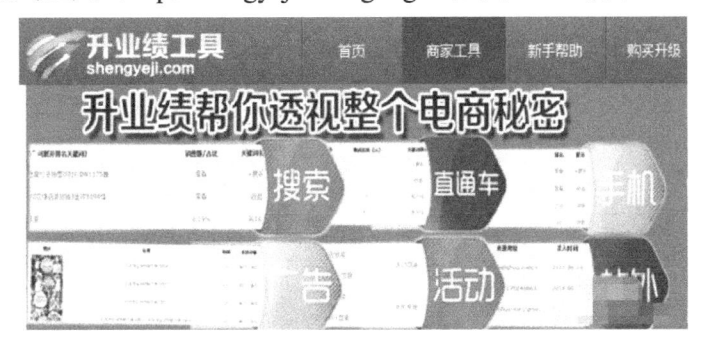

图 4-183　升业绩工具页面

（3）淘搜（http://www.tao-so.com/）如图 4-184 所示。

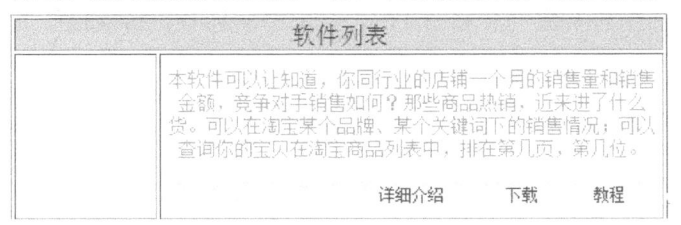

图 4-184　淘搜页面

（4）淘大客（偏重于查询淘宝黑名单号码）（http://www.taodake.com/）如图 4-185 所示。

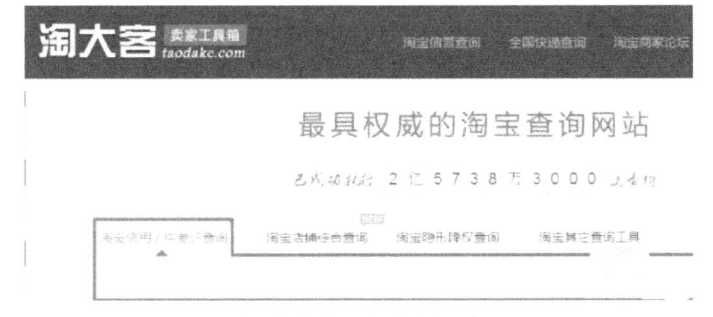

图 4-185　淘大客页面

（5）E购网（排名查询等多项功能）（http://www.mzyz.com/paiming.asp）如图 4-186 所示。

图 4-186　E购网页面

5．淘宝/天猫推广引流分析工具

（1）直通车流量解析、行业解析分析工具（http://subway.simba.taobao.com/），如图 4-187 所示。

图 4-187　淘宝直通车页面

（2）TOP20W 关键词词典（http://www.taobao.com/go/act/sale/keyword-dictionary.php）如图 4-188 所示。

关键词词典包括全词来袭、未来上升次、TOP20W 词表、店铺推广词表、站外热门词等。

图 4-188　关键词词典页面

（3）直通车魔镜（http://s.taosem.com/）如图 4-189 所示。

图 4-189　直通车魔镜页面

（4）在线关键词组合器（http://www.semcmd.com/zuhe/）如图 4-190 所示。

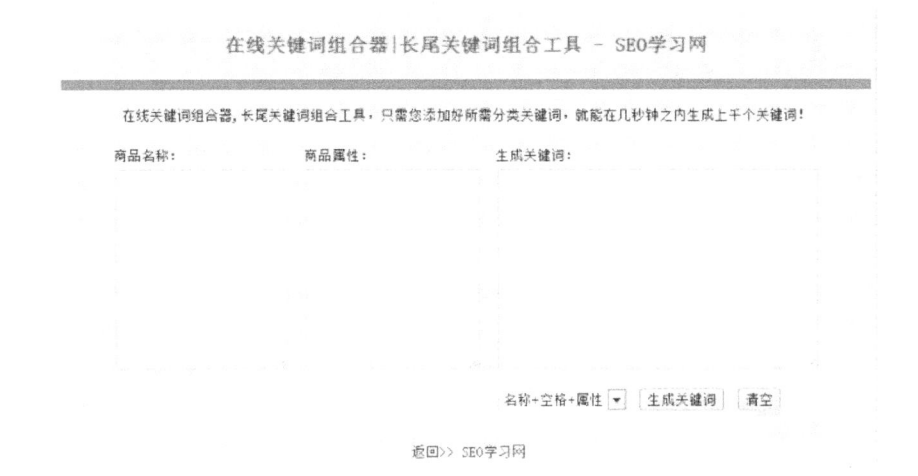

图 4-190 在线关键词组合器页面

（5）钻展透视（酷宝数据钻展监控软件）网址为 http://zuan.koolbao.com/demo/koolbao，如图 4-191 所示。

图 4-191 酷宝数据页面

6．库存管理工具

（1）淘算盘（分析利润和库存）网址为 http://tsp.heshine.com/，如图 4-192 所示。

图 4-192 淘算盘页面

（2）库存宝（分析利润和库存）网址为 http://www.zhibitech.net.cn/index.htm，如图 4-193 所示。

（3）管易（适合中小型商家、纯电商 ERP）网址为 http://www.guanyisoft.com/，如图 4-194 所示。

图 4-193　库存宝页面

图 4-194　管易页面

（4）京东京麦卖家工作台（打印出库单、对接 ERP）网址为 http://gw.jos.360buy.com/，如图 4-195 所示。

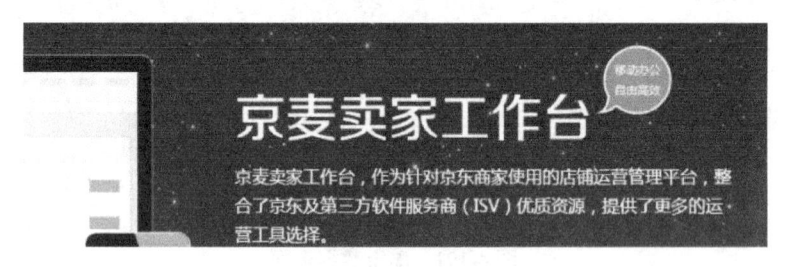

图 4-195　京麦卖家工作台页面

7. 客服绩效管理工具

赤兔名品客服绩效管理专业版（淘宝天猫专用）网址为 http://newkf.topchitu.com/，如图 4-196 所示。

图 4-196　客服绩效管理工具

8. 会员营销、客户管理工具

（1）数据赢家（数云）CRM 软件网址为 http://www.shuyun.com/Products/ccms.html，

如图 4-197 所示。

图 4-197　数云页面

（2）网聚宝（短信关怀、会员增长体系、会员营销，一站式解决问题）网址为 http://www.wangjubao.com/，如图 4-198 所示。

图 4-198　网聚宝页面

（3）淘问卷（买家调研、客户回访，可绑定店铺优惠券）网址为 http://bangpai.taobao.com/group/1238235.htm，如图 4-199 所示。

图 4-199　淘问卷页面

以上几类是电商运营必备的一些常用工具，在淘宝天猫的千牛工作台，对应的第三方工具也非常多，在此就不逐一列出，总之，以上提到的工具，希望能对大家日常电商运营时有所帮助，同学们可以根据自己的需要来熟悉它们。

任务要求

1. 微店建设和运营

（1）利用手机或计算机，申请并下载安装微店。
（2）根据自己掌握的商品资源或虚拟产品资源建立一个微店。

2. 运营基础知识掌握

（1）掌握网店运营的工作内容。
（2）了解熟悉工作流程和方法。
（3）掌握相应的工具应用。
（4）了解不同平台的不同运营方法并分析其共性与差异。

3. 其他平台网店运营知识拓展

可选择其他平台的网店，根据平台的属性，熟悉其运营方面的操作，同时了解其他平台网店开设的流程和条件，如淘宝店、京东店、美团店等。

课后习题

1. 根据自建的微店，在选择好商品可发货的前提下，试着熟悉口袋微店自身的推广方式。
2. 熟悉了解微店的付费推广方式，并分析是否会对自己的商品有效。
3. 了解熟悉淘宝、京东、美团等平台的平台推广方式。
4. 熟悉了解别的网络推广方式推广自己的微店和商品。
5. 了解和联系付费推广平台。

第 5 章

电商客户管理和网络客服

教学目标

本章从电子商务运营过程及电子商务企业业务运营的需要出发，分析电子商务运营的客户和客户关系管理基本知识，提出客户关系管理的方法，重点介绍电子商务运营中的客户数据分析及电商网络客服技能。

要点

- ➢ 认识客户及客户关系管理。
- ➢ 了解电商运营中客户的需求。
- ➢ 掌握电商运营中网站吸引和留住客户的方法。
- ➢ 掌握网络客服的方法和技艺。

重点内容

掌握电商运营中的客户知识及客户管理、客服方法。

引导案例

电商客服营销之殇

在第七届中国网上零售年会上，鼎商动力 CEO 刘攀在网络营销经典案例专场中发表了主题为《电商客服营销之殇》的演讲，分析了客服在电商营销中的重要性。以下是演讲的部分内容。

在传统零售业中，销售人员是占非常大的比重的；在每个电商团队中，客服人员所占的比重也很大。但是，整个淘宝平均转化率才 2%左右，为什么这么低？原因就在于很多流量被浪费掉了，我要讲的不是如何获取流量，而是更多的卖家流量来到你店里面之后怎样利用这些流量。

客服是整个公司形象的展现者，当我们去银泰百货、阳光百货的时候，或者去小的商超的时候，对商场感觉是高档还是不高档，除了装修硬件之外，工作人员的状态就代表了这个商场到底是在什么样的层次上，所以在我看来公司形象在电商范围内一个客服的质量就决定了你的店铺在什么层次上。

我们统计过很多店铺，很多消费者在问到这些问题的时候，客服如果稍微有一些犹豫，或者用模棱两可的方式去回答这些问题，那么这个客户就会流失掉了，或者会再思考一下，因为消费是冲动的。所以，一个有着专业知识和良好销售技巧的客服是可以帮助店铺提高成交率的。

客服还有一个很重要的作用，就是提高客户的回头率。当一次消费完成之后，买家不仅了解到卖家的服务态度，同时也会对卖家的商品、物流都有非常清晰的认识，所以当买家再次想购买类似产品的时候，他一定会倾向于优先选择熟悉和了解的卖家，包括他向周围的朋友去做推荐的时候，一定也会优先推荐自己有认知的卖家，所以一个客服的好坏，对于提高客户的回头率是非常重要的。因此，我们把客服形容为买家和卖家之间建立起的一个信任桥梁。

另一个作用是更好的用户体验。电商客服的结束，其实就是网购中的保险丝，在这个过程中，有很多环节订单没有办法继续，这个时候不管你有任何问题，是不是我们的客服都可以做到线下优秀零售企业那样的客户购物体验的展现，包括答疑解惑等。

一个优秀客服需要具备以下素质。

第一，业务熟练，熟悉订单的各项内容，轻松解答买家对于订单的各种咨询。

第二，产品知识熟悉，能够快速优质地回答买家对于产品的各类问题。

第三，优秀的营销表达，可以促使买家下单，提高成单率。

第四，善于管理买家信息，要做到了解买家的爱好、习惯。

如上文所言，客服是电子商务运营的必不可少的重要环节，客服岗位也是电子商务行业的重要岗位。客服的服务对象是客户，这里的客户不仅是狭义上的网络咨询客户，还有广义上的企业客户。因此了解客户，掌握有效的客户管理方法，是一个电子商务企业运营的重要内容，而网络客服则是在客户管理基础上进行的前台工作。

5.1 认识客户及客户关系管理

客户是所有商务活动服务的最终对象，也是商务活动中的主体。任何的商务活动，包括电子商务，如果没有客户，就没有相关的商务活动，因此客户知识是企业进行商务活动所需的一类重要商务知识，作为企业的重要资产，客户知识对企业创造竞争优势的作用越来越重要。客户知识主要指存在于客户中的或是与客户有关的知识，包括客户的需求、偏好，客户的职业、年龄、收入、教育背景等内容。

在当今电子商务环境下，谁能掌握客户的需求趋势、加强与客户的关系、有效管理客户资源和挖掘客户价值，谁就能获得市场竞争优势，在激烈的竞争中立于不败之地。

5.1.1 建立CRM（客户关系管理）

为了满足"以客户为中心"的经营模式，许多机构和国内外公司开始借助于客户知识管理（CKM），实现"提供正确的产品（服务），提供给正确的客户，以正确的价格，在正确的时间，通过正确的渠道去满足客户"的需要和愿望，从而为企业赢得较高的客户保留度和客户盈利能力。

众多电子商务企业具有的一个显著共性就是它们不仅与传统企业一样需要致力于客户关系管理，而且由于它们采用面对显示器的交易方式，CRM 作为失败关键的地位被进一步加强。

1. 电子商务中的 CRM 特点

在传统条件下实现客户关系管理有较大的局限性，主要表现在客户信息的分散性及企业内部各部门业务运作的独立性，基于因特网的客户关系管理是一个完整的收集、分析、开发和利用各种客户资源的系统。它的新特点有以下几点。

（1）集中了企业内部原来分散的各种客户数据形成了正确、完整、统一的客户信息为各部门所共享。

（2）客户与企业任一个部门打交道都能得到一致的信息。

（3）客户选择电子邮件、电话、传真等多种方式与企业联系都能得到满意的答复，因为在企业内部的信息处理是高度集成的。

（4）客户与公司交往的各种信息都能在对方的客户数据库中得到体现，能最大限度地满足客户个性化的需求。

（5）公司可以充分利用客户关系管理系统，可以准确判断客户的需求特性，以便有的放矢地开展客户服务，提高客户忠诚度。

2. 电子商务时代 CRM 的内容

CRM 的指导思想就是系统化研究客户，改进对客户的服务水平，提高客户的忠诚度，并为企业带来更多的利润。在电子商务时代 CRM 的主要内容至少包括三方面：营销自动化、销售过程自动化和客户服务与支持。

（1）营销自动化。营销自动化（Marketing Automation，MA）也称技术辅助式营销，其着眼点在于在电子商务环境下通过设计、执行和评估市场营销行为（包括传统营销行为和网络营销行为）和相关活动的全面框架，使市场营销人员能够直接对市场营销活动的有效性加以计划、执行、监视和分析，并优化营销流程，使一些共同的任务和过程自动化。

在电子商务时代，营销自动化被赋予新的含义。首先是顾客分析。这项内容主要是分析谁是企业的顾客、潜在顾客和企业顾客的基本类型，以及个人购买者、中间商和制造商客户的不同需求特征和购买行为，并在此基础上分析顾客差异对企业利润的影响问题，这是 CRM 的基础。其次是企业多种营销渠道的协调。再次是企业对顾客的承诺。在电子商务时代使顾客获得最大程度的满意成为企业服务于客户的基本原则。由于顾客在购买产品或服务时会面临包括经济利益、产品功能和质量，以及社会和心理方面的各类风险，因此顾客往往希望企业做出某种承诺以降低其购物风险。最后是营销分析。在以前无论是传统的市场营销还是稍进一步的网上营销，它们都是相对静态的。所以经常需要花好几个月的时间才能对上一次市场营销的结果做出相应的分析统计，由于对外界反馈过慢，许多重要的商业机遇就会因此而失去。而在电子商务时代，对商业机会的敏感和反馈已成为企业能否生存和发展的根本。如果能快速且科学的对市场多个营销战役进行综合动态分析，企业就能更好地抓住各种商业机遇。

（2）销售自动化。销售自动化（Sales Automation，SA）也称技术辅助式销售，是 CRM 中最基本的模块，也是 CRM 中最为关键的部分。销售自动化的目的是运用相应的销售技术来达到提升销售和实现过程自动化的目的，其主要用户是销售人员和销售管理人员（包括传统以及网络人员）。

销售过程自动化是 CRM 中比较困难的一个过程，这主要是因为它要求极高的动态性，如不断变化的销售模型、地理位置、产品配置等都会给销售过程自动化带来难题。销售过程自动化的一个主要内容就是与客户的信息交流。与传统面对面的销售过程一样，电子商务时代的销售过程也是一种双向的信息交流。它的主要功能就是实现双方的互相联系、互相影响，从而保持销售过程的流畅。

（3）客户服务与支持（Customer Service & Support，CS&S）也称为客户的服务支撑。客户服务是电子商务 CRM 重要的组成部分，是营销和销售的后备军，做好客户服务是企业文化的体现，同时也是维系客户的重要手段。

客户服务主要集中在售后活动上，有时也提供一些售前信息。售后服务主要面向企业总部办公室的呼叫中心，另外由驻外客户服务人员完成的面向市场的服务也是客户服务的一部分。产品技术支持一般是客户服务最重要的功能。无论是在传统商务还是在电子商务中，客户服务都是 CRM 的重要组成部分。首先是企业呼叫中心的设置；其次是客户反馈管理；最后是以良好的关系留住客户。

在电子商务环境下，以上的三部分是相互配合、相互支持的。营销部门为销售发现客户并提供机会，销售部门抓住机会并反馈信息，客户服务部门为营销和销售提供优质的服务，保持良好的客户关系，如图 5-1 所示。

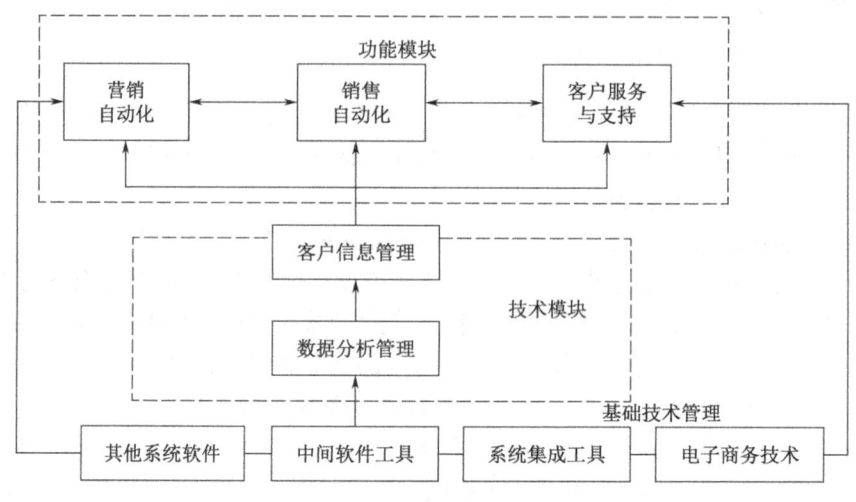

图 5-1 电子商务环境下的 CRM 体系

5.1.2 构建客户综合价值模型

随着电子商务发展进程的不断加快，电商企业面临着新的竞争压力与市场格局。在新的电商市场环境中，客户价值的衡量指标有别于仅以交易额、交易次数等传统客户价值的判断，而是有了更为多元化的继承和发展。为进一步提升客户关系管理质量，在保证销售量的同时还能保持客户关系的长期性和稳定性，针对自身产品构建客户综合价值模型是非常具有现实指导意义的。

1．电子商务客户价值模型细分概述

根据客户价值对客户进行细分是现代市场营销实施精准营销的重要途径，也是判别客户忠诚度的重要依据。对不同价值层次的客户群实施有差异化的营销策略及客户服务，能够在更好

地满足客户需求的同时有效降低销售成本，因此在现实销售与服务过程中，通过客户价值模型加以指导是非常有必要的。

区别于传统商务活动中所论及的客户价值，在电商环境下，客户价值体现出了更丰富的内涵与维度。传统意义上，客户的价值主要是客户购买企业产品给企业创造的效益，而在电子商务环境下，客户的价值不仅仅包括客户给企业创造的效益，还包括客户在网络上的行为所体现的网络价值，简称为e价值。

就目前的互联网环境而言，客户的e价值主要体现在客户的活跃度上，即客户在电商网站上越活跃，就越有机会为企业创造更多有形或无形的价值。细化来讲，客户e价值一般可以通过以下常见的网络行为或评价指标来体现。行为上，如点击网络广告、购买增值服务、客户在线点击消息、客户搜索信息及客户发布产品信息等。评价指标上，如客户的网络诚信度、客户留言、客户自身受关注程度等。

虽然目前还没有一个权威的标准体系来解释客户的e价值，但是它确实存在并应当被广泛关注。因此，在新型电子商务环境下，构建贴合市场发展趋势的客户价值体系必将为企业带来更大的经济效益与影响力。

2．电子商务客户综合价值模型构成

可以确定的是，通过建立客户综合价值模型，能够有效地帮助客服或销售人员快速识别及筛选出最有保留价值的用户，从而更有针对性地选择相应的服务及销售策略，实现有效转化，降低销售成本。那么，企业在构建自身的电商客户综合价值模型时，建议能够从以下六方面去把握。

（1）客户当前贡献度

客户当前贡献度是指至目前为止，该客户已经为企业创造的有形或无形效益。在这里值得强调的是，用来衡量客户贡献度的标准除了客户通过其直接或间接的方式所带来的经济效益，即有形效益外，还应该包括在其已经发生的网络行为中直接或间接为企业创造的无形效益，如客户对产品的直接分享、口碑传播等。

举例来说，比如老用户，即已经与企业产生过交易行为，并且在很大程度上能够形成二次交易甚至是稳定的长期交易关系。除了交易关系外，更应该注意到其对品牌或产品的认可及分享行为。而老用户的分享行为所能引发的口碑式营销则是提升企业效益的最为有效的途径之一。

因此，企业在衡量客户的当前贡献度时，需要注意将其有形效益创造与无形效益创造相结合来进行判断与评估，这样才能更为全面且准确地体现出电商客户价值的特点，提高其指导意义。

（2）客户未来贡献度

客户未来贡献度是指目前没有发生，但通过侧面信息分析可预判该客户在未来能为企业创造的有形或无形效益。侧面信息一般包括客户对品牌或产品的偏好程度、消费能力、购买记录、评价留言等。客服或销售人员需要通过该些侧面信息对该客户在未来能否为企业带来实际利益进行一定程度的预判。例如潜，在用户，需要客服人员在与客户接触过程中加以预判，即预判该客户是否为潜在客户，根据其需求提供何种服务等。

（3）客户信用度

与传统交易模式相比，电子商务通常是买卖双方见不到面的，也正因如此，电商交易对买卖双方的信用度提出了比传统交易更为严苛的要求。在现实的电商交易中，无论规模如何，由于买卖双方信息不对称甚至严重缺失的情况时有出现，导致交易往往仅凭借客服人员的经验直觉、网上交流、网下调查等方面进行综合判断。但由于网下调查的成本高且操作性差，很多业务信息的获取难度非常高，因此经常出现交易信息、供货、付款等方面出现诚信问题，一方面影响了网上消费体验及双方利益；另一方面也损害了电商交易的信心及发展。

为了避免此类损失，从大的层面来说需要为电子商务的参与者建立必要的、实用的、符合电子商务特征的信用模式和信用数据管理机制，信用数据尽快共享。从小的层面来说，则需要在网上贸易的发展过程中，仔细审核对方的信用评价、购买行为，以及有无不良信用记录等。

（4）客户忠诚度

客户在对某一特定产品或服务在长期使用中产生偏好，并形成依赖，进而重复性购买，称为客户忠诚度。客户忠诚度是指客户在心理上对供应商提供给自己的产品或服务产生的依赖，通常可以采用客户偏好度及交易次数进行审度。

客户偏好度是指客户对企业的品牌、产品、服务等有较高的认可度，相较于同质产品有较为明显的选择偏好。此类型的客户更容易形成长期的稳定交易关系，因此是判断客户忠诚度的关键指标之一。

交易次数与客户忠诚度一般呈现正向关系。交易次数越多，表明客户的依赖性越强，客户对网站（店铺）的重要性就越大。一般来说，平均交易次数或总的交易次数对客户价值的衡量不如近期交易次数准确，因为近期的交易次数能够更好地反映客户当前购买的状况，对未来一段时间内购买预测的参考性也更强。

（5）客户成长潜力

客户成长潜力是比较宽泛的衡量标准，客户的成长是一种长期的动态表现，更多是客户e价值的侧面体现。归纳出来即为客户的自身形象、宣传，以及携带的信息价值、互动性等。

客户形象价值通常体现在其与企业的合作上，它直接体现了客户的知名度和美誉度，而客户知名度与为企业所带来的价值往往呈正相关。

客户的宣传价值是客户通过向他人宣传本企业产品或品牌而为企业创造销售机会，增加收益所创造的价值。客户自身的知名度与影响力直接决定了其宣传价值的大小。信息传达的可信性随着客户影响力的增强而增强，从而更深程度地影响人们的消费选择。

除了品牌宣传价值外，客户本身的网络行为也携带着有助于企业发展的信息。这些基本信息主要包括客户无偿提供的那些与企业沟通中的建议、要求、抱怨等（客户需求、竞争对手和客户满意度等），以及客户购买的行为轨迹。这些信息关乎了客户心理和需求的分析要素，在为企业节省信息收集开支的同时，更为企业制定营销策略增添了必要依据，让企业能够避免反复性劳动或反复性的错误。

互动性主要指在论坛或产品留言区发表言论，或者提出相关话题的客户。这些客户常常能带动其他客户参与讨论，能够极大地带动人气，有效引流。

由以上几点来看，客户的成长潜力更多是基于客户网络行为表现的估计状态，构成因素复杂且短期之内很难衡量，因此需要与客户进行长期接触沟通才能做出较为合理的判断。

（6）客户资本价值

无论是在传统商务环境抑或在电子商务环境下，客户资本价值都是构建客户综合价值的核心要素，因为客户资本价值是客户直接购买力的最直观体现。不同时期不同客户的资本价值是动态变化的。这是因为不同客户的购买力、持续购买时间和频率是不同的，导致反馈给企业的回报也不尽相同。客户的购买能力反映出客户资本价值的大小，客户产生购买行为进而产生资本价值，这些都建立在客户有能力消费企业的产品或服务的前提下。因此在衡量客户的综合价值时，需要将客户的资本价值放在考核的核心位置。

电子商务客户综合价值可以说是传统客户价值的继承与延伸，其核心仍然以客户为企业带来的利益为主，同时兼具电子商务的时代特色，因而形成了更为丰富的标准体系。企业在建立自身的客户综合价值模型时，理应充分贴合市场发展趋势，结合自身实际情况，合理量化相应指标，借助数据指导，进而形成一套标准、合理且兼具自身特色的客户综合价值标准体系。

5.2 客户需要什么商品

用户需求是始终贯穿于商业活动中的一道思考题，客户究竟需要的是怎样的产品或服务是决定交易是否能够顺利达成的关键环节。在日常的线上交易中，电商客服作为实现销售的前端，如何针对客户需求快速且精准地做出产品推荐往往成为衡量一名客服人员是否优秀的重要标尺。因此培养洞悉消费者需求心理的能力应当放在整个企业的客户服务培训体系中。

消费者的心理犹如海底针，究竟什么样的产品和服务才能够打动他们，则需要具备一定的认知基础。

1. 客户需要的是能够容易下购买决策的产品

在营销活动过程中，无论采用何种策略方法，核心目的仍是能有效达成销售的，而同样的，客户也需要通过购买商品或服务来满足自身的某种需求，因此双方的根本目的并无冲突。但由于网购的交易模式所带来的许多不确定因素会影响消费者的消费心理，导致消费者产生对产品质量、服务、销售及售后等一系列问题的质疑，从而阻碍了交易的达成。因此，客服作为销售的引导环节，需要从各方面打消客户疑虑，构建良好的交易氛围和环境，促使客户进行购买。

2. 口碑传播是发生在人际关系网内的社会行为

互联网的快速发展也使得人们的交互行为发生了改变，在电商环境下，客户的购买决策很大程度上根植于买卖双方信任的建立。只有建立在信任的基础上才能够开展后续的商务行为乃至形成口碑传播，因此企业应该学会如何与客户建立联系并进行有效的维护。

3. 客户眼中的产品价值取决于产品（服务）能为其创造的利益

客户对产品的价值感觉是非常主观的，他们只会根据自身的受益程度来决定是否付费或付费时间，而并不会根据企业的付出来为产品或服务付费。同时，客户决定购买的过程就是产品价值的交换，产品价值则取决于产品或服务为其创造的利益。

在整个商务活动过程中，势必存在买卖双方的博弈过程，从企业的角度出发，尽快促使客户做出购买决策才是根本目的。而正所谓越是理智的客户距离购买往往越遥远，如何选择产品，如何降低客户的"消费理性"从而加快客户下单的动力则需要从多方面入手，步步为营方能成功。

5.2.1 找出热门商品

在目前网络交易过程中，卖家为了提高销售量，通常还采用挑选热门商品进行促销的方式来吸引消费者的眼球，即"爆款"打造。作为店铺中的热门商品，一般可以通过数据量化的方式来进行筛选。

举例来讲，针对某个店铺在挑选热门商品时，可以将以下四方面数据作为划分依据。

1．产品的周销售量

周销售量周期较短，能够比较准确地反映当前该产品的热度与人气，因此在挑选热门产品时，需要对产品的周销售量具体量化，如 A 产品周销售量为 80 件。当然，根据每个店铺的情况不同，量化标准也不尽相同，因此需要紧密结合后台数据，合理分析，制订适合自己的挑选标准。

2．首次访客的购买比例

若首次访客的购买比例较高则说明该产品容易被客户接受，足够吸引眼球。具有这样特点的产品往往不需要客服投入很多时间和精力进行推荐，销售成本较低，如首次访客购买比例在 40%以上。

3．收藏次数

收藏次数在一定程度上反映了客户对产品是具有偏好和购买倾向的。

4．商品浏览次数

商品浏览次数是流量与关注度的直接体现，热门产品必须具有能抓眼球的特质，关注度越高的产品往往最适合用来做促销，这也是现实经营中商家常用的营销手段。

5.2.2 挖掘产品卖点

客户服务贯穿于电商交易的整个流程，在电商环境下，客服与销售并没有明显的界限，甚至可以说客服即是销售。由于消费者无法见到产品的实体，产品再好，如果在推荐介绍环节出了问题，同样是非常影响转化率的。因此，如何挖掘产品卖点，直击客户需求，可以采用 FAB 卖点挖掘法形成较为固定的产品卖点挖掘思路。

1．产品卖点挖掘基本思路

根据产品本身即有的卖点，挖掘出独特、具有感染力的特质即为挖掘加工环节，在此基础上，通过对卖点多角度的提炼与呈现来迎合不同群体的需求，如图 5-2 所示。

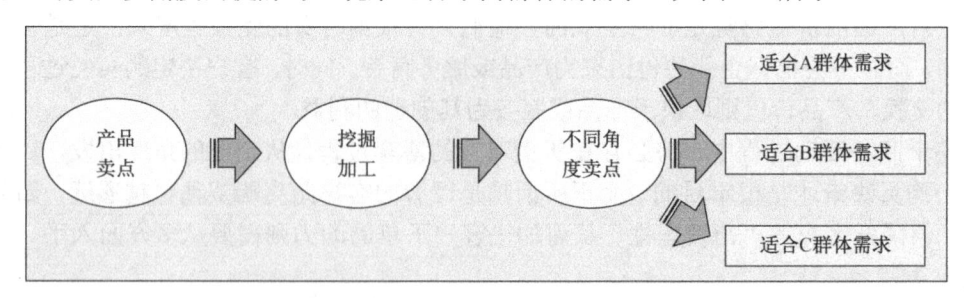

图 5-2　产品卖点挖掘的基础思路

2．采用 FAB 法进行产品卖点挖掘

FAB 法是广泛应用于市场营销中的销售方法，在电子商务环境中也同样适用。FAB 法即

属性、作用、益处法，分别对应 3 个英文单词：Feature、Advantage、Benefit，如图 5-2 所示。按照这样的顺序来介绍，就是说服性演讲的结构，它达到的效果就是让客户相信他们的消费选择是最好的。

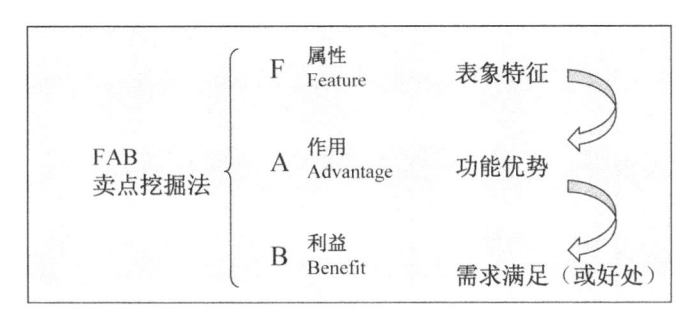

图 5-3 FAB 卖点挖掘法

（1）F（Feature）对应属性，可以理解为表象特征，即产品本身具有的看得见摸得着的属性，一般分为通用属性和特殊属性。

① 通用属性：与其他竞争产品同样的属性，是基础、大众化的属性。

② 特殊属性：只有自身产品才具有而其他竞争产品不具有的属性，是独特的、个性化的属性。

商家在挖掘产品属性时，不仅需要提炼通用属性，更应该着重强调产品的特殊属性。

（2）A（Advantage）对应作用，可以理解为产品的功能优势，需要在属性的基础上进行提炼。

由于产品优势是基于产品属性展开的，因此同样由通用属性展开的为产品的基本功能，同类产品普遍具有类似功能；而由特殊属性展开的即为产品的特有功能，类似的功能只有少数产品具有，即为功能优势。

（3）B（Benefit）对应益处，可以理解为产品为客户创造的良好体验、需求的满足及使用的益处等，这里强调要站在客户方考虑需求问题。

产品的通用属性对应基本功能，而基本功能能够满足客户的大众化需求；产品的特殊属性对应特殊功能，而特殊功能能够满足客户的个性化需求。

综上所述，在挖掘产品卖点时，需要根据产品将 F、A、B 三要素找到，再提炼加工形成独特的产品卖点，当客户的个性化需求得到满足时，才能得到客户的青睐。

一般情况下，客服人员可以通过固定模式将 F、A、B 三要素串联，形成完整的表达逻辑：因为 A 产品的某种属性（即 F），所以有什么样的作用（即 A），这意味着能满足客户何种需求（即 B）。

客服在介绍产品卖点时，需要将 F、A、B 三要素同时体现，才能使商品的卖点更具说服力的同时，更突出产品特点，从而形成一个较为良好的购物体验。

【例 5-1】T 恤 —— 采用 FAB 卖点挖掘法

可以分别针对 FAB 三要素对以下产品内容进行梳理，梳理结果如图 5-4 所示。

（1）F（属性）：由该 T 恤的特殊属性及一般属性入手。例如，该 T 恤最特别的属性就采用了"网眼布织法"，织法独特，因此将该属性排在第一位，依次是该产品的其他属性，并按照重要程度依次罗列，重要性依次递减排列。

（2）A（作用）：其次在属性的基础上列出对应的作用。例如，由于该 T 恤因为是采用"网眼布织法"织的，因此能使 T 恤面料挺直，平时穿着不易起皱。用同样的逻辑继续将后续的属性逐一展开。

（3）B（利益）：在作用的基础上进一步延伸出产品能为客户带来什么好处。例如，由于这款产品织法独特，使得产品面料挺直有型，不易起皱，因此如果客户选择该 T 恤，不仅上身效果比其他产品好，还能让客户每次穿都如同穿新衣服一般，注意这里需要将自己放在客户的角度去延伸卖点。

首先，拿一款T恤来梳理出FAB的卖点

	F（属性）	A（作用）	B（利益）
1	网眼布织法	使面料挺直、不易皱	看起来永远跟新衣服一样
2	十字线钉扣	扣子不易掉	结实耐穿，不怕洗
3	70%棉30%锦纶	防静电、强吸水性	不刺激皮肤 透气吸汗
4	每厘米100针绣花	图案呈现立体	不易脱线 穿着更有品位

图 5-4　T 恤的 FAB 卖点

参考以上的三方面要素给产品进行卖点梳理，则能够比较系统地挖掘出产品的卖点，之后再与客户沟通时则需要将这些卖点流畅地表达出来，有助于提高推荐的成功率，如图 5-5 所示。

T恤的卖点描述按照FAB的三要素同时呈现：

T恤因为用了网眼布织法
所以能让面料挺直不易皱
意味着无论穿多久都跟新衣服一样不会旧

其他卖点

因为用了十字线钉扣，所以扣子不易掉，意味着结实耐穿不怕多次洗涤
因为每厘米有100针绣花，所以图案呈现立体感强，意味着不易脱线，更有品味

图 5-5　T 恤卖点描述

5.2.3　用推荐系统提高客单价（关联营销）

在电商交易中，客单价是出现频次非常高的一个概念。客单价指的是每个客户的购买金额。作为客户店内购买行为的结果，客单价一般是由以下 5 个互相关联、互相作用的要素构成的。

客单价 = 动线长度×停留率×注目率×购买率×购买个数×商品单价

针对目前客单价的提升问题，许多商家都采取关联营销的方式予以解决。因此在日常的购物体验中，经常能够碰到商家采用搭配推荐、活动促销、满赠满减等方式进行产品销售。而不仅局限于商家，各大电商平台更是开发了相应的工具来协助商家解决提高客单价的问题，学会使用工具同样能够达到做好关联营销的效果。

【例 5-2】淘宝新工具——"心选"

"心选"，即"用心选择商品，打动每一个买家"。这是淘宝官方开发的一款能在"宝贝详情页官方区域"进行"自由搭配"的工具，卖家可以通过此工具，在详情页设置本店的搭配推荐，来实现本店不同商品页间的流量互换。

除了通过选用系统设置进行推荐设置外，想要做好关联营销提高客单价，客服的推荐同样必不可少。不仅需要全面准确地回答顾客的问题，而且还需要结合自身的销售目的，有技巧地加以推荐，下面将通过两个案例来呈现。

1. 套餐营销方法

通过套餐搭配的形式，利用产品的关联性并结合店铺的产品政策来进行推荐，通过促销工具将几个产品搭配成一个套餐。在客服销售过程中，通过引导，将套餐的整体功能贯穿起来，说服客户组合购买。

【例 5-3】某品牌加湿器的售卖现场，客服 A 向客户推荐加湿器及相应套餐（图 5-6）的过程，对话如下。

套餐208元

补充室内水份，调理皮肤，促进睡眠

图 5-6　某品牌加湿器促销套餐

买家：老板，你好，请问这款加湿器有货么？

客服 A：亲，您好！我是加湿器专业导购，有什么需要帮忙的吗？

客服 A：是的，这款有货的哦。正好今天是促销的最后一天。

买家：这款加湿器好用吗？

客服 A：那肯定哦，这款加湿器，是我们店卖的最好的，客户使用反馈也很好，好多新客户都是其他老客户介绍来的呢。

买家：以前没用过加湿器，这产品真有那么好的效果吗？

客服A：亲，您可能之前对加湿器还不是很了解，我给您详细介绍一下吧。

买家：那最好了，哈哈。

客服A：加湿器是利用超声波原理，利用雾化器震荡片的高频振荡产生的机械波（不是电磁波），将水雾化成3~5微米的微小颗粒，并通过风动装置，将水雾扩散到空气当中，来增加空气的湿度。冬天开暖空调或暖气后，室内就会非常干燥。以前没有加湿器的时候，咱们是不是会接一盆水放在房间里呢？

买家：对，是啊，我就是这么接一盆水的。

客服A：嗯，我们家以前也是这样的，哈！但是如果有了加湿器，就不用这么麻烦了，可以很方便地补湿，而且补湿更快，还可以调节湿度。

买家：哦，这样啊，那看来不错啊！

客服A：是呢，加湿器可以调节室内湿度。一般开了暖空调后，室内湿度会下降到30%RH以下，而人体的适宜湿度是40%~70%RH，因此，我建议家里备一个湿度计，可以准确地了解室内的湿度，更好地使用加湿器。另外，加湿器中还可以放一些精油，不同的精油，可以起到助眠、醒脑提神、美容护肤等功效。所以加湿器的功能，是非常丰富的。

买家：这么神奇哦，那你帮我建议一下吧。

客服A：好的，我给您推荐这个加湿器+湿度计+精油套餐吧，精油有薰衣草和柠檬两种，薰衣草可以助眠，柠檬可以提神，您选择哪个？

买家：那就薰衣草吧，我睡眠不太好。

客服A：好的，亲。您就拍这个套餐链接就可以了，我给您把精油香型备注一下。

2．关联推荐营销法

客服人员在与客户交流的过程中需要不断探知客户的需求并加以引导，引导消费者多购买相关联的产品。通过语言进行巧妙包装，适时适当地进行推荐。

【例5-4】同上例中一致，同样品牌的加湿器，在不选用套餐的情况下，客服B在成功售出加湿器的同时还成功推荐了衣物挂烫机，如图5-7所示，成功提高了该单的客单价，对话如下。

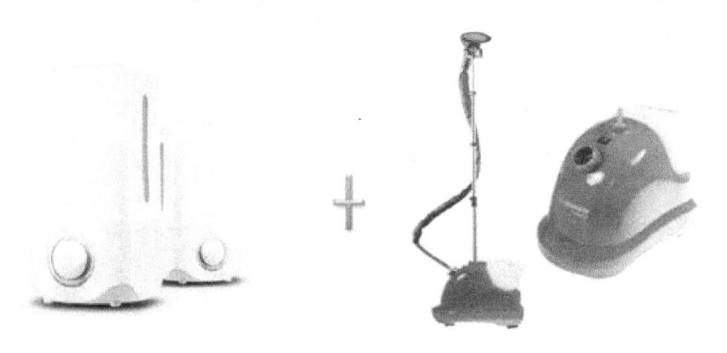

同步促销 送给爱家妻子的组合惊喜

图5-7 某客服关联营销产品组合

买家：你好，在吗？

客服B：亲，您好！在的。我是VIP综合导购，有什么需要帮忙的么？

买家：这款加湿器有货吗？
客服 B：是的，这款有货的。我们店今天正在做金秋促销活动，多款产品正在打折。
买家：哦，活动什么时候结束呢？
客服 B：我们活动限时 3 天，今天是最后一天了。
买家：哦，那我问一下我老婆，下午再来拍吧。
客服 B：我们这款产品活动促销是限量 200 台的哦，下午说不定就卖完啦。况且您是一家之主呢，几百块钱的，应该不用请示的哦~况且这款加湿器，女性朋友都是非常喜欢的，我想您买回去一定会给您爱人一个惊喜的。
买家：尊重老婆的意思，不是怕老婆，是爱老婆哈。不过这款样子是蛮好看的，那就现在买吧。
客服 B：您真实很体贴的老公啊。
客服 B：另外，我们店一款挂烫机也在做同步促销哦，您可以看看 http://item.tmall.xxxx
买家：我家有电熨斗啦，不用啦，谢谢。
客服 B：入秋了，很多衣服拿出来都是皱巴巴的，要熨烫一下才能穿的。现在别人老婆都是站着熨烫衣服啦，您舍得您爱人弯腰烫衣服吗？
客服 B：现在这个季节，挂烫机是卖的非常好的，很多客户都是男性买家买来送给老婆的，钱是小事，对老婆的关怀才是最重要的，千金难买一笑嘛，这个绝对能给您老婆一个惊喜的。
买家：那行，我两个一起买吧，运费是不是可以省一些呢？
客服 B：其实我们发快递，都是按照重量支付快递费给快递公司的，而且为了保护产品的运输安全，我们都是两件产品单独打包的。不过您两样一起买，我可以向我们店长去申请优惠券给您的，您稍等哈（过半分钟左右）。
客服 B：我们店长说给您 20 元的店铺优惠券，您点击这个链接，就可以领取了，等下拍下的时候，可以直接抵用。
买家：好的，谢谢！我现在去拍。

通过以上的案例可以看到，商家无论如何操作，营销技巧如何，其始终围绕着营销目的来进行。想要提升客单价，不仅需要店铺设置、工具及数据的支撑，更需要商家有意识地培养客服的服务意识和营销素质，多学习营销技巧，增强话术练习，从而在提供优质服务的同时能创造更大的收益。

5.3　如何把客户黏在我们的网站

如今的互联网环境中，信息呈爆炸式增长，同质化的产品、服务层出不穷，竞争的加剧同样使许多产品和服务被快速淘汰。对于每个用户来说，受信息内容碎片化及使用网络时间碎片化的影响，自身的关注点及个性化的信息需求都散落在不同的角落，从而导致了海量信息与用户注意力转移之间的矛盾。仔细观察不难发现，许多企业平时往往花了很大的精力去做"引流"，但在成功吸引用户之后，后续的客户管理及关系维护却跟不上，导致客户大量流失，这样的例子比比皆是。

提升客户黏度和忠诚度，避免客户流失是电商运营中非常重要的一环。访客在我们的网站上停留的时间越长则越可能发现网站上其可以购买的商品或感兴趣的内容，从而形成消费甚至是二次消费。如何通过客户管理的方式提升客户黏性、增加用户忠诚度是需要每一位合格的电商运营者做到心中有数的。

从客户管理的角度出发，做"引流"的思路通常有3种：一是营销手段是否具有吸引力；二是用户的浏览与体验是否舒适流畅，有无冲击感；三是销售客服是否具有足够的沟通技巧，是否对用户进行有效的划分和管理。因此，根据后台数据对客户进行有效分析势在必行。分析客户的活跃度并予以标记，划分层级进行维系管理，另外还要重点分析客户的流失的原因，有针对性地进行优化才能取得事半功倍的效果。

5.3.1 客户活跃度分析

客户活跃度通常指的是用户与总用户之间的比值，反映的是用户整体的活跃程度。但是通过时间周期的不断推移，客户基数的不断增加，这个比值势必会逐渐降低。因此，想要将这个比值作为客户活跃度的参考值则需要结合时间元素来一起分析。按照现行的大部分情况来看，一般经过3个月至半年的时间周期，该比值能够保持为5%～10%的水准，则是一个比较理想的状态。当然也不能完全套用，还是需要根据企业自身特点及产品服务特性来具体分析。

一般情况下，建议运营者能够重点从三方面指标探寻症结：一是客户平均访问次数；二是客户平均停留时长；三是客户的平均访问深度。三者为客户活跃最直观的关键数据点，也就是说，运营者如果能够根据这3个指标对症下药，将能有效提升客户活跃度。

（1）客户平均访问次数主要反映的是流量进入的问题，用户为什么频繁地登录你的网站？又或者是完全相反的情况，用户为什么不登录你的网站？别看问题简单，但是反映的是一个综合性问题。例如，网站的用户体验、网站自身定位与设计、产品服务品质和营销手段设计等方面是否存在问题，需要如何改善。这些都对客户平均访问次数有一定的影响，因此需要运营者结合自身情况好好设计。

（2）客户平均停留时长越长，代表越有机会展开营销推荐，同时也能说明用户对网站（店铺）越认可。针对这样的用户，运营者需要做的就是进一步与他们建立关系，将用户的认可转变为信任。另外，针对这样的用户，是需要划分出来重点进行管理的。除了建立用户分级系统，还需要客服在平时的接待、服务及后期的维护中做重点的跟进等。

（3）客户的平均访问深度同样是需要建立在良好的客户体验上的。因此对网站从层级设计到整个体验流程的规划都需要从用户的角度进行充分考量，通过不断的优化改善将用户访问深度尽可能加大，从而达到提升客户黏性的效果。

5.3.2 做客户流失分析

随着消费者消费水平的不断提高，同质化的产品和服务越来越难以满足消费者日益增长的消费需求。无论是对公司运营者还是对网店老板来说，客户流失现象是必须要面对和解决的一个难题。通常情况下，客户的留存可以划分为3个时期。

（1）流失期：用户新进入后的前几天留存率显著下降，是流失量最大的时期，称为流失期。其中第一天的留存率被称为"首日留存率"。

（2）蒸馏期：在经过几天大幅度流失后，用户留存会进入小幅度下降时期，这就如同是蒸馏过程，称为蒸馏期。

（3）稳定期：经过一段时间蒸馏后，用户留存会呈现出一种很稳定的态势，不会有明显的增减，称为稳定期，这段时间会保持较长时间。

但在这里需要申明的一点是，每一个流量都是花费了代价带来的，所以每一个流量都需要我们尽量让它产生价值，当然最终是为了成交。引流第一目的是成交商品；引流第二目的是成交更多商品。因此，在后台数据支撑的基础上，对于通过数据挖掘提供的潜在流失客户名单，运营经理或总监可以设定一个"挽留体系"，尽可能留住我们需要的客户。

以网店为例来讲，在客户流失方面最常用到的衡量标准就是跳失率，那么如何减少客户跳失率，尽量让用户留在自己的店铺中呢？

（1）要有数据支撑。在现下的市场格局中，数据的重要性是不言而喻的。在分析问题的时候都需要有数据作为支撑点，其指导意义也是无法忽视的。因此，在后台数据库中，需要设置相应的统计模块。随着互联网科技不断地发展，客户追踪与行为统计能力都达到了前所未有的水平，这也为广大营销者、运营者能更好地洞察客户心理与行为提供了更为坚实的基础。

（2）优化入口。根据统计的数据来看，如果某品类商品跳失率低，得出该产品对此类顾客吸引力大，从而能够让客户迅速被店铺吸引，因此可以增加此品类商品，优化流量入口。例如，某品牌女装店铺，假设全店跳失率为80%，而针织衫品类商品的跳失率普遍为40%，则果断增加针织衫品类的产品个数。反之则需要适当减少或做出其他调整。

同理，当某组关键词跳失率比较低，说明该组关键词是用户在搜索店铺时常用到的，有较大的认可度和吸引力，那么此时就应该增加此类关键词覆盖面。继续以女装为例，如加厚、加绒、保暖等同类关键词。相反则先优化商品、店铺，同时减少类似关键词的覆盖面。

又如，广告宣传方面，店铺广告的跳失率与停留时间直接相关，如果后台统计数据显示用户在该广告的停留时间非常短，则需要更改策划方案或考虑更改投放位置。同时还需要考虑是不是相关的促销力度不够、关联不好、店铺环境出现问题等。除此之外，对店铺广告而言，当跳失率低的时候，除了查看转化率，还需要查看访问深度，关联销售商品的店内访问UV等。

（3）优化出口。在注重入口优化的同时，出口的优化同样是不能忽视的，如店铺的信誉度打造、商品评价、店铺装修、产品详情页的打造等方面。目的是为了树立品牌形象，给消费者营造一种专业且值得信赖的感觉，在此基础上才能将买卖双方的关系经营得更加长远，更甚者会形成口碑营销，为自身带来更加长足的发展。

5.3.3 提升客户平均停留时间

前面曾经提到过，访客的在网站（店铺）中停留的时间越长，客服人员就越有机会将其成功转化。客服可以根据客户的浏览历史记录、购买记录做商品的选择分析，以及根据客户的喜好分析来找出推荐商品。由此可以看出，客服作为直接面对消费者的服务方，即是买家的导购员，又是买家了解企业（店铺）的窗口。因此，客服模块的标准体系建设、流程化及人员素养的培训都需要运营者仔细地去规划。

当然以上说的仅是客户管理的一个方面，身为电商运营人员，在日常的管理活动中应该对自己提出更高的要求。

1. 需要建立整体意识和运营思维

要想做好客户管理就必须先解决好意识和思维问题，目标和规划都做得长远。如果有这样的想法：我的企业（店铺）规模比较小，没有必要建立客户会员体系，更不需要向老用户提供有差别化的服务，这样的意识是完全错误的。当你的会员服务和营销体系从一开始就被列入了企业电商建设的规划中，并且从第一位会员参与进来时就能提供相应的会员服务，这样在后期的发展中想必会顺利很多。经过一段时间的沉淀和发展，你会发现这不仅没有增加你的运维成本，客户还额外为你创造了价值。因此，前期规划的人力物力投入是必不可少的，根据自身实际情况建立起一套客户管理系统，产品服务标准化、流程化等要形成乃至实际落地都需要企业从上到下会员服务及营销的整体意识，一方面将客户管理体系建设放到企业的战略层面，另一方面从日常的细节工作去着手日后的工作，目的就是建立并经营好与客户的长期交易关系，尽最大努力将客户留住并为自身创造更大价值。

2. 做好关联营销，建立会员体系

老用户的价值重点体现在二次购买、关联产品和口碑营销这 3 个方面。因此在营销设计方面需要有所区别，比如引流新用户是需要做好整体的页面优化的，要考虑的第一个问题是先整体对界面做一个优化，以抓取眼球为主要目的。而从老用户的角度出发，首先要能识别其老用户的身份，同时需要了解每天老用户在访问量中的占比、转化率等关键数据点。

以普通的网店为例，这些数据可以通过量子的访问来源去看，一般从直接访问、店铺收藏、我是买家、我是卖家里面进入到你店铺的流量大部分可能都是老客户的访问流量。针对会员在店铺首页设计一个会员中心的栏目模块，通过该模块对用户进行等级的划分和会员特权的设置，目的是为了让客户知道他可以享受何种权利，继而通过这些权利来吸引客户成功实现购买甚至是二次购买。

同时，关联营销意识必须很好地灌输到客服端，对于老顾客首先要知道顾客买过什么，没买过什么，这样才有可能去给顾客推荐更加合适的产品。另外可以借助后台的数据支撑或平台的增值业务，通过购买宝贝进行筛选分析，这样就能够更加明确用户的购买情况从而进行精准地推荐。与此同时有助于对客户进行一个周期性的、有明确目的后期的维护，如发货提醒等，通过这些服务来带动客户回头，从而提升关联产品的销售。

3. 建立多个营销及沟通渠道，提升客户互动及体验

企业应该在营销关系中保持主动，尽量通过不同的渠道和方法去尝试一些新鲜的营销方式或服务。同时建立更多的沟通渠道，不要仅仅限制在自己的网站平台上，如微博、微信或QQ群等，在注重升级用户体验的同时更应该保障与用户的互动性是良好的。借助这些社交媒体工具进行全方位覆盖的客户抓取及关系维护。将客户关系引导到一种良性循环中，将用户有效地粘连在自己周围，才能实现提升用户黏性和培养用户忠诚度的根本目的。

5.4　电商网络客服

客服工作看似很简单，但在整个电商运营过程中是非常关键的环节，很多问题都直接或间接与客服工作相关联。那么到底什么是电商客服，客服的工作又包含哪些内容和考核

标准呢？

一谈到客服，人们脑海中浮现出的就是忙着打字帮店铺销售产品，解决售后问题，代替店铺与客户直接沟通并提供相应服务的人。如果这么理解就是完全没有意识到客服在电商运营中的重要地位，也没有预料到一个成熟完善的客服体系能为企业创造多大的价值。如果说运营、美工、仓储、产品开发等部门是幕后工作者的话，那么客服就是在台上为客人表演的明星。然而正是这样的"明星"，却因为普遍被运营者忽视而导致了该岗位的流动性非常大，也因此影响到了日常的销售及售后服务等环节。也就是说，无论你的"幕后工作"做得有多么完美，缺少了在台上表演的人同样毫无意义，因此运营者需要将客服放在整个电子商务运营的重要位置。

回归到客服工作的本质上来，所谓客服其本质含义有两方面：从客户的角度出发，客服是为他们提供服务的人；从店主或运营者的角度出发，客服又是为其创造商业价值的人，即销售。两者不能完全等同但又不能彼此孤立，但放在现在的体验经济时代，服务显得更为重要，因此客服的工作核心仍然是将服务品质放在首位，创造经济效益放在其次。

当然必须承认的一点是，随着网购的快速普及和消费者日益增长的需求，客服人员在日常的工作中免不了会遇到一些网络素质较低的客户，碰到棘手的问题等。如果客服人员总是消极地去处理问题，那么这样的情况只会不断地恶性循环，不仅影响客服本身的工作，还会给店铺带来一定的负面影响。因此身为一名客服人员，应该具备以下的一些基本素质。

（1）诚信——应该秉持诚信的工作态度，诚信待客，诚实工作，时刻铭记自己代表的是企业的形象。

（2）耐心——有的用户问题比较多，客服要有足够的耐心与客户沟通，打消顾客的疑虑，满足顾客的需求从而促成交易。

（3）细心——在实际的工作中，一位客服日常的咨询量往往会很大，每天面对不同的顾客，处理大量的订单必须要细心、仔细且有责任心。一点点的疏漏都有可能会耗费更多时间和精力去处理和补救，同时也会给用户造成不必要的麻烦而留下不太好的印象。

（4）责任心——责任心的重点就是在客户咨询过程中提到的一些额外要求的许可，及时做好与仓库管理员及领导的沟通，如送赠品、讲价等。更重要是体现在了解售前客服的终极使命，达成成交，完成店铺销售额。

（5）同理心——懂得转化角色，设身处地来体会顾客的心情和需要，给顾客提供更好的服务。

（6）自控力——控制好自己的情绪。作为服务工作，每天都要遇到各种问题和各种顾客，首先自己要有个好的心态来面对。妥善处理每一个问题。

以上是客户人员需要具备的基本心态，不仅客服人员自身需要好好学习，运营者更要在平时的客服培训中加强这些素养的宣贯和培养，有意识、有目的地去打造一个优秀的客服团队，促使电商交易过程更为流畅。

明确了客服应该具备的基本素质，下面要将贯穿于整个电子商务活动中的客服工作做一下划分，按照各模块的工作内容进一步细化学习。一般情况下，根据商务流程的时间点进行划分，客服可以分为售前、售中、售后3个模块。客户付款前为售前阶段，客户收货后为售后阶段，售中则介于两者之间，如图5-8所示。

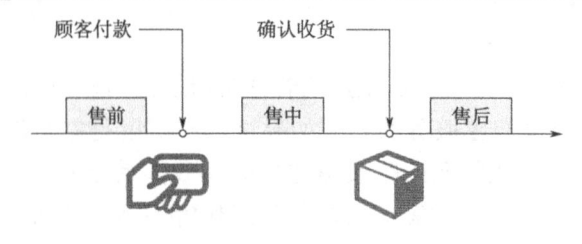

图 5-8　客服工作的 3 个阶段

3 个阶段的客服工作内容及侧重点不尽相同，下面以淘宝客服为例进行讲解。

5.4.1　售前咨询

售前阶段重点放在客户的咨询上，包括客户接待、应答询问、关联推荐等。一般情况下，当客户来到店铺进行咨询时，内容通常围绕商品详情、促销活动、包邮与否等情况进行询问。而客服在此时需要做的不仅仅是回答客户问题这么简单的工作，更多的是需要在沟通过程中洞察客户需求，充分调动客户的情绪并往想要达成的方向做引导，做好关联营销，推荐合适的商品。除了营销目的以外，客服还有可能要应对客户砍价、抱怨等情况。所以，为了更好地应对在与用户打交道时遇到的各种情况，客服在售前需要做相应的准备。

1. 提升话术水平

客服在上岗前必要的话术练习是必不可少的，如常用的欢迎语、问候语，应答询问时的语言组织思路、沟通技巧及语言艺术等。要知道，普通意义上的沟通是为了设定的目标把信息、思想和情感在个人或群体之间传递并达成共识的过程。而对客服而言，销售的目的则更加明显。因此无论是身在客服岗位上的人抑或店铺的运营者，都要注重客服在话术方面的培训，这将直接影响店铺的询单转化率，这点非常关键。这里主要讲 3 个能力，即信息抓取能力、理解转化能力和沟通表达能力。

（1）信息抓取能力：是否能够游刃有余地直接或间接向用户提问，从而挖掘到有价值的信息。

（2）理解转化能力：在获的关键信息之后是否能够充分理解，准确把握客户需求，洞悉客户心理，合理进行下一步工作。

（3）沟通表达能力：与客户交流效率如何，传情达意情况如何，是否能够快速且准确地组织话术语言和活用表情等。

【例 5-5】这里是某床上用品店在进行客服话术培训前后，同一名客服人员的聊天记录，可以自行参看体会。

培训前：
顾客：亲，在吗？
客服：你好，亲。有什么可以帮您的吗？
顾客：这款没有 1.8 米的啊？
客服：没有了。卖光了。您看看这款喜欢吗？
顾客：谢谢，我再看看。

培训后：

顾客：竹席在哪？怎么没看到竹席？

客服：亲亲，之前我们也是有卖竹席的，但是竹席缺点比较多。首先比较硬，睡了人身上会有印子，而且防螨防蛀效果不好呢，所以没有卖了呢。现在一般卖的都是藤席呢（巧妙转型）。

客服：亲亲，可以看看我们的席子呀！非常不错的哦 。

顾客：没几件。

客服：我们是***直营店，产品非常多，但是没有办法都卖呢。所以我们都是挑选经典款来卖哦。

顾客：有1.5米床用的吗？

客服：您可以看看我们这款"双面席"，卖的非常好呢，都断货了。现在刚好只剩下1.5米的了，这款有很多回头客呢！

客服：这款质地会厚一些，采用的是天然纤维的。不仅环保，而且主要面柔软、细腻亲肤、防螨防虫呢。

顾客：几件套？

客服：1.5米的都是3件套哈 ，枕套2只、席子一床。

顾客：还有优惠吗？

客服：亲，我们是***厂家直营店，都是微利出售的哦，绝对保证正品，质量保证，不议价的哦。麻烦亲理解哦（使用制定的快捷短语）。

顾客：不要整套，我只要单件，多少钱？

客服：我们都是整套卖的呢，没有单卖席子哦。

顾客：不满意的表情

客服：亲亲，整套用起来才美观，又显得大气。我们一天将近三分之一的时间是在床上度过的，所以选择好的床上用品是非常重要的呢，睡得也舒服踏实。而且买一床质量好的可以用很久，不用经常买，长期算下来还更划算呢。（使用制定的快捷短语）

顾客：再少点。（拍下）

客服：亲，不好意思哦，目前价格都已经是特价了，已经是非常低的价格了哦！质量好比什么都重要呢。（使用制定的快捷短语）

顾客：几天到货？（成交）

2．熟悉产品及相关事宜

作为一名优秀的客服，了解产品是最为基础的工作。试想如果一个客服在客户询问时，因为自己都搞不明白这个问题，所以压根无法给到客户准确答复。本身处于主动的客服，因为不熟悉产品，瞬间就变成了被动，直接导致损失订单且无力挽回。

那么怎样才算是做到熟悉产品了呢？可以从以下4个方面去把握。

（1）对自家销售的产品完全熟悉，即成品熟。

（2）对自家销售的产品工艺，特别是有特色的工艺及其带来的特殊效果完全熟悉，即工艺熟。

（3）对自家销售产品的整个生产流程完全熟悉，即生产熟。

（4）对与自家产品相类似的产品及各自的优劣势完全熟悉，即对手熟。

除了熟悉产品之外，客服还需要熟悉整个商务活动各模块的状态和各环节的处理流程。比如店铺的库存情况、邮费情况、销售政策、活动情况等，如图 5-9 所示。由于客服直接面对用户，因此对整体情况的熟悉程度与把控至关重要，这直接关系其在销售过程中的点点滴滴，更直接左右最终的成交。

店铺信息（框架\样例）				
产品信息	店铺产品品类		店铺经营模式	
	产品图片来源		发货地址	
	库存查看方式		产品相关描述	
发货时间	工作日发货时间		发货打包方式	
	节假日发货时间		周末发货时间	
快递	店铺签约快递		非签约可选快递	
	签约快递邮费详情		——	
赠品	赠品情况		是否长期提供赠品	
退换货/退款	退换货标准要求		是退换货支持物流	
	退换货地址+联系方式			
	工作日退款时间		节假日退款时间	
	退货件处理时长		换货发出时长	
	退货退款确认时长		换货单号获取方式	
…	…	…	…	…

被考核人		考核时间			
考核人		考核是否通过			
店铺名					
考核内容		是否合格			
产品方面	产品属性	是		否	
	产品热卖点	是		否	
	店铺活动	是		否	
日常交接	日常/售后交接人	是		否	
	日常/售后交接人上班时间	是		否	
店铺情况	发票/收据问题	是		否	
	发货时间	是		否	
	默认快递及邮费	是		否	
	被选快递及邮费	是		否	
	赠送礼物详情	是		否	
	好评返现详情	是		否	
	打包方式	是		否	
	客服权限	是		否	
	对手优劣势	是		否	
客服操作	整理快捷语	是		否	
汇总	合格率				

图 5-9　客服业务学习手册参考样表

3．提升服务和销售意识

作为客服需要特别注意为客户带来其预料之外的服务内容，这就是常说的客户价值，即可以给客户带来层次上的利益或深层上的价值。例如，替用户节省时间、精力、金钱。

为用户带来满足感、成就感、成全其虚荣心等。所谓千人千面，客户同样是这样，不同的客户有不同的需求点。例如，有的人在购买产品时看重的是产品的质量，追求高质量的服务；有些人则追求体验的快感，看重产品带来的心理满足；有人的需求是省钱；也有人追求的是被认可、被赞赏……但是不管客户的需求如何，作为客服，都需要去充分把握，提升自己的服务意识，学会在为客户创造额外的“惊喜”的同时还不忘将关联营销做好。所以说，好的服务一定是超出客户预期的，一个专业的客服往往可以给客户带来预期之外的服务，既会站在公司的角度思考问题，又会站在的客户的角度思考问题，最后做到双赢。

由此可见，客服的岗前培训是非常有必要的，任何商务活动都不希望只是做一锤子买卖，因此如何通过客服纽带尽可能与客户建立长期的买卖关系，一定是要建立在高质量的客户服务的基础上的。而高质量客户服务必须有一套完备的客服体系，包括培训和考核体系，这里不再一一赘述。

售前客服的主要工作流程一般由接待客户开始，回答客户咨询，在沟通过程中分析判断，根据客户需求进行推荐搭配，展开关联营销，如图 5-10 所示。双方进行一番博弈以后下单成交。到这里，后续的事情就是客服全权解决，如为客户进行适当标记和分类、添加备注便于管理，以及发送发货通知、在后台添加相应备注、处理销售报表等。所以客服工作既细小又烦琐，要想每个环节都做好确实是需要投入大量的时间和精力去学习的。

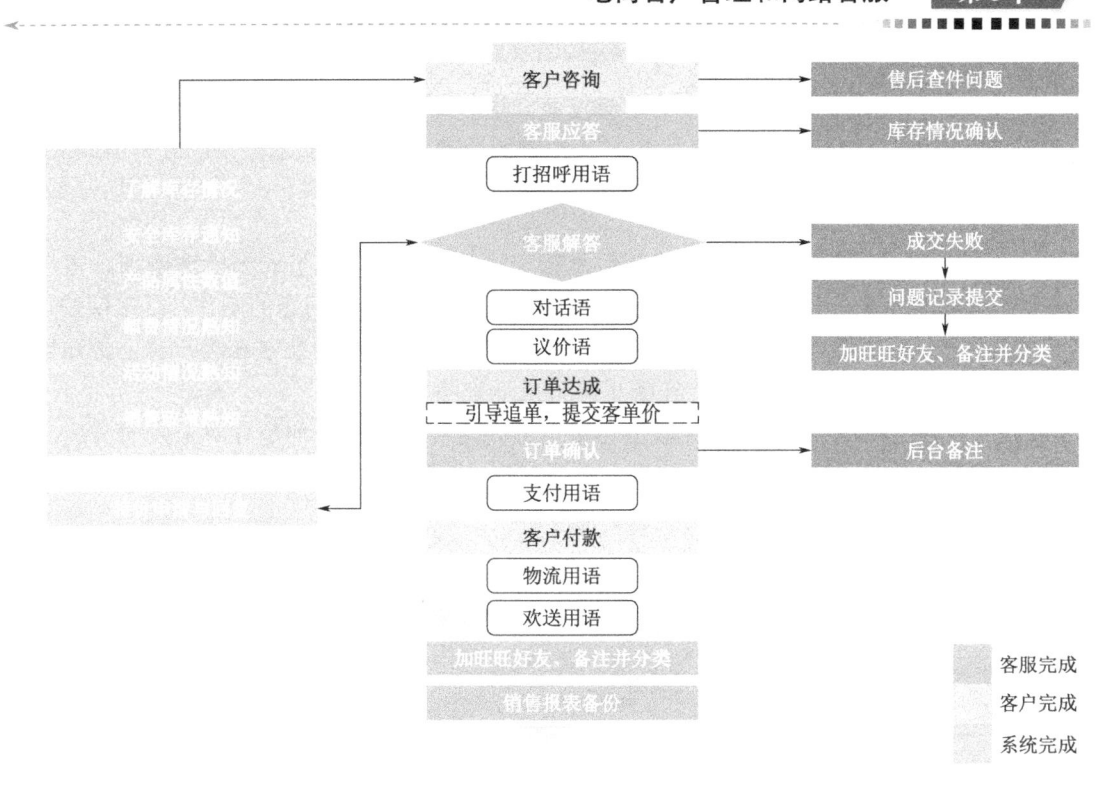

图 5-10　售前客服工作流程图

5.4.2　售中订单处理

售中阶段是指客户在付款后在等待收货的这段时间，大部分店铺是没有专门设置售中客服的，多是售前或售后客服兼职该岗位。售中客服的工作流程图如图 5-11 所示，其工作内容一般包含以下 3 个模块。

1．帮助客户做订单的查询

在实际的客服工作中，我们经常会碰到客户追问订单的实时状态的情况。原因有很多，比如物流信息的不通畅导致客户无法追踪到包裹信息，或者是店铺本身的发货延迟、信息通知做得不到位使得客户产生疑虑，或者是因为客户不会操作、嫌麻烦等原因。总之在客户提出订单情况的查询要求时，客服需要做的是积极响应客户的需求，帮助其查询订单状态，然后耐心礼貌地告知顾客。如果客户在这个环节出现明显的不满或抱怨，客服需要进一步与用户沟通，安抚好客户情绪并帮助其解决问题。否则客户很有可能将订单取消或再也不愿意到店消费。道理虽然简单，但是在平时的工作中又有多少客服能做到呢？更多的是应付了事，甚至直接将单号扔给客户，让客户自行查询，这样一个小小的怠慢就会给客户很不好的服务体验，印象自然而然就差了，因此客服的工作性质更多的是以小见大，在细微之处见真章。

2．帮助客户改单换货

售中客服的第二个工作内容就是要帮助客户更改订单、换货换物流等。这里以订单发出与否又划分成两种情况。

（1）订单还未发出时，则需要根据客户的需要进行订单的修改，在后台进行备注，并协调好仓储及发货的事宜。

（2）当订单已经发出，则需要改单重新发货，这里就涉及与客户和物流公司的沟通，一方面重新为客户发货；另一方面则是协商解决邮费的分配问题，将原本已发的物件追回。

3. 帮助客户取消订单

取消订单虽然是我们不愿意见到的，但是在实际的工作中却几乎天天能够碰到。客户在提出取消订单的要求时，作为客服应该立即与客户进行沟通，了解问题的所在，尽量挽留。如果客户态度坚决，客服不能仅仅为客户取消订单就不管不顾，而是要想法在客户身上探知导致取消订单的原因是什么，不满意的点在哪里，记录下来并反馈。

同样的，按照订单状态来划分，取消订单也分为两种情况：一种是订单未发的情况，在为客户取消订单的同时需谨记善后的工作一定要做好，并且探寻客户消单原因是关键；二是订单已经发出，则需要指导客户走相应的退货流程。

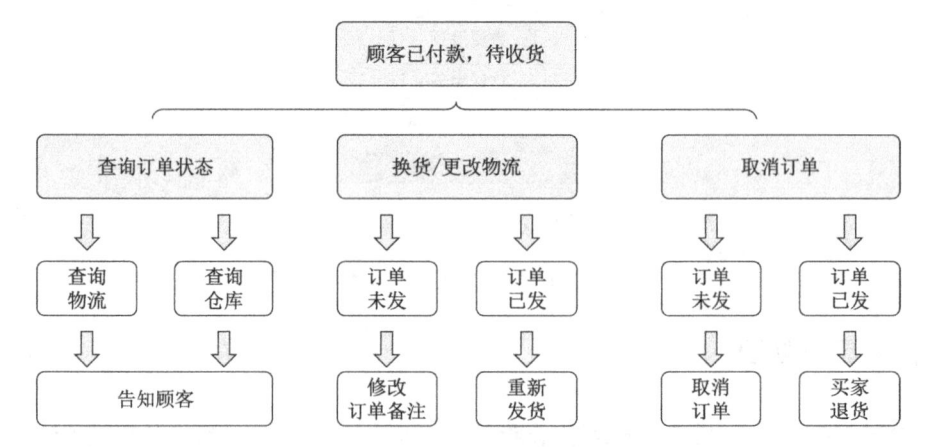

图 5-11 售中客服的工作流程图

5.4.3 售后订单处理

客服的售后工作一般是负责处理客户签收后的问题，工作内容一般包括退换货处理、中差评处理等。

1. 协助客户退换货

协助顾客退货换货是售后客服的重点工作之一，当客户提出退货或换货时，客服在予以确认之后指导用户填写退货申请，提交到后台待审，并且与客户沟通协商将货物寄回，正确填写相关信息，如单号、收件人、地址等，如图 5-12 所示。客服在与客户沟通这些事宜时态度要端正友好，不能随意敷衍，要协助客户顺利将退货流程走完。在收到客户退回的货物时要与仓库做好对接，确认清楚后再进行退款或换货操作。

不同平台在体系设计和事务处理流程上多少都会存在差异，在此以淘宝网为例，展示淘宝退货退款的 3 种情况，客服在为客户进行退货退款时都需要进行哪些操作。在淘宝网上，退货退款的流程可以划分为 3 种情况，如图 5-13 所示，情况不同操作的流程也会有些许差异。

图 5-12　售后客户的退货流程图

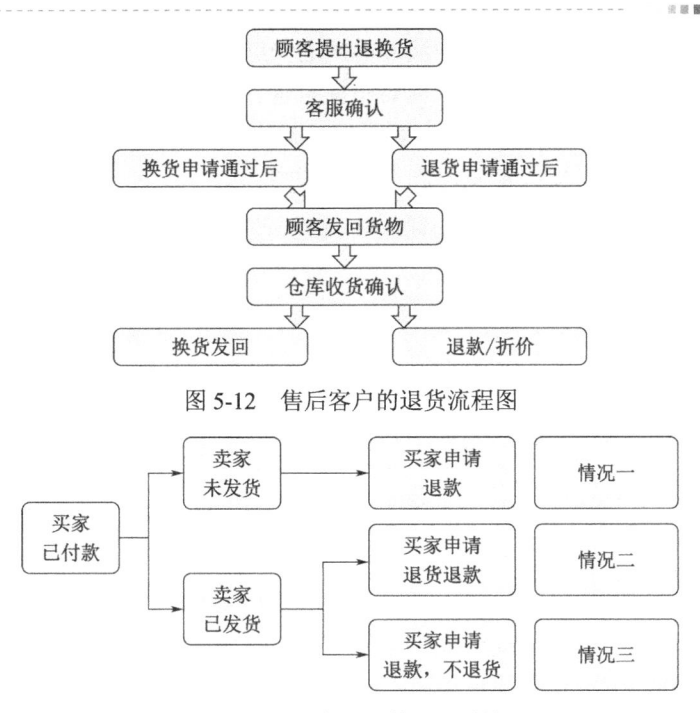

图 5-13　售后客户退款的 3 种情况

（1）情况一：卖家未发货，买家申请退款。

在卖家还未发货时，买家经常因为各种原因而申请退款，因此客服人员在处理时一定要将损失尽量减小，尽量不要让客户留下不好的印象。

第一步：买家申请退款，并填写退货原因。买家申请退款界面如图 5-14 所示。这个地方有一个关键点，就是客户在填写退货原因时，不管是有意还是无意，他们的选择有可能造成店铺违规，这对店铺的影响非常大。因此客服在为客户处理退款事宜前，需要积极介入，引导客户避开一些敏感的原因，如"未按时发货""缺货""质量问题"等。

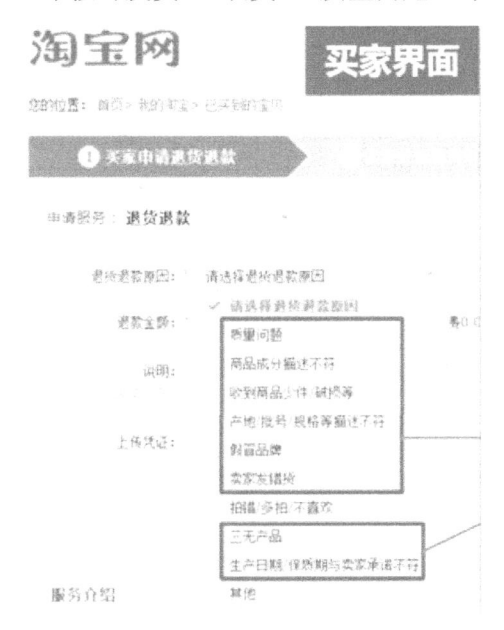

图 5-14　买家申请退款界面

第二步：引导客户填写或修改退货申请。承接上一点，为了避免客户选择的退款原因造成店铺违规，客服在客户表示要申请退款时，需要积极沟通，委婉地提醒用户不要选择哪些选项。若客户已经填写，则劝说其修改或重填。店铺的美誉度来之不易，必须从细微之处出发好好维护。

图 5-15 所示为劝说客户更改退款原因的话术参考。

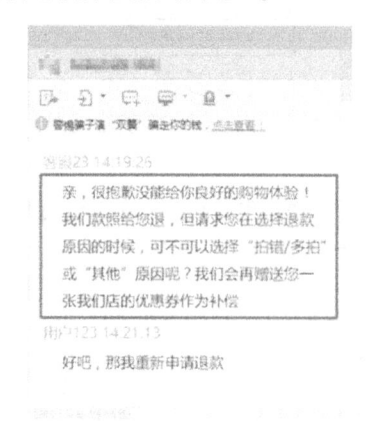

图 5-15　劝说客户更改退款原因

第三步：客服查看退款申请并进行退款操作，如图 5-16 所示。客户提交退款申请后，客服能够在后台的订单列表中查看到该申请，将相关事宜都确定清楚后即可进行退款操作。

图 5-16　客服进行退款操作

第四步：客服处理退款申请，如图 5-17 所示。在进入正式退款处理界面后，客服需要在两天之内回应买家的退款申请，否则系统会自动退款。因此在这里客服需要注意响应的实时性，记好处理的时间节点，以免处理超时。

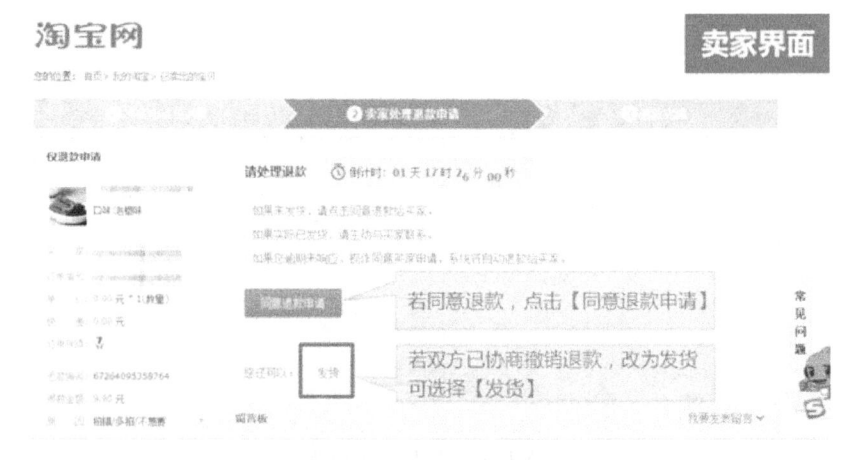

图 5-17　客服处理退款

第五步：客服填写支付密码，如图 5-18 所示。客服进行同意退款的操作后，需要填写支付宝密码和验证码才能最终将款项退回客户的账户中，退款周期一般为 2~7 个工作日，至此，整个退款流程才算走完。

图 5-18　客服输入支付宝密码及校验码

（2）情况二：卖家已发货，买家申请退货退款。

第一步：买家填写退款申请及退款原因。买家申请退款界面如图 5-19 所示。与情况一不同的是，这里多了一个选填项，即需要买家填写退款金额。一般情况下，如果是由于卖方原因导致退款则由卖方承担运费，同理买方亦然，但是也有特殊情况，需要双方沟通协商，处理运费的承担方。

图 5-19　买家申请退款界面

第二步：客服查看退款申请并进行退款操作，与情况一中的流程一致。

第三步：客服处理客户退款申请。卖家申请退款界面如图 5-20 所示。注意，在卖家已发货的情况下，客服处理退款申请的周期为 15 个工作日内，即客服需要在 15 个工作日内回应客户的退款申请，否则系统将自动退款。

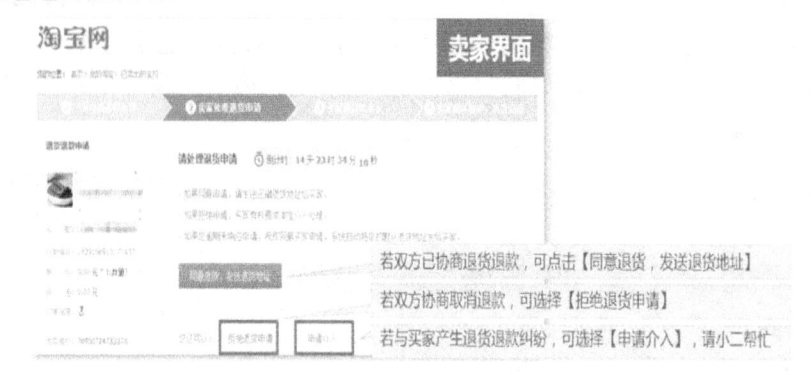

图 5-20　卖家申请退款界面

第四步：客服填写退货地址。客服在同意退款后，需要在系统备注的地址中选择一个地址，告知用户将已发的物件按地址寄回，如图 5-21 所示。

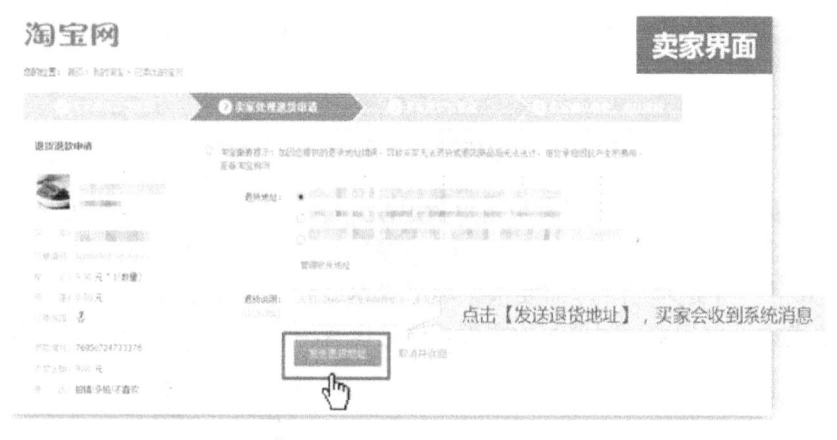

图 5-21　客服填写退货地址

第五步：买家填写退货物流信息。买家在收到客服发出的退货地址及相关信息后，自行联系物流按地址寄回包裹，并将物流信息如实填写到系统上，如图 5-22 所示。如果买家在规定的时间内没有填写相应信息则申请自动作废。

图 5-22　买家填写退货物流信息

第六步：客服最终确认退款并填写支付密码、验证码，如图 5-23 所示。

图 5-23　客服同意退款

（3）情况三：卖家已发货，买家申请退款不退货。

第一步：买家申请退款。这里买家申请的是仅退货款，同样在退款原因的选择上，客服一定要积极进行引导。这里分为买家收到货和未收到货两种情况，如图 5-24 所示。

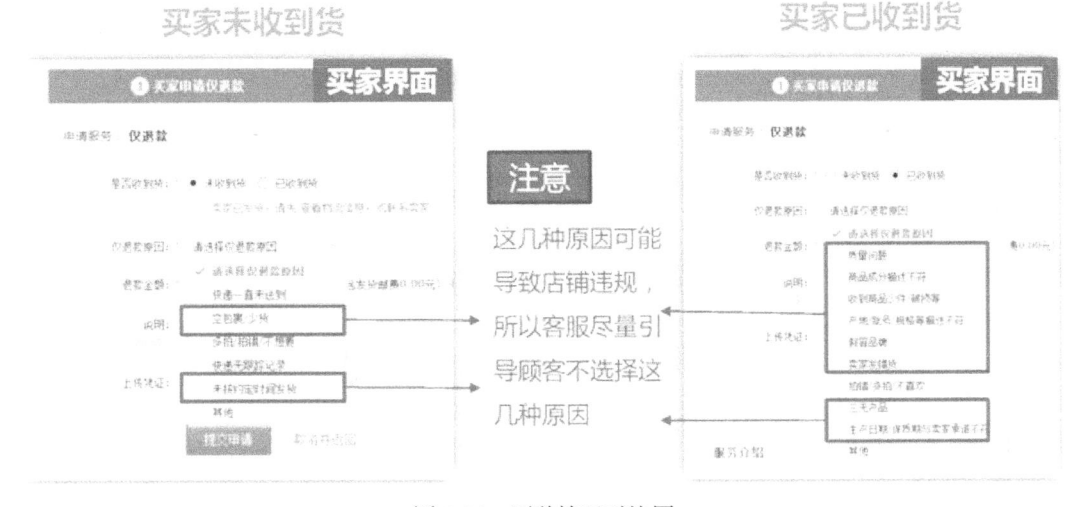

图 5-24　两种情况对比图

第二步：客服查看退款申请并进行退款操作。
第三步：客服处理客户退款申请，周期仍为 15 个工作日。
第四步：客服最终确认退款并填写支付密码、验证码。

2．售后中差评处理

买家的评价对店铺的重要性是不言而喻的，不仅影响其他客户的购买，还会影响店铺的信誉度，而电子商务又是需要建立在双方有足够的信用上的。因此，如何处理好买家的中差评是令许多人头疼的问题。

（1）中差评处理流程。流程并不固定，各个店铺情况不同因此在规划相应流程时是会存在差异的。这里只讲基本流程，当客服看到有顾客给出中差评后，首先应该回巡订单，了解具体情况并分析原因，如图 5-25 所示。紧接着要主动与客户进行沟通，态度要真诚，向客户致歉并请求修改评价。

多数情况下买家并不会轻易接受修改评论的请求，因此客服需要及时跟进或试图协商通过采用一定的补偿性措施促使顾客更改评价。

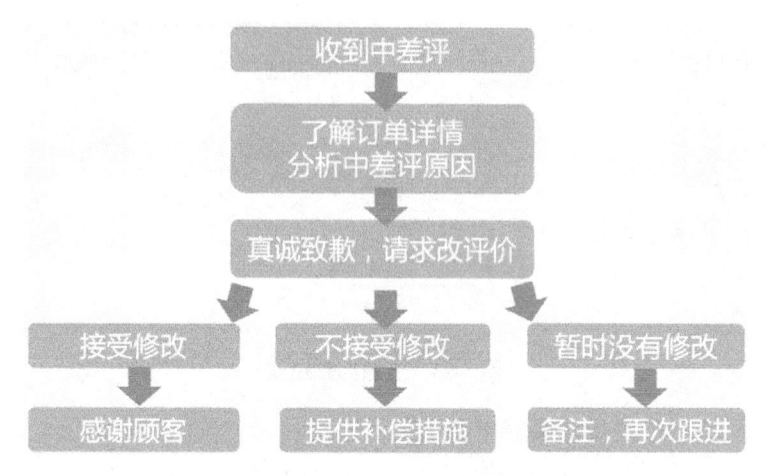

图 5-25　中差评处理流程图

（2）中差评处理技巧。

① 了解买家心态，营造聊天气氛。虽然买卖双方的沟通都是在网络上进行的，无法得知对方的表情反应如何，但在聊天的字里行间多少会透露出些许顾客的情绪，客服一定要能抓住这些情绪，充分洞悉买家心态，营造轻松愉悦的聊天氛围，这能够让顾客逐步放下戒心，坦诚相待。

② 态度诚恳，真诚道歉。这里客服需要坚持 3 个原则：学会倾听、互换角色、勇于担当。学会倾听客户的不满与抱怨，并从中分析原因。从客户的角度去看待问题，安抚客户情绪，认同客户所说的话。勇于承担责任，不搪塞，不敷衍，态度明确。

③ 解释合理，注重技巧。在向顾客解释原因时，需要注重方法。如果是物流的问题，则必须要与客户站在同一战线上，不要着急撇清自身与快递公司的关系。如果是自身的工作出了问题，则必须表示已经认识到工作中的不足，并表明改正的决心，相当于给顾客一个应有的交代。如果是产品质量出了问题，则一定要说明只是个别情况并承担责任。在为客户退换货时也可以出示一些凭证来证实产品的品质。

④ 给出的方案合理，易接受。需要根据客户的情绪做出判断，适度给出补偿，如优惠券、代金券、现金或实物赔偿等。

任务要求

1. 选择一件你最熟悉的产品，进行客户分析。
2. 模拟网购客户与客服，进行售前、售中、售后客服话术练习，录音并提交。

课后习题

一、选择题

1. 电商环境下的 CRM 内容一般包含哪些？（多选）
   A．营销自动化　　　　　　　　B．销售自动化
   C．客户与服务支持　　　　　　D．投入规模化
2. 运营者在构建客户综合价值模型时可以从以下哪些方面进行考虑？（多选）
   A．客户当前贡献度　　　　　　B．客户未来贡献度
   C．客户信用度　　　　　　　　D．客户成长潜力
3. 从事网络客服工作应该具有以下哪些素质？（多选）
   A．诚信　　　　B．耐心　　　　C．细心
   D．责任心　　　E．同理心　　　F．自控力
4. 网站的客户留存状态一般可以划分为以下哪几个时期？（多选）
   A．流失期　　　B．蒸馏期　　　C．稳定期　　　D．活跃期
5. 在卖家已发货的情况下，客服处理退款申请的周期是几天？
   A．3 天内　　　B．7 天内　　　C．15 天内　　　D．18 天内

二、论述题

1. 模仿衬衫案例，根据自身实际情况自选商品，采用 FAB 法挖掘商品卖点并罗列成表格。

2. 假如你是一名网店运营者，现需要进一步提升网店的客户黏性，你认为可以从哪些角度着手改进？请做简要分析并分点陈述。

第 6 章

电子商务物流

教学目标

本章介绍电子商务物流管理的基本知识,从电子商务运营的角度使学生了解电子商务配送中商品打包的流程,掌握物流配送及物流面单设置的方法。

要点

- 了解电子商务物流管理的基本知识。
- 了解商品打包材料的选择及打包的方法。
- 掌握电子商务物流配送的方法和技巧。
- 掌握物流面单设置的方法。

重点内容

电子商务运营中的物流配送方法及面单设置方法。

6.1 电子商务物流管理

所谓电子商务物流管理,是指在社会再生产过程中,根据物质资料实体流动的规律,应用管理的基本原理和科学方法,对电子商务物流活动进行计划、组织、指挥、协调、控制和决策,使各项物流活动实现最佳协调与配合,以降低物流成本,提高物流效率和经济效益。简而言之,电子商务物流管理就是研究并应用电子商务物流活动规律对物流全过程、各环节和各方面的管理。

6.1.1 电子商务物流管理的内容

电子商务物流管理主要包括对物流过程的管理、对物流要素的管理和物流中具体职能的管理。

1. 物流过程的管理主要内容

（1）运输管理。运输路线的选择，运输方式及服务方式的选择，车辆调度与组织。

（2）储存管理。原料、半成品及成品的储存策略，储存统计、库存控制、养护。

（3）装卸搬运管理。装卸搬运系统设计、设备规划与配置及作业组织。

（4）包装管理。包装材料、容器的选择与设计，包装技术、方法的改进，包装系列化、标准化、自动化等。

（5）流通加工管理。加工场所选址，加工机械的配置，加工技术、方法的研究与改进，加工作业流程的制订与优化。

（6）配送管理。配送中心选址及优化布局，配送机械的合理配置与调度，配送作业流程的制订与优化。

（7）物流信息管理。对反映物流活动内容的信息、物流要求的信息、物流作用的信息和物流特点的信息所进行的搜集、加工、处理、存储和传输等。

（8）客户服务管理。对于物流活动相关服务的组织和监督，如调查和分析顾客对物流活动的反映，决定顾客所需要的服务水平、服务项目等。

2. 物流要素的管理主要内容

（1）人的管理。物流从业人员选拔和录用，物流专业人才的培训与提高，物流教育和物流人才培养规划与措施的制定。

（2）物的管理。"物"指的是物流活动的客体，即物质资料实体，涉及物流活动诸要素，即物的运输、储存、包装、流通加工等。

（3）财的管理。它主要是指物流管理中有关降低物流成本、提高经济效益等方面的内容，包括物流成本的计算与控制、物流经济效益指标体系的建立、资金的筹措与运用、提高经济效益的方法。

（4）设备管理。对物流设备进行管理，包括对各种物流设备的选型与优化配置，对各种设备的合理使用和更新改造，对各种设备的研制、开发与引进等。

（5）方法管理。方法管理包括各种物流技术的研究、推广普及，物流科学研究工作的组织与开展，新技术的推广普及，现代管理方法的应用。

（6）信息管理。掌握充分的、准确的、及时的物流信息，把物流信息传递到适当的部门和人员手中，从而根据物流信息，做出物流决策。

3. 物流活动中具体职能的管理主要内容

（1）物流战略管理。物流战略管理是为了达到某个目标，物流企业或职能部门在特定的时期和特定的市场范围内，根据企业的组织结构，利用某种方式，向某个方向发展的全过程管理。物流战略管理具有全局性、整体性、战略性、系统性的特点。

（2）物流业务管理。物流业务管理主要包括物流运输、仓储保管、装卸搬运、包装、协同配送、流通加工及物流信息传递等基本过程。

（3）物流企业管理。物流企业管理主要有合同管理、设备管理、风险管理、人力资源管理和质量管理等。

（4）物流经济管理。物流经济管理主要涉及物流成本费用管理、物流投资融资管理、物流财务分析及物流经济活动分析。

（5）物流信息管理。物流信息管理主要有物流 MIS、物流 MIS 与电子商务系统的关系，以及物流 MIS 的开发与推广。

（6）物流管理现代化。物流管理现代化主要是物流管理思想和管理理论的更新、先进物流技术的发明和采用。

6.1.2　电子商务物流管理的特点

电子商务物流管理具有新颖性、综合性和智能性的主要特点。电子商务物流管理通过物流战略管理、物流业务管理、物流企业管理、物流经济管理、物流信息管理和物流管理现代化这六方面实现物流管理目标。

（1）新颖性。电子商务物流体现了新经济的特征，它是以物流信息为管理的立足点和出发点。电子商务活动是信息高度发达的产物，对信息活动管理是一项全新的内容，也是对传统管理的挑战和更新，我国对 Internet 的相关管理手段、制度和方法均处于探索阶段，对如何进行在线管理，也需要物流企业的共同努力。

（2）综合性。从覆盖的领域上看，主要涉及商务、物流、信息和技术等领域的管理；从管理的范围看，不仅涉及电子商务物流企业，还包括物流供应链上的各个环节；从管理的方式方法看，它兼容传统的管理方法和通过网络进行的过程管理及虚拟管理。

（3）智能性。电子商务物流的实物转移自动化、半自动化程度高，物流供应链过程在实时监控之中，而物流系统中的传统管理内容，如人事、财务、计划和物流控制等全部都是智能化的。所以电子商务物流管理的重点是这些自动化、智能化的设计创造过程。一个智能化的电子商务物流管理系统可以模拟现实，可以发出指令、实施决策，根据物流过程的特点采用对应的管理手段，真正实现电子商务物流管理的柔性化和智能化。

（4）信息化。物流信息化是电子商务的必然要求。信息化是一切的基础，没有物流的信息化，任何先进的技术设备都无法在物流领域中得以应用，物流信息化表现为物流信息的商品化、物流信息传递的标准化和实时化、物流信息存储的数字化等。因此，条码（Bar Code）技术、数据库（Database）技术等信息技术在我国物流中的普遍应用，彻底改变了物流管理的面貌。

（5）自动化。自动化的基础是信息化，自动化的核心是机电一体化，自动化的外在表现是无人化，自动化的效果是省力化，此外还可以扩大物流作业能力、提高劳动生产率、减少物流作业的差错等。物流自动化的设施非常多，如自动分拣系统、自动存取系统等。这些设施在发达国家已普遍用于物流作业流程中。

（6）网络化。网络化的基础也是信息化，网络化有两方面的含义：一是物流配送系统的计算机通信网络，包括物流配送中心与供应商、配送中心与顾客联系的计算机网络；二是企业内部网（Intranet）。物流的网络化是物流信息化的必然，是电子商务时代物流活动的主要特征之一，信息技术和通信技术的发展为物流网络化提供了良好的外部环境。

（7）柔性化。物流的柔性化是为了实现"以顾客为中心"理念而在生产领域提出的，柔性化的物流是适应生产、流通与消费的需求而发展起来的一种新型物流模型，其实质是将生产、流通进行集成，根据需求端的需求组织生产、安排物流活动。这就要求物流配送中心要根据消费需求"多品种、小批量、多批次、短周期"的特色，灵活组织和实施物流作业。

6.1.3　网上商店物流配送模式

1. 自营物流配送模式

网上商店自营物流模式是指卖家企业根据自身的规模、商品的配送量、企业的经营策略及业务网点布局等多种条件和因素，在适合的地点建立一个或多个物流配送中心，依靠自己构建的网络体系开展本企业的物流配送业务。它的核心是建立现代化物流配送中心，它是信息流、商流、资金流、物流的集中体现。这样一个或多个配送中心的建立，需要极大的资金投入，比较先进的物流管理，所以实行自营物流的网商企业必须是资金雄厚的大型企业，物流又对本企业的发展起到极其重要的作用。

1）自营物流配送模式的优势

（1）企业自身对物流的绝对掌控权。有利于企业第一时间掌握从生产到销售的物流信息，以便企业及时调整经营策略。

（2）稳定自身的供应链。企业能更好地监控和管理整条供应链，保证企业的供应链的稳定。

（3）具有品牌效益。自营物流的企业可以面对面的接触消费者，配送人员良好的形象可以提升企业品牌在消费心中的形象。

（4）提升配送效率。配送效率的高低无疑是网上商店能否成功的关键所在，自营物流可以更好的服务顾客。

2）自营物流配送模式的劣势

（1）高成本，高风险。配送中心的建立、车辆、人员，信息系统这些都需要企业付出极高的前期投入成本，前期成本过高，那么企业可能处于不盈利状态，极大地增加了企业的经营风险。

（2）物流管理难度大。企业自身不是专业的物流企业，缺乏科学有效的物流管理手段，规模有限，专业化程度低。虽然自营物流配送模式短期内可能是风险高、投资大，但从长期发展来说，物流成本的下降空间也是很大的。首先，通过规模经济效益，企业逐步掌握住自己的物流配送业务状况和未来发展趋势，可以有更快的反应速度以提高配送效率从而降低单位物流成本。同时由于我国自营物流比起第三方物流能获得更高的顾客满意度，自然能提高顾客对该品牌的忠诚度，那么从长远角度来看平均物流费用率将会下降。目前比较成功的自营物流配送网上商店有京东商城、亚马逊等。

2．邮政体系物流配送

邮政体系物流配送模式一般是企业或厂商网站在其营业地点建立商品仓库，根据消费者网上购物清单和消费者家庭地址信息，通过邮局办理邮政递送手续将货物送到消费者手中。这是很多小网站和淘宝网上很多网店选择的配送模式。中国邮政具有方便、快捷、点多面广的特点，是我国覆盖面最广、资历最老的物流公司。但其不足之处主要是普通邮递速度慢，而 EMS 服务收费偏高，且邮政体系服务水平偏低，容易造成包装破损、货物损坏，从而导致配送服务质量的下降而造成顾客的不满。

3．第三方物流配送模式

第三方物流配送模式是指交易双方把自己要完成配送业务交给第三方完成的一种物流配送模式。

1）网上企业选择第三方物流的优势

（1）企业集中精力于核心业务。由于任何企业的资源都是有限的，很难成为业务上面面俱到的专家。因此，企业应把自己的主要资源集中于自己擅长的主业，而把物流等辅助功能留给物流公司。

（2）物流配送专业化，第三方物流有较网商企业更好地物流管理基础，灵活运用新技术，实现以信息换库存，降低成本。

（3）减少固定资产投资，加速资本周转。企业自建物流需要投入大量的资金购买物流设备，建设仓库和信息网络等专业物流设备。这些资源对于缺乏资金的企业特别是中小企业是个沉重的负担。而如果使用第三方物流公司不仅减少设施的投资，还解放了仓库和车队方面的资金占用，加速了资金周转。委托"第三方快递物流公司"的交通、运输、仓储连锁经营网络，把商品送达消费者实现配送服务的模式。采用这种模式可以充分利用第三方物流企业的先进物流设施和专业经验进行规模性操作，带来经济利益，降低物流成本，合理利用社会资源。

2）网上企业选择第三方物流的劣势

（1）企业不能直接控制物流职能。毕竟双方是合作关系，网商企业并不能直接控制其物流。

（2）不能保证供货的准确和及时。第三方物流企业信息技术的应用相对于网商企业的信息技术较为落后，以至于双方的物流信息不能很好地对接，网商企业对于物流难于控制，对其操作过程和时间难以把握。

（3）不能保证顾客服务的质量和维护与顾客的长期关系。相对于企业自营物流，选择第三方物流减少了网商企业与顾客直面接触的机会，不利于维护良好的企业形象和客户关系。

（4）难以达成双方满意的物流成本。我国物流方面的标准化规定和相关法规缺失，以至于双方难以界定合理的物流标准。

综合第三方物流的优劣势分析，对于自身对物流处理能力差，经营规模小，无力自建物流网络体系的网商企业是不错的选择，也是现在网上商店选择物流配送模式的主要选择。

6.2 商品打包的流程

6.2.1 材料的选择

商品打包是物流中一个重要的环节，根据不同的货物分类打包，不仅显示了物流工作的合理性，而且还可以保护商品、方便储存、利于运输、促进销售，防止环境污染和预防安全事故，在一定程度上增加了物流的安全性与便利性。包装因材料和重量的不同，物流成本也会有所影响，通常在保障货物安全的情况下，企业会采用最合适的包装节省成本，打包常见的包装有瓦楞纸箱、木箱、塑料包装材料等。

1. 瓦楞纸箱

瓦楞纸箱是采用具有空心结构的瓦楞纸板，经过成型工序制成的包装容器。瓦楞纸箱采用包括单瓦楞、双瓦楞、三瓦楞等各种类型的纸板做包装材料，大型纸箱装载货物的重量可达3000kg。

瓦楞纸箱的应用范围非常广泛，几乎包括所有的日用消费品，包括水果、蔬菜、加工食品、针棉织品、玻璃陶瓷、医用药品等各种日用品，以及自行车、家用电器、精美家具等方面，图6-1所示为三只松鼠的包装纸箱。瓦楞纸箱具有很多优点：它的设计可使之具有足够的强度，富有弹性，且密封性能好，便于实现集装单元化，便于空箱储存；瓦楞纸箱的箱面光洁、印刷美观、标志明显，便于传达信息；它的体积、重量比木箱小，有利于节约运费；纸箱耗用资源比木箱要少，其价格自然比木箱低，经回收利用，可以节省资源。当然，瓦楞纸箱也有一些不足之处，主要是其抗压强度不足和防水性能差。在使用瓦楞纸箱包装时，需要在商品周围加上填充物，防止在运输过程中产生严重震荡造成商品受损，填充物既可以选择废旧报纸，也可以购买专门防震的填充物。填充物以体积大、重量轻为最佳，在货物装箱时商品要和纸箱之间空出一定的距离，方便放置填充物。

图 6-1 三只松鼠包装纸箱

2．木箱

木箱是一种传统的包装容器，常见的木箱有木板箱、框板箱和框架箱 3 种。木板箱一般用于小型运输包装容器，能装载多种性质不同的物品，有较大的耐压强度，但箱体较重，防水性较差；框板箱是由条木与人造材板制成的箱框板，再经钉合装配而成；框架箱是由一定截面的木条构成箱体的骨架，再根据需要在骨架外面加上木板覆盖而成。图 6-2 所示为红酒的木箱包装。木材包装材料的组织结构不匀，易受环境的影响而变形，并且具有易腐朽、易燃、易蛀等缺点。

图 6-2 红酒的木箱包装

3．塑料包装

塑料包装是指各种以塑料为原料制成的包装总称。塑料包装材料具有透明度好、重量轻、易成形、防水防潮性能好，可以保证包装物的卫生等优点。但是，塑料包装材料容易带静电、透气性能差，回收成本高，废弃物处理困难，对环境容易造成污染，图 6-3 所示为良品铺子的塑料包装。

图 6-3　良品铺子的塑料包装

6.2.2　快递打包标准

快递打包标准，也称为快递打包原则，是很困扰快递行业打包人员的打包标准，国家对此也没有顶层设计。本文综合几家国内知名快递企业的操作规范，形成以下快递的参考打包标准（打包原则）。

由于各个快递公司要求的快递打包标准（快递打包原则）不一，运输重量上限标准也不统一，有未详尽之处，随着商品的变化而更改，按实际情况更新。

快递打包顺序依次为是否特殊商品、按重量原则、按包装材质。

（1）按重量原则，单个打包商品重量不超过 10kg。

（2）按包装材料，同样包装材质优先打包在一起。例如，袋装的和袋装的打包在一起，纸包装的和纸包装的打包在一起。同一包装盒内打包不同的商品，中间需要用隔板等填充物把商品隔开，避免商品在运输过程中摩擦造成商品外包装的损坏。

（3）针对特殊商品，包括但不限于液体（如饮料、果汁、瓶装水等）、易碎物品（如玻璃制品等）、特殊气味的商品；此类商品需要单独打包，且打包后要缠一层包装膜，与外界隔离。防止在运输过程中出现破损后，损毁其他快递件。

（4）针对米、面、油这些商品特殊说明。例如，某公司的 5kg 大米、5kg 面粉、5L 豆油，须单独打包。由于这种重物和其他商品混合打包，极易损伤其他商品的外包装，为了商品的安全考虑，此类商品不与其他商品混合打包。

6.2.3　包装操作流程

快递打包标准（快递打包原则）包装流程分解如下。

（1）包装货品时要选择大小适宜的纸箱，内部货品要充实，严禁"货小箱大"包装不严现象。

（2）脆弱易碎物品，怕震怕压的货品装箱时，内件与箱板之间要用缓冲材料衬垫，空隙处用软质材料填实，使货品不能在箱中晃动。确保运输途中无损坏。

（3）箱内货品不止一件时，还要用瓦楞纸将货品分隔或用海绵等软质物填充，防止货品在箱中晃动，在运输途中碰撞损坏。

（4）包装货品时要确保货品外包装无灰尘、无污渍，包装盒无破损。

（5）随货清单应统一放置在货品正面显眼位置，如遇多件物品需要分单发货时，需将货品清单分别置入每个货品箱内，并注明此箱包装为何种货品，以便客户查收。

（6）胶带的粘贴和使用要求：对于外形规则货品包装，如使用纸箱包装的货品，建议对 5.5kg 以下的包装箱，对纸箱上下进行"工"字形或"十"字形包装；建议对 5.5kg 以上的包装箱，对纸箱上下进行"井"字形或"王"字形包装。

（7）包装胶带粘贴要求横竖位置对准、不错位，松紧适度，每条封胶位置环绕一圈胶带，闭合为止，做到该封胶带的位置封好，不该封的位置不要封，杜绝浪费胶带，同时也提高包装速度。

（8）打包员严格执行验视制度，不得一丝妥协，确保货品型号及数量与发货单上一致，确定无误后，方可撕下发货单与货品按包装要求进行装箱包装。

（9）包装好的货品外观要求整体美观结实、无松散、无凸凹不平现象，快递面单要求贴于包装好的货品正面中间位置，贴正贴好以便工作人员方便快捷抽出快递单据。

（10）直接贴快递单的货品要求上下左右胶带完好、纸箱无破损，同时应注意货品另一面是否已经贴好快递单，严禁单件货品贴两张快递单现象、严禁没贴快递单的货品拉出仓库，严禁将各快递公司的货品混放。

（11）每次工作结束后要做好整理、整顿、清扫、清洁工作，不同品种包装材料及纸箱不得混放。

6.3 物流配送

6.3.1 选择物流公司

商家在淘宝网上向客户提供安全有效的网络交易时，离不开物流的支持。淘宝本身没有下属的快递公司，但淘宝有物流平台。淘宝网会向卖家提供"推荐物流、网货物流推荐指数"作为选择物流公司的参考数据，目前与淘宝有合作的物流公司为申通、圆通、中通、汇通、韵达、天天快递、中铁快运、德邦、佳吉、联邦快递、顺丰速运、EMS、E邮宝、一邦速递、宅急送、星晨急便。这些物流公司在服务质量、服务价格等方面参差不齐，在选择物流公司时，要考虑到自己的实际情况，选择不同的物流公司。

快递公司根据中国不同省份的快递区域，把全国分为 4 个不同区域，每个区域的运费和到达时间是不同的，如表 6-1 和表 6-2 所示。

考虑到成本的问题，除非客户要求发其他快递，公司一般会选择合作伙伴的快递公司，这样才能取得本地区快递公司的内部报价。

表 6-1　快递区域分区

区域	地区
一区	上海、浙江、江苏
二区	广东省、福建省、安徽省、北京市、天津市、湖北省、湖南省、江西省、河北省、河南省、山东省
三区	四川省、贵州省、海南省、陕西省、云南省、山西省、重庆市、黑龙江省、甘肃省、辽宁省、吉林省、广西壮族自治区、宁夏回族自治区
四区	内蒙古自治区、西藏自治区、青海省、新疆维吾尔自治区

表 6-2　快递区域分区到达时间

	一区	二区	三区	四区
到货时间	1～2 天	2～3 天	3～4 天	4～5 天
首重费用（元/公斤）	8 元/kg	10 元/kg	12 元/kg	15 元/kg
续重费用（元/公斤）	重量×8 元/kg	重量×10 元/kg	重量×12 元/kg	重量×15 元/kg

从上面的表格中可以看出，快递公司的运费在不同区域内是不相同的，所以企业根据不同区域制定不同的物流费用，也可以灵活选用不同的快递公司或根据客户的需求选择快递公司。特殊情况下在保留找物流索赔的同时，可以跟买家优先再发货一次。尽量做到让买家满意，让用户有良好的购物体验。

6.3.2　物流公司介绍

1. 顺丰速运介绍

顺丰速运于 1993 年 3 月 26 日在广东顺德成立，是一家主要经营国际、国内快递业务的港资快递企业，如图 6-4 所示。在中国（香港、澳门、台湾）建立了庞大的信息采集、市场开发、物流配送、快件收派等业务机构及服务网络。与此同时，顺丰积极拓展国际件服务，目前已开通美国、日本、韩国、新加坡、马来西亚、泰国、越南、澳大利亚、蒙古等国家的快递服务。截至 2015 年 7 月，顺丰已拥有近 34 万名员工，1.6 万台运输车辆，19 架自有全货机及遍布中国、海外的 12260 多个营业网点。实现了对快件产品流转全过程、全环节的信息监控、跟踪、查询及资源调度工作，确保了服务质量的稳步提升。顺丰速运的优点在于网点集中在一线城市，运送速度快，一般到达的城市隔天到。可以发当天件，允许发当天件的地方有江、浙、沪、皖。缺点是价格相对高一些。

图 6-4　顺丰速运

2. EMS 介绍

EMS，即邮政特快专递服务（Express Mail Service）。它是由万国邮联管理下的国际邮件快递服务的，是中国邮政提供的一种快递服务，主要经营国际、国内 EMS 特快专递业务，是中国速递服务的最早供应商。由于是与其他国家及地区的邮政合办的，因此 EMS 在各国及地区邮政、海关、航空等部门均享有优先处理权，它以高质量为用户传递国际、国内紧急信函、文件资料、金融票据、商品货样等各类文件资料和物品。EMS 的优点为网络强大、限时速递、货物丢失损坏率低、安全性高，但资费比普通民营快递稍高。

目前，针对跨境电商市场多样化的寄递需求，中国邮政速递物流股份有限公司设计的跨境电商 e 系列产品有 e 邮宝、e 特快、e 包裹、e 速宝，全线产品均可线上下单、上门揽收，支持邮件信息跟踪查询，如表 6-3 所示。同时，中国邮政速递物流推出了中邮海外仓（跨境电商出口）和中邮海外购（跨境电商进口）一站式综合物流解决方案。

表 6-3　邮政速递跨境电子商务类产品介绍

渠道	产品名称	通达国家/地区	适用类型	重量限制	尺寸限制
邮政渠道	e 邮宝	美国、澳大利亚、英国、加拿大、法国、俄罗斯、以色列、沙特、乌克兰、挪威、巴西	轻小件	2kg	长+宽+高≤90cm 单边长度≤60cm
	e 特快	中国香港、中国台湾、日本、韩国、新加坡	较高价值物品	30kg	同国际标准 EMS
		英国、法国、俄罗斯、白俄罗斯、乌克兰			
		荷兰、西班牙、加拿大、巴西、澳大利亚			
	e 包裹	美国	经济类	30kg	同国际标准 EMS
商业渠道	e 速宝	澳大利亚、德国	轻小件	2kg	长+宽+高≤90cm 单边长度≤60cm
	中邮海外仓	美国	批量快消品	—	—
	中邮海外购	美国、日本	海淘商品	—	—

3．上海圆通速递介绍

上海圆通速递（物流）有限公司成立于 2000 年 5 月 28 日，是国内大型民营快递品牌企业，其 LOGO 如图 6-5 所示。圆通速递主营 50kg 以内的小包裹快递业务，形成 8 小时当天件、12 小时次晨达、24 小时次日达、36 小时隔日上午达、48 小时隔日达等时效件和到付件业务、代收货款、签单返还、代取件业务、仓配一体等多种增值服务，香港件专递、国际件，以及为客户提供供应链个性化解决方案。目前，已开通港澳台、东南亚、中亚和欧美快递专线，并开展中韩国际电子商务业务，将圆通的服务网络延伸至全球。圆通速递的优点是到全国的一线城市和省会城市运输及派件的速度比较快，是支付宝的合作公司。客户在收到货时，可以开包检查，但网点覆盖范围小。

图 6-5　圆通速递 LOGO

4．申通快递介绍

上海申通物流公司成立于 1993 年，是一家以经营快递为主的国内合资（民营）企业，如图 6-6 所示。基本覆盖到全国地市级以上城市和发达地区地市县级以上城市，尤其是在江浙沪地区，基本实现了派送无盲区。主要承接非信函、样品、大小物件的速递业务。申通快递优点是全国最大的快递公司，重要城市和一级城市运输及派件的速度比较快，可以覆盖到县级以上的城市，但价位稍高。

图 6-6　申通快递

6.3.3　淘宝运费模板的设置

（1）登录淘宝，进入"我的淘宝"→"我是卖家"页面，如图 6-7 所示。

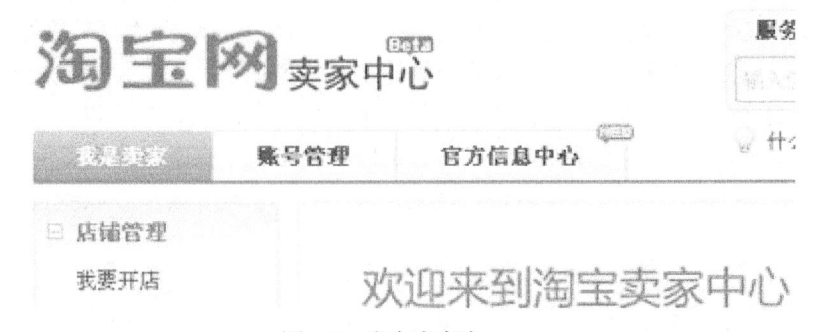

图 6-7　淘宝卖家中心

（2）展开页面中的"交易管理"菜单项，选择"物流工具"选项，如图6-8所示。

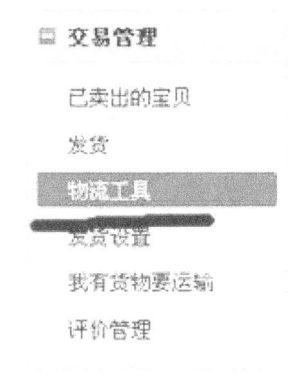

图 6-8　物流工具

（3）在打开的页面中，选择"运费模板"选项，如图6-9所示。

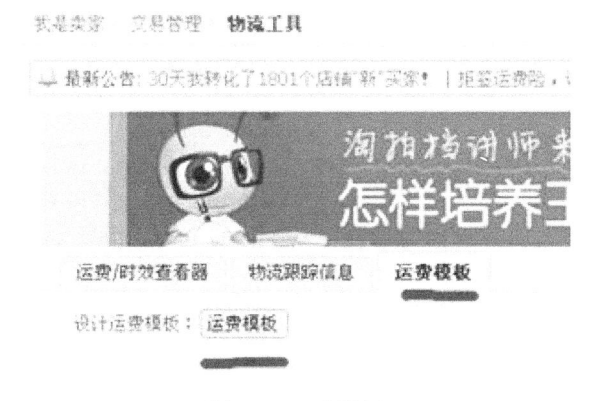

图 6-9　运费模板

（4）给新的运费模板命名，如图6-10所示。可以自己设定，方便记忆最好。

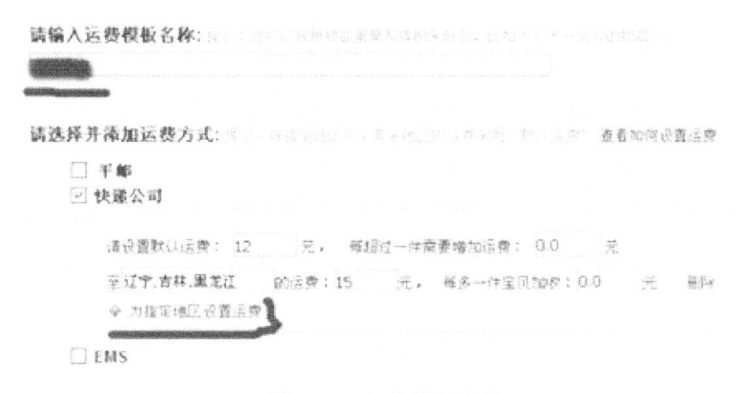

图 6-10　运费模板名称

（5）不同地区的运费不同，需要根据快递报价来设置，然后保存，如图6-11所示。

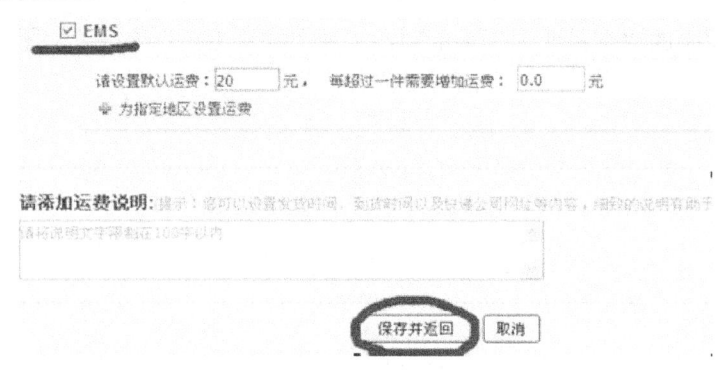

图 6-11 运费设置

（6）全部设置好后，单击"使用此模板"按钮即可保存，如图 6-12 所示。

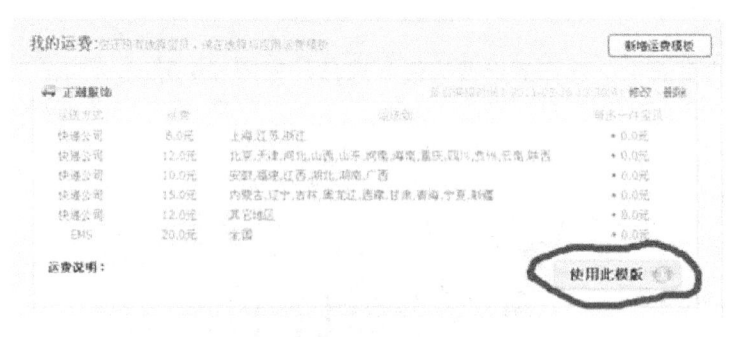

图 6-12 保存运费模板

接下来的步骤，是在淘宝助理的步骤上操作的，设置好了模板就要给相应的宝贝使用，如果你还没有安装淘宝助理，请先下载安装。

（7）回到淘宝助理，单击"更新数据"按钮，更新淘宝助理数据，如图 6-13 所示。

图 6-13 更新淘宝助理数据

（8）选中上传到淘宝助理的任一宝贝并右击，如果是全部宝贝都用这个模板，就选择"全选"选项，若只有几个宝贝需要使用此运费模板，选择"勾选"选项，如图 6-14 所示。

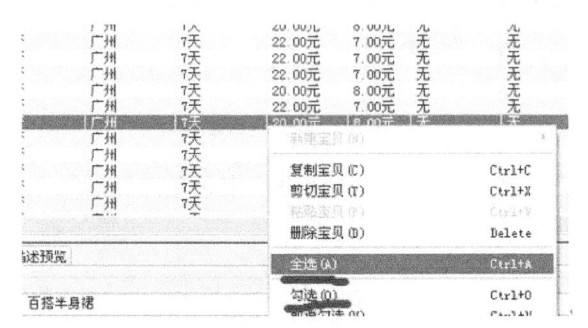

图 6-14 将运费模板应用于宝贝

（9）然后再单击淘宝助理上的"批量编辑宝贝"菜单项，选择"邮费模板"选项，如图 6-15 所示。

图 6-15　批量运用运费模板

（10）出现如图 6-16 所示的页面，选择设置好的新运费模板，单击"保存"按钮即可。

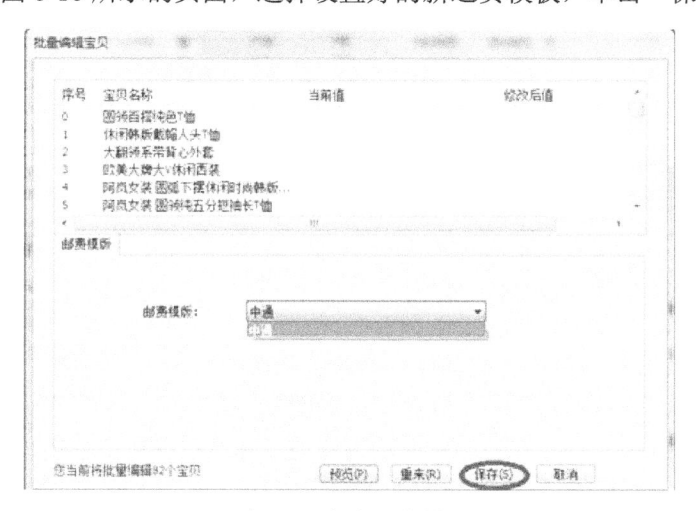

图 6-16　保存运费模板

通过上面的步骤，店铺宝贝的运费模板就设置好了。

6.3.4　淘宝运费模板的修改或删除

（1）卖家登录到"我的淘宝"→"我是卖家"→"交易管理"→"物流工具"→"运费模板"中，单击"运费模板"按钮，如图 6-17 所示。

图 6-17　淘宝运费模板界面

（2）在需要修改（或删除）的模板后，单击"修改（或删除）"按钮即可，如图 6-18 所示。

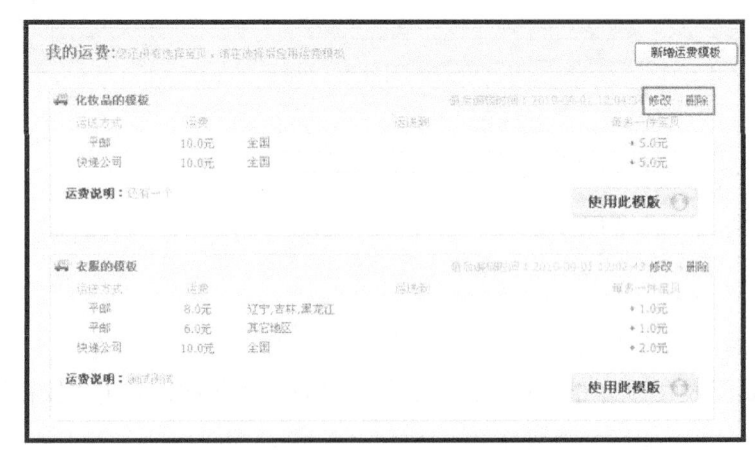

图 6-18　修改可删除淘宝运费模板

6.4　物流面单设置

6.4.1　物流面单的分类

目前，通用的物流快递面单可简单分为两种：纸质面单和电子面单。

纸质面单，即大家熟知的采用 4 联单形式的面单，从上到下一层层分别为寄件客户联、取件联、派件联、收件客户联，图 6-19 所示为圆通速递纸质面单。目前的纸质面单由不同快递公司自己定制，格式不尽统一，电商企业为了批量发货不得不接入不同快递公司的打单系统，接入成本较高，并且由于纸质面单没有接入数据平台，快递公司需后期手工录入简单信息，录入成本很高，这也导致快递行业一直未能实现大数据化管理。

电子面单也称为热敏纸快递标签、经济型面单、二维码面单，是根据物流公司的规定要求，在热敏纸上打印客户收发件信息的面单。电子面单所用的一般是热敏纸，有 350/卷、500/卷、2000/卷等几种规格，每张大小标准规格是宽 100mm、高 150mm，如图 6-20 所示。2014 年 5 月，菜鸟网络联合三通一达等 14 家主流快递公司推出了标准化的公共电子面单平台，并向商家和所有快递企业开放免费申请接入。通过菜鸟网络的电子面单平台系统，可实现快递公司与商家系统的双向互动通道打通，可实时跟踪订单各个环节的处理状态，清晰记录各个系统间的订单处理效率，实现行业统一的电子面单接入规范，建立新的电子面单对接和应用标准。随着 14 家主流快递公司都完成了与菜鸟网络电子面单平台的对接，使得商家使用电子面单更加便捷，同时有效降低了整个行业电子面单的普及成本和使用门槛。

图 6-19　圆通速递纸质面单

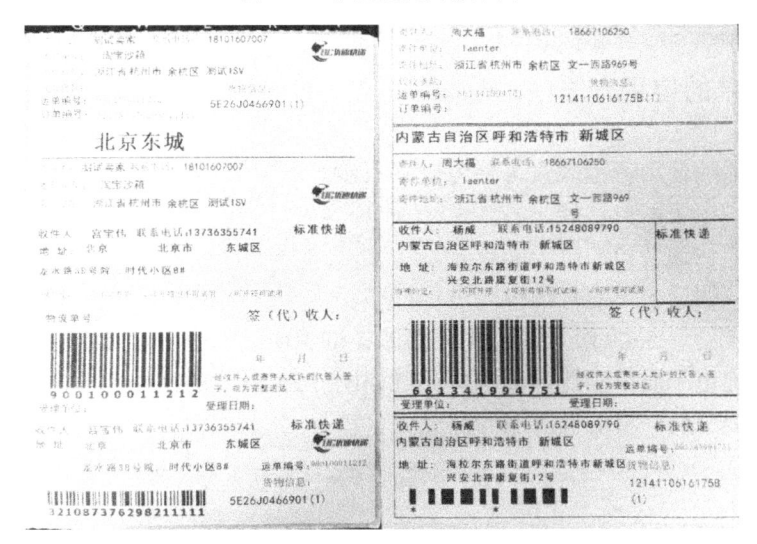

图 6-20　电子面单

6.4.2　电子面单的主要优点

1. 提高面单打印速度

电子面单使用热敏纸单联打印，打印机为专用标签打印机，打印速度为普通面单针式打印机的 4～5 倍，平均速度为 1800 张/小时，最高时可达到 2400 张/小时。

与目前传统的纸质面单相比，电子面单是通过热敏纸、热敏打印机进行面单的打印的，没有复写联，只有上下联，两者区别如表 6-4 所示。例如，出现打印失误或热敏运单损坏等情况，仅损失热敏纸张，不会造成运单整体损坏，该运单编号依然可以使用，保证了快递公司与业务员的利益。

表 6-4 普通纸质面单和电子面单区别

	打印速度（张/分钟）	机器成本（元/台）	噪声	出错率
纸质面单	4～6	1200	高	中
电子面单	30～40	1500	低	低

2．增加面单信息量

传统 4 联面单，大头笔信息、目的地、目的地中心信息、二维码校验、客户企业宣传信息等无法实现在面单上的打印。电子面单可通过系统设置自动打印大头笔、目的地、二维码校验及客户企业宣传信息等，面单信息可附带信息量高于当前传统面单。

3．节约分公司运营成本

电子面单成本比传统纸质面单降低 5 倍以上，降低快递公司作业成本。简化快递录单过程、提高分拨中心的分拣效率，大大提升快递处理效率，使自动分拣等技术含量高的设备投入使用成为可能，为产业升级提供技术基础。

4．消费者隐私信息安全

通过条形码隐藏收件人的隐私信息，避免消费者个人隐私泄露。

6.4.3 电子面单的使用方法

电子面单功能的使用流程大致可分为以下三步。
（1）申请开通电子面单功能。
（2）获取指定快递公司的电子面单号。
（3）选择对应快递公司的打印模，进行打印。
下面结合淘宝助理 5.6.9 版本的操作界面做详细说明。
（1）申请开通电子面单功能，商家可通过如图 6-21 所示的路径开通电子面单服务。需要注意的是，申请提交后，将由物流服务商完成审核。

图 6-21 申请电子面单服务

以直营物流服务商开通 EMS 为例，需要填入 EMS 的月结账号，如果没有可以不填。申请 EMS 电子面单服务如图 6-22 所示。

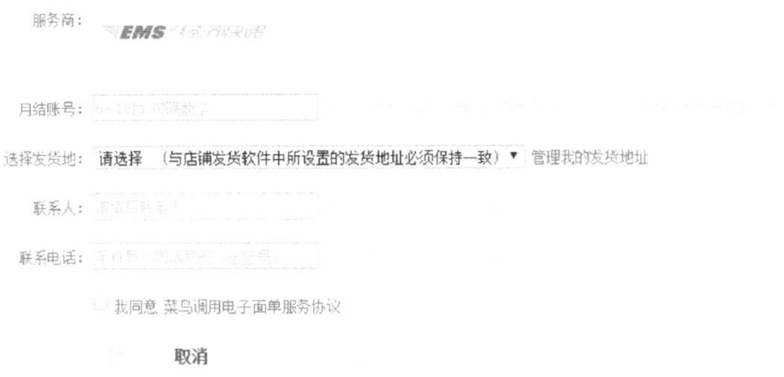

图 6-22　申请 EMS 电子面单服务

加盟物流服务商开通，至少填入一个网点信息。申请圆通电子面单服务，如图 6-23 所示。

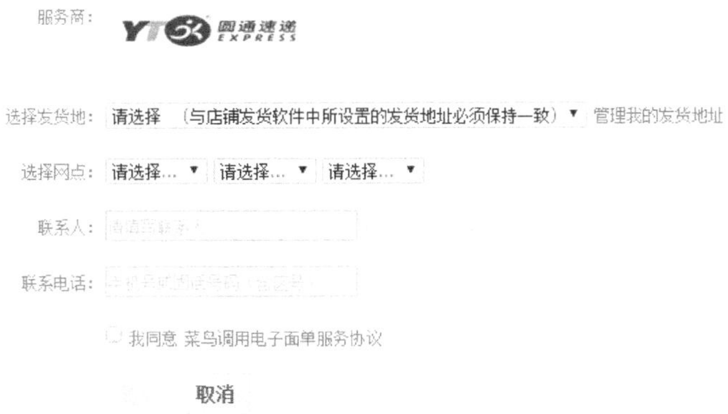

图 6-23　申请圆通电子面单服务

（2）登录淘宝助理，查寻各快递公司电子面单排版情况，单击"编辑"按钮，可以调整打印的起始坐标，如图 6-24 所示。

图 6-24　查看电子面单排版

（3）单笔订单获取电子面单运单号，如图6-25所示。

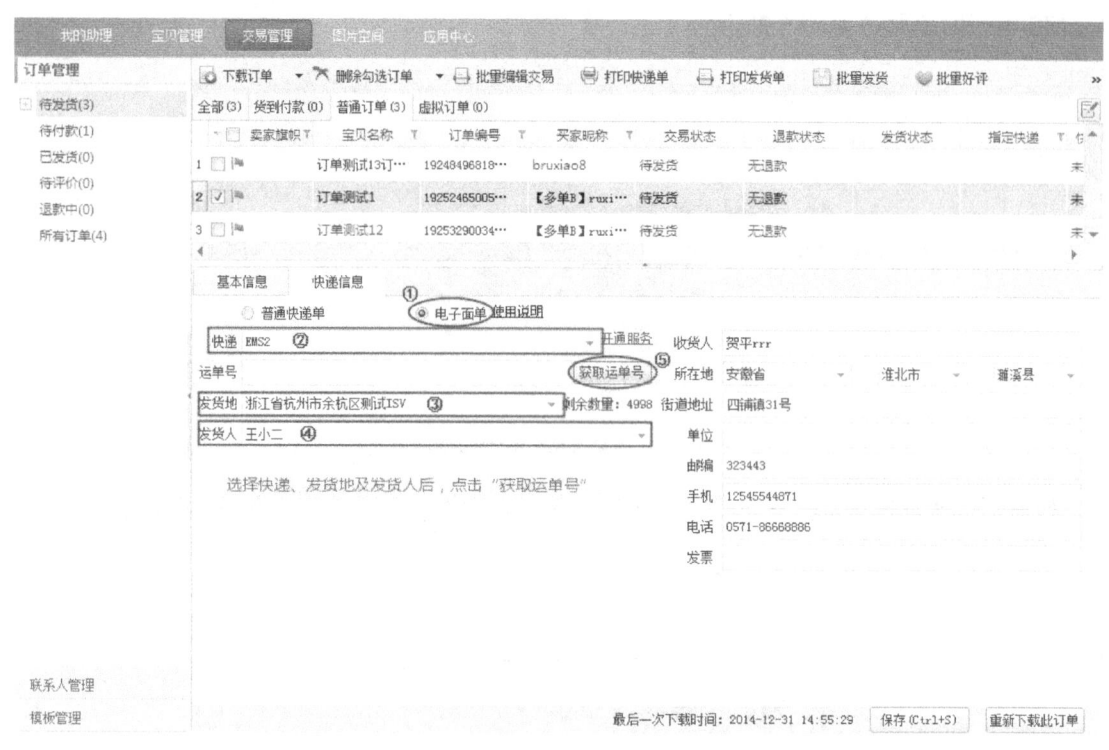

图6-25　获取单笔订单电子面单运单号

（4）单笔订单取消电子面单运单号，如图6-26所示。

图6-26　单笔订单取消电子面单运单号

（5）单笔订单打印电子面单，如图 6-27 所示。

图 6-27　单笔订单打印电子面单

（6）多笔订单获取电子面单运单号，如图 6-28 所示。

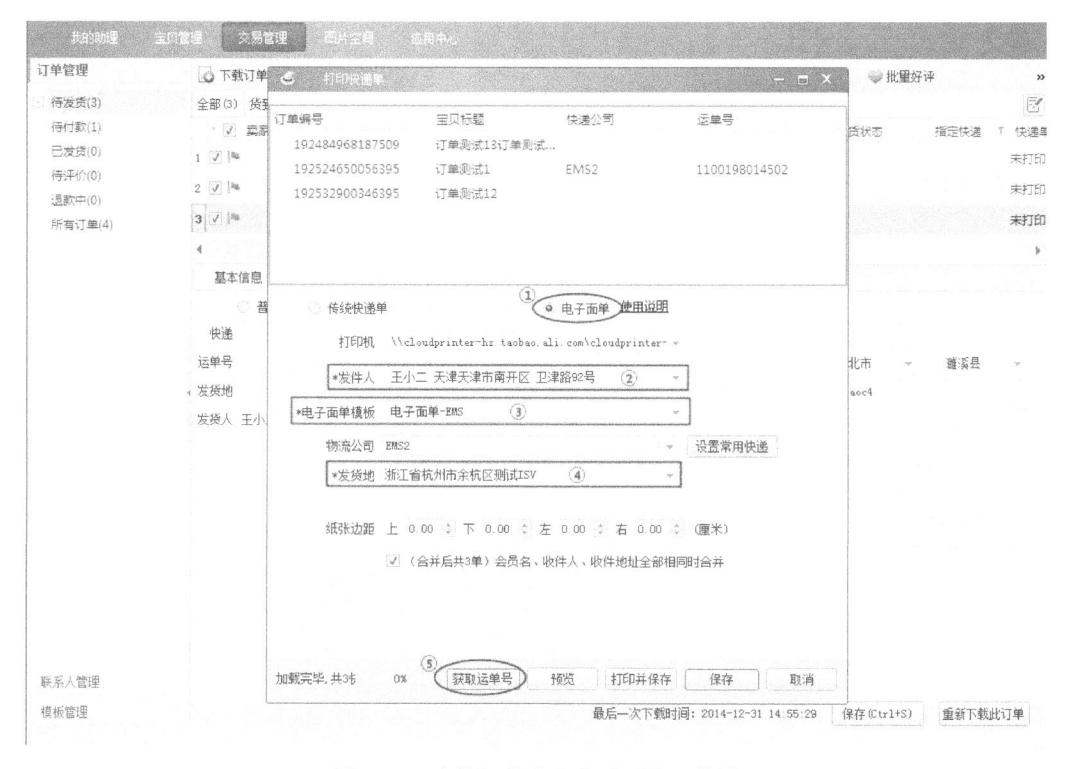

图 6-28　多笔订单获取电子面单运单号

（7）多笔订单取消电子面单运单号。多笔订单目前不能批量取消运单号，请使用单笔订单的取消方式取消。

（8）多笔订单打印电子面单，如图 6-29 所示。

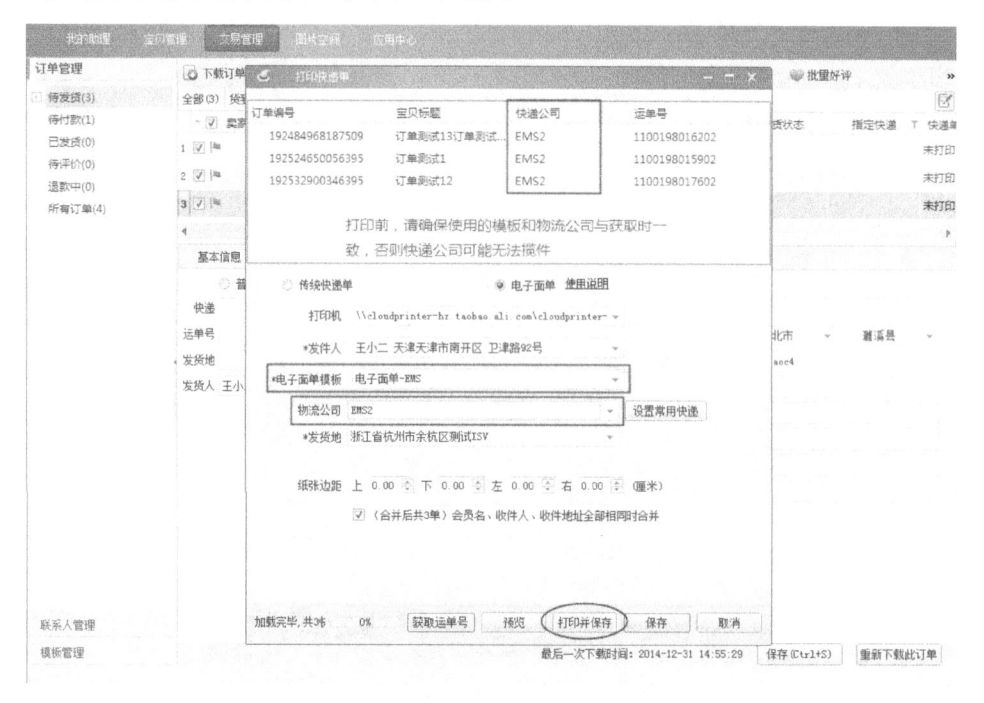

图 6-29　多笔订单打印电子面单

电子面单打印过程中，常见问题分析与解决方法如下。

① 买家不希望购买的宝贝名称等信息展示在快递单上，应如何处理？

在交易管理页面设置宝贝简称，如图 6-30 所示。

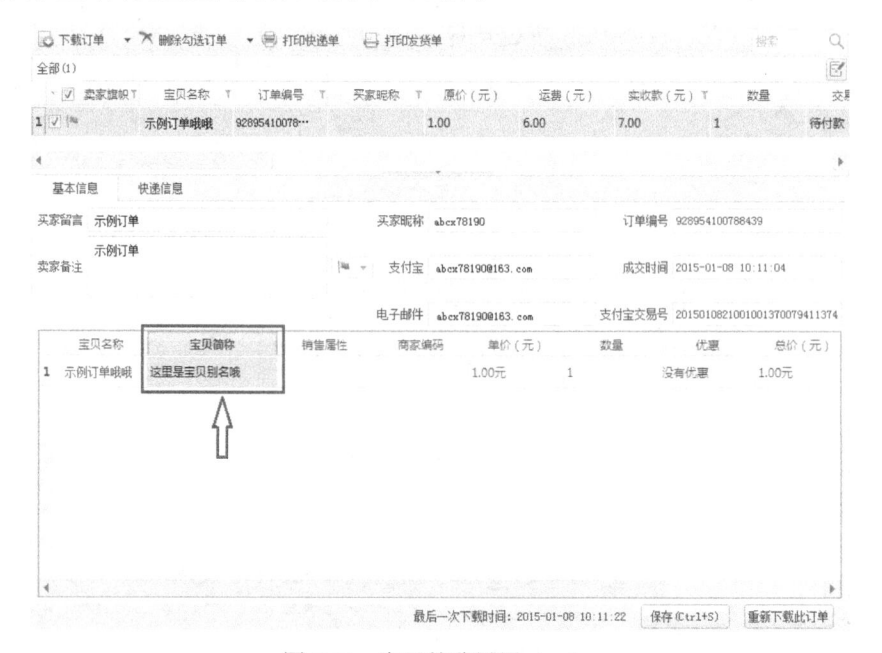

图 6-30　宝贝简称设置（一）

打印出来的快递单上显示的就是刚才所设置的名称了，如图 6-31 所示。

图 6-31　宝贝简称设置（二）

② 电子面单打印不全，怎么办？

部分打印机的默认纸张类型设置的太小，通过调整纸张大小，但不一定会成功。这时需要手动设置打印机的默认纸张大小，方法如下。

第一步：打开打印机设备管理器，如图 6-32 所示。

图 6-32　打开打印机设备管理器

第二步：在对应的打印机上右击，在弹出的快捷菜单中选择"打印首选项"选项，如图6-33所示。

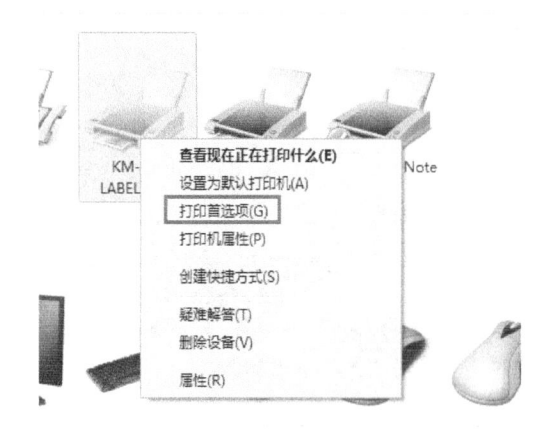

图6-33 打印首选项设置

第三步：在"高级选项"界面中，设置纸张规格，就可以解决打印不完全的情况，如图6-34所示。

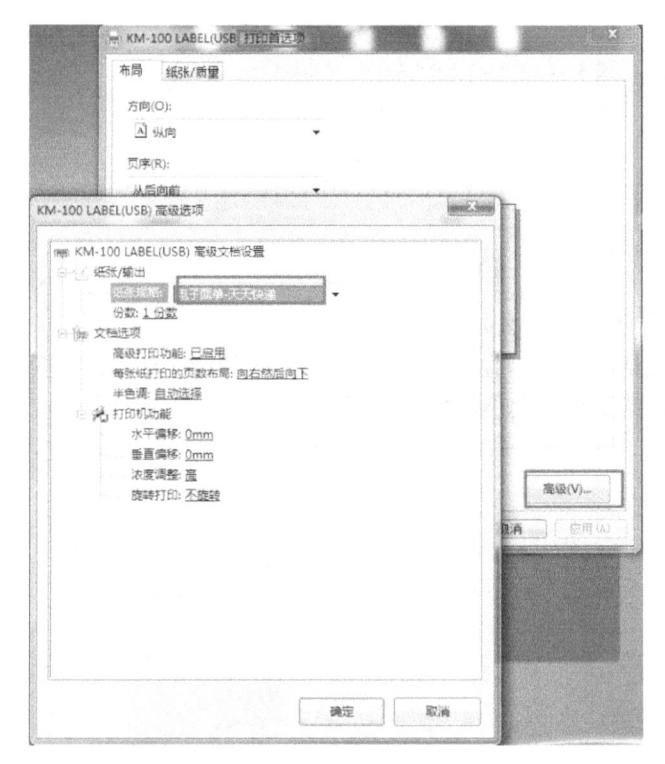

图6-34 打印高级选项设置

6.4.4 快递面单打印机的分类

面单分为纸质面单和电子面单，前面也提到了两种面单的特点。用户在打印快递面单时，需要根据正在使用的面单种类进行选购面单打印机。

传统面单的打印，需要配合针式打印机使用。针式打印机是通过打印头中的24根针击打复写纸,从而形成字体,在使用中,用户可以根据需求来选择多联纸张,一般常用的多联纸有 2 联、3 联、4 联纸,其中也有使用 6 联的打印机纸。多联纸一次性打印完成只有针式打印机能够快速完成。用户使用的传统快递面单正好属于 4 联复写纸,通过针式打印机,可实现一次性在多张纸上打印相同内容。

电子面单的打印,需要配合打印宽度不小于 4ips(101.6mm)的热敏打印机使用。热敏打印机是通过打印头加热并接触热敏打印纸后,打印出需要的文字图形。热敏打印纸是一种表面经过特殊涂层处理的纸张,遇热后颜色变深直至发黑。目前用户使用的电子面单的宽度基本都为 100mm 的热敏不干胶标签,通过热敏打印机打印这类热敏纸不干胶标签,即可立即生成快递面单。

任务要求

1. 选择一个你最熟悉的平台,如淘宝,进行运费模板的设置。
2. 试结合淘宝助理,完成电子面单的设置。

课后习题

1. 物流过程的管理主要有哪些内容?
2. 请简述网上商店物流配送的几种模式。
3. 请说出商品打包的流程,并用框图表示出来。

反侵权盗版声明

电子工业出版社依法对本作品享有专有出版权。任何未经权利人书面许可，复制、销售或通过信息网络传播本作品的行为；歪曲、篡改、剽窃本作品的行为，均违反《中华人民共和国著作权法》，其行为人应承担相应的民事责任和行政责任，构成犯罪的，将被依法追究刑事责任。

为了维护市场秩序，保护权利人的合法权益，我社将依法查处和打击侵权盗版的单位和个人。欢迎社会各界人士积极举报侵权盗版行为，本社将奖励举报有功人员，并保证举报人的信息不被泄露。

举报电话：（010）88254396；（010）88258888
传　　真：（010）88254397
E-mail： dbqq@phei.com.cn
通信地址：北京市万寿路173信箱
　　　　　电子工业出版社总编办公室
邮　　编：100036